초등학생이 꼭 알아야 할
1000가지
과학상식

SCIENCE

초등학생이 꼭 알아야 할
1000가지
과학상식

글 신정민 | 그림 김지훈

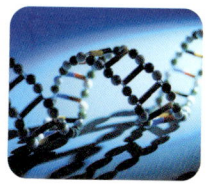

대일출판사

한 권으로 끝내는 과학 상식 1000가지

"우주에는 별이 몇 개나 있을까?"
"지구의 속은 어떻게 되어 있을까?"
"우리 심장은 하루에 몇 번이나 콩닥거릴까?"

이 세상엔 정말 정말 궁금한 것이 너무나 많습니다. 호기심 많은 어린이들이 보기에 세상은 온통 물음표 투성이지요. 엄마나 아빠, 선생님께 여쭈어 보면 잘 대답해 주시지만, 때로는 어른들도 고개를 갸우뚱하시곤 해요. 이럴 땐 도대체 누구에게 물어 봐야 할까요?

하지만 이제 걱정하지 마세요. 바로 이 책이 있으니까요. 이 책 속에는 우주와 지구는 물론 우리 몸과 동물·식물, 이렇게 가장 중요한 몇 가지 과학 분야에서 어린이들이 흔히 궁금해하는 1000가지 상식들이 모여 있답니다.

그래요, 100개도 500개도 아닌, 무려 1000가지 과학 상식! 아마 이 정도만 알아도 친구들 사이에선 당당하게 '꼬마 과학자'란 별명을 듣게 될걸요.

그런데 왜 이렇게 많은 과학 상식들을 알아 두어야 하느냐고요?

우리는 평소에 알게 모르게 과학과 아주 가깝게 지내고 있답니다. 신문과 방송에선 하루가 멀다 하고 유전자 복제 이야기, 새로 발명한 로봇, 신기술·

신소재로 만들어진 갖가지 생활용품들 이야기가 쉴 새 없이 흘러나오지요. 그뿐인가요? 비행기가 날아가는 것, 텔레비전을 볼 수 있는 것, 냉장고에서 얼음이 얼거나 전자렌지로 음식을 데우는 것. 이 모든 것들은 하나같이 과학 원리를 이용한 것이랍니다. 심지어 우리가 음식을 먹거나 숨을 쉬는 것도, 그 속에는 다 과학이 숨어 있는 거예요. 그러니까 과학은 지금 우리의 생활 속에 자연스럽게 스며 있으며, 장차 어린이들이 세계를 이끌어 나갈 미래에도 반드시 알아두어야 할 기본적인 지식이랍니다.

이 책 속에는 초등학교 어린이들이 가장 궁금해하는 1000가지 과학 상식이 분야별로 조목조목 쉽고 간결하게 설명되어 있답니다. 여기에 재미난 그림과 사진까지 곁들여져 읽는 재미를 더해 주지요. 또 조금 까다롭거나 어려운 용어들은 뒤에 따로 풀이를 해 놓았답니다. 그러니까 아무리 과학을 어렵게 생각하는 어린이라도 재미있게 볼 수 있을 거예요.

이 책을 읽은 다음에는 손이 잘 닿는 곳에 가까이 두고, 궁금한 게 있을 때마다 그때 그때 펼쳐보길 바랍니다. 궁금할 때 찾아 본 지식들은 머릿속에서 영영 떠나지 않는 법이거든요.

자, 그럼 이제부터 신나고 재미있는 과학 상식의 세계로 여행을 시작해 볼까요?

2006년 봄, 엮은이

제1장 우주

우주란 무엇일까? 14
별은 어떻게 만들어졌을까? 16
은하수는 하늘 위를 흘러가는 강물? 18
별들은 왜 색깔이 다를까? 20
블랙홀을 '우주의 함정'이라 부르는 까닭은? 23
태양은 언제 만들어졌을까? 24
오로라 현상이란? 27
태양계 안에는 몇 개의 별이 있을까? 28
수성의 1년은 얼마나 될까? 30
태양계에서 가장 밝은 행성은 뭘까? 32
화성에는 생명체가 있을까? 35
태양계에서 가장 큰 행성은 무엇일까? 37
토성의 고리는 몇 개일까? 38
천왕성은 누가 발견했을까? 40
명왕성은 어떻게 발견되었을까? 43
화성과 목성 사이의 소행성은 몇 개나 될까? 44
혜성 꼬리의 길이는 얼마나 될까? 46

별똥별은 별이 싸는 똥일까? 49
지구는 언제 태어났을까? 51
달은 왜 곰보투성이일까? 52
달의 모양이 자꾸 변하는 까닭 54
인공위성은 왜 지구로 떨어지지 않을까? 56
별자리는 누가 만들었을까? 59
옛날에는 태양이 지구 둘레를 돌았다고 믿었을까? 60
최초의 우주 비행사는 누구였을까? 62
외계인은 정말 있을까? 64

제2장 **지구**

지구는 왜 돌고 있을까? 66
지구 속은 어떻게 되어 있을까? 68
대륙은 정말로 움직이고 있을까? 71
산은 어떻게 만들어졌을까? 72
지진은 어떻게 일어날까? 74
화산은 어떻게 해서 폭발할까? 76
암석은 어떻게 만들어질까? 79
석회 동굴은 어떻게 만들어질까? 80
호수는 어떻게 만들어질까? 82
비가 오지 않는데도 강물이 흐르는 까닭은? 84

지구에만 바다가 있는 까닭은 뭘까? 86

바닷물은 왜 짤까? 89

빙산은 어떻게 만들어질까? 91

어디까지를 대기라고 할까? 92

봄·여름·가을·겨울은 왜 생길까? 94

하루 중 습도가 가장 낮은 때는 언제일까? 96

낮과 밤은 왜 생길까? 99

바람은 왜 부는 걸까? 100

태풍은 어떻게 생겨날까? 102

구름은 어떻게 해서 만들어질까? 105

빗방울은 몇 개의 구름 알갱이로 이루어질까? 106

눈은 모두 * 모양일까? 108

지하 자원이란 무엇일까? 110

화석을 '지구의 나이테'라고 부르는 까닭은? 112

환경은 왜 오염되고 있을까? 115

도시 하늘을 더럽히는 스모그 116

제 3 장 인체

사람과 닮은 '원숭이 인간' 118

우리 몸의 세포는 몇 개나 될까? 120

남자와 여자는 뭐가 다를까? 122

생명은 어떻게 시작될까? 125
남자나 여자가 되는 것은 어떻게 결정될까? 126
키는 몇 살까지 자라날까? 128
뇌에는 왜 주름이 많을까? 130
중추 신경은 무엇으로 이루어져 있을까? 132
등에 있는 척수는 어떤 일을 할까? 134
심장은 1분에 몇 번이나 콩닥거릴까? 136
노인이 되면 왜 혈압이 높아질까? 139
피는 왜 빨간색일까? 140
사람의 뼈는 몇 개나 될까? 142
근육은 무엇으로 이루어져 있을까? 144
사람의 피부색은 어째서 다를까? 146
손가락에는 왜 지문이 있을까? 148
사람의 머리카락은 몇 개일까? 150
사람은 왜 숨을 쉴까? 153
음식물이 지나는 길은 얼마나 될까? 154
음식을 먹으면 어떻게 소화가 될까? 156
하루에 나오는 오줌의 양은 얼마나 될까? 158
감각에는 어떤 것들이 있을까? 160
코는 어떻게 냄새를 맡을까? 163
귀는 청각 기관이자 평형 기관 165
맛을 느끼는 것은 무엇 때문일까? 166

사람의 이는 몇 개나 될까? 169
병에는 어떤 것들이 있을까? 170
아토피성 체질이란? 172
돌연변이란 무엇일까? 174
줄기세포로 어떻게 병을 치료할까? 176

제4장 동식물

생물과 무생물은 어떻게 다를까? 178
동물들은 왜 점점 모습이 달라질까? 180
먹이 사슬이란 무엇일까? 182
개는 언제부터 사람과 친했을까? 185
고양이나 개는 정말 흑백으로 볼까? 186
오리너구리는 포유류인데 왜 알을 낳을까? 188
낙타의 혹에는 무엇이 들어 있을까? 190
파리는 왜 앞발을 비빌까? 193
뱀이 혀를 날름거리는 까닭은? 194
공룡의 이름엔 무슨 뜻이 담겨 있을까? 196
새는 어떻게 하늘을 날까? 198
바닷속 물고기는 모두 몇 종류나 될까? 200
식물도 호흡을 할까? 203
가을이 되면 왜 나뭇잎 색깔이 변할까? 204

백일홍은 왜 백일홍이라고 할까? 206
감자 싹엔 정말 독이 있을까? 208
자꾸만 줄어드는 숲 210

부록 간추린 과학 용어 사전 211

제 1 장

알면 알수록 더욱 신비한 우주

1 우주란 무엇일까?

'우주'란 '온 세상을 둘러싸고 있는 공간'을 말해요. 하지만 보다 과학적으로 이야기하자면 '모든 천체 또는 모든 물질이 존재하는 모든 공간'이랍니다. 즉, 지구와 태양은 물론 온갖 행성·위성·혜성·항성·성단·성운 그리고 운석과 우주 먼지까지도 모두 우주에 포함되지요. 또한 끊임없이 흘러가는 시간도 우주에 포함됩니다.

신나는 우주 여행!

2 우주는 언제 만들어졌을까?

현재 많은 과학자들은 빅뱅, 즉 대폭발로 인해 우주가 탄생되었을 것이라고 추측하고 있습니다. 과학자들의 말에 따르면 약 150억 년 전에 엄청난 폭발이 있었으며, 그 후 열과 방사선 등의 에너지가 발생하면서 우주가 계속해서 넓게 넓게 부풀기 시작한 것이라고 합니다.

3 우주는 지금도 넓어지고 있을까?

폭탄이 "펑!" 하고 터지면 작은 파편들이 아주 빠른 속도로 퍼져나갑니다. 빅뱅(대폭발)도 그와 마찬가지입니다. 폭발과 동시에 우주는 엄청난 속도로 퍼져나가기 시작했는데, 지금도 우주는 계속해서 확장되고 있습니다.

4 우주가 자꾸자꾸 넓어지는 증거

과학자들은 분광기라는 기계를 사용해 그 빛을 무지개와 같은 여러 색깔로 나눠서(스펙트럼) 멀리 있는 은하의 움직이는 모습을 연구하지요. 그 결과 멀리 떨어져 있는 은하의 빛이 빨갛고 약하게 나타났는데, 이것으로 멀리 있는 은하가 빠른 속도로 멀어져 가고 있다는 것을 알 수 있습니다.

5 허블의 법칙

거리가 2배인 은하는 약 2배로, 거리가 3배인 은하는 약 3배의 빠르기로 멀어지고 있습니다. 예를 들어 우리 은하에서 약 10억 광년 떨어져 있는 왕관자리 은하는 1초에 2만 km씩 멀어지고 있고, 약 30억 광년 떨어져 있는 바다뱀자리 은하는 1초에 6만 km씩 멀어지고 있지요. 이것은 1929년 허블이 발표한 것으로, '허블의 법칙'이라고 합니다.

6 우주도 나중에는 사라지게 될까?

풍선에 점을 찍어놓고 훅훅 불면 점들이 자꾸자꾸 멀어지지요? 이처럼 은하들은 서로 빠른 속도로 멀어지고 있습니다. 이걸 보고 어떤 과학자들은 우주는 끝없이 넓어질 것이라 생각하고 있습니다. 하지만 또 다른 학자들은 언젠가는 은하들이 서로 잡아당기기 시작하여, 나중에는 모든 은하들이 하나의 커다란 덩어리로 뭉쳐질 것이라고 말합니다.

7 우주가 까만 색인 까닭

밤하늘을 올려다보면, 별들 사이로는 온통 까만 하늘뿐입니다. 이처럼 우주가 깜깜한 것은 바로 대기가 없기 때문입니다. 대기란 공기와 같은 기체를 말해요. 우주 공간에는 대기가 없기 때문에 별에서 나온 빛이 퍼지지 않는답니다. 또, 별들 사이가 너무 멀리 떨어져 있기 때문이기도 하지요.

은하계의 바다에 빠져 볼까?

8 우주 진화론이란?

우주가 처음 만들어질 때부터 시작하여 지금까지, 그리고 미래에는 어떻게 변화해 나아갈지를 연구하는 학문을 말해요. 1950년 무렵 가모프가 "우주는 엄청난 빅뱅(대폭발) 이후 팽창하기 시작했으며, 지금도 계속해서 팽창하고 있다."는 우주 진화론을 처음 발표했답니다.

9 별은 어떻게 만들어졌을까?

빅뱅으로 퍼져나가기 시작한 에너지의 일부는 차가운 공간에서 딱딱하게 굳어져 물질이 되었어요. 이것은 다시 수많은 작은 알갱이가 되었지요. 이러한 알갱이들은 아주 오랜 시간이 지나는 동안 태양·지구와 같은 별들이 된 것입니다.

10 별이 반짝반짝 빛나는 까닭

지구에서 보이는 별들은 반짝거리며 빛나는데, 이것은 지구 대기의 밀도가 고르지 못하기 때문입니다. 즉, 먼 별에서 날아온 빛이 하늘의 수분 등에 부딪쳐 이리저리 조금씩 휘어지면서 우리의 눈에는 반짝거려 보이는 것입니다. 지구 밖(우주 공간)으로 나가서 별들을 바라본다면, 모든 별은 전혀 반짝거리지 않고 하나의 밝은 점으로 보인답니다.

11 태양은 항성, 지구는 행성

우리가 사는 지구는 태양계에 속해 있습니다. 태양과 같이 스스로 빛을 내면서 여러 별을 거느린 천체를 '항성'이라 하고, 지구를 비롯해 태양 둘레를 도는 천체(수성·금성·화성·목성 등)를 '행성'이라고 하지요.

12 별에도 등급이 있어요

보통 빛의 밝기는 촉광을 단위로 나타내지만, 별의 밝기는 등급으로 표시합니다. 기원전 150년 무렵 그리스의 히파르코스는 가장 밝은 20여 개의 항성을 1등성, 가장 어두운 별을 6등성으로 하여 나누었으며, 오늘날에는 천구의 북극 근처에 있는 몇 개의 별을 기준으로 삼아서 다른 별들의 밝기를 비교하고 계산하지요.

13 우주에는 별이 몇 개나 있을까?

태양계에는 약 5,000개의 소행성과 200만 개의 혜성, 그리고 헤아릴 수 없이 많은 운석 등이 있습니다. 그리고 태양계와 같은 것들이 여럿 모인 것을 은하계라고 하는데, 은하계에는 약 2,000억 개의 항성이 있으며, 우주에는 은하계와 같은 별의 무리가 약 1,000억 개쯤 있다고 합니다.

14 광속과 광년

우주는 빛이 날아가는 것과 비슷한 속도로 자꾸자꾸 넓어지고 있답니다. 빛이 날아가는 속도를 광속이라고 하는데, 우주에서 빛이 날아가는 속도는 1초에 약 30만 km나 되지요. 그리고 빛이 1년 동안 지나가는 거리를 1광년이라고 합니다. 아주 먼 별 사이의 거리는 너무나 엄청난 것이어서 광년으로 계산한답니다.

15 천체란 무엇을 말하는 걸까?

'천체' 란 우주를 이루고 있는 태양·행성·위성·달·혜성·소행성·항성·성단·성운·운석·행성간 물질·항성간 물질·우주 먼지 등을 통틀어 일컫는 말입니다. 인공 위성이나 인공 행성 등은 인공 천체라 부릅니다.

16 성간 물질이란?

우주의 별과 별 사이 캄캄한 공간에 있는 여러 가지 물질들을 일컫는 말입니다. 주로 성간 가스(대부분 수소와 헬륨)와 성간 티끌로 되어 있으며, 이 두 가지는 서로 잘 섞여 있습니다. 이러한 성간 물질들로 인해 새로운 별들이 만들어지기도 합니다.

17 가스 성운

주로 빛을 내는 기체로 이루어진 은하계 내의 성운을 통틀어 말하며, 오리온 성운이나 거문고자리의 고리 성운 등이 이에 속합니다.

18 은하수는 하늘 위를 흘러가는 강물?

공기가 아주 맑은 날 밤하늘에서는 은하수를 볼 수 있습니다. 은빛으로 빛나는 강과 같아서 은하수라는 이름이 붙었지만, 이것은 사실 수많은 별들이 모여 이루어진 것입니다.

19 은하수 가장자리에 있는 지구

이미 알고 있듯이 지구는 태양계에 속해 있으며, 태양계는 다시 커다란 은하계에 속해 있습니다. 은하계 전체를 놓고 볼 때 태양계는 가장자리에 위치한 아주 작은 일부분에 지나지 않습니다. 은하수는 지구에서 본 은하계의 모습일 뿐이랍니다.

20 밖에서 본 우리 은하계의 모습

우리 은하계를 바깥에서 바라본다면 안드로메다 은하와 비슷한 볼록렌즈 모양일 것입니다. 그 중심부에는 비교적 많은 별들이 집중되어 있는 핵이 있지요. 우리 은하계의 지름은 약 10만 광년이며, 중심부의 두께는 약 1만 5,000광년이라고 합니다. 그리고 태양은 이 중심부에서 약 3만 광년 떨어진 변두리에 자리잡고 있답니다.

21 우리 은하와 가장 가까운 은하는?

가을 저녁 동쪽 하늘을 바라보면 안드로메다자리를 볼 수 있습니다. 이 별자리 근처에서는 은하가 희미하게 보이는데, 그것이 바로 유명한 안드로메다 은하입니다. 수많은 별들이 모여 이루어진 안드로메다 은하는 태양계가 속해 있는 우리 은하와 가장 가까운 은하계이지만, 그 거리는 무려 200만 광년이나 된답니다. 안드로메다의 지름은 약 10만 광년이며, 밝기는 태양의 100억 배쯤 되지요.

22 은하보다 작은 별의 무리, 성단

수백 개에서 수십만 개의 별로 이루어진 별들의 무리로, 은하보다는 작은 규모입니다. 별들이 무질서하게 흩어져 있는 성단을 산개 성단이라 하며, 지금까지 1,039개의 산개 성단이 알려져 있습니다. 이에 반해 별들이 빽빽하게 모여 공 모양을 이루고 있는 것을 구상 성단이라 하며, 은하계 내에는 모두 500개 정도가 있는 것으로 추측됩니다.

23 태양보다 큰 별도 있을까?

태양과 같은 붙박이별을 항성이라고 하는데, 항성 중에서도 빛의 밝기가 태양보다 10~1,000배, 반지름이 10~100배나 큰 별을 '거성'이라고 합니다. 황소자리의 알데바란, 마차부자리의 카펠라, 쌍둥이자리의 폴룩스, 목자자리의 아르크투루스 등이 대표적인 거성에 속합니다.

24 우리 눈에 보이는 항성들

맑은 밤하늘에서는 약 6,000개의 별들이 반짝이는 것을 볼 수 있는데, 몇 개의 행성 등을 제외하고는 모두 스스로 빛을 내는 항성들입니다. 항성들은 지구와의 거리가 너무 멀기 때문에 마치 그 자리에 가만히 머물러 있는 것처럼 보입니다. 그래서 붙박이별이라고도 부르지요.

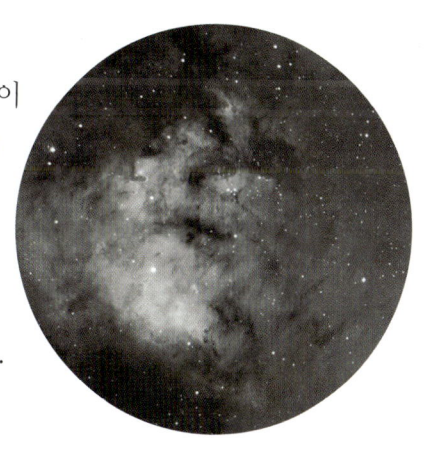

25 태양이 은하계를 도는 시간은 2억 년

하지만 이러한 항성들도 실은 쉬지 않고 움직이고 있습니다. 태양도 은하계를 공전하고 있는데, 한 바퀴를 다 도는 데 걸리는 시간은 무려 2억 년이나 된답니다. 우리가 우주 공간에 있는 수많은 항성들 가운데 비교적 자세하게 알 수 있는 것은 태양밖에 없습니다.

26 별들은 왜 색깔이 다를까?

별은 온도에 따라서 빛깔이 다릅니다. 온도가 높은 별은 붉은색에서 흰색으로 변하고, 온도가 아주 높으면 푸르스름해지지요. 이처럼 푸르스름한 별은 수만 ℃나 됩니다. 캄캄한 곳에서 숯이나 철 등의 온도를 높여 가면 점점 뜨거워져서 희미하게 검붉은색이 되고, 온도가 올라감에 따라 빨간색, 오렌지색, 노란색, 흰색, 청색, 보라색으로 변해 갑니다.

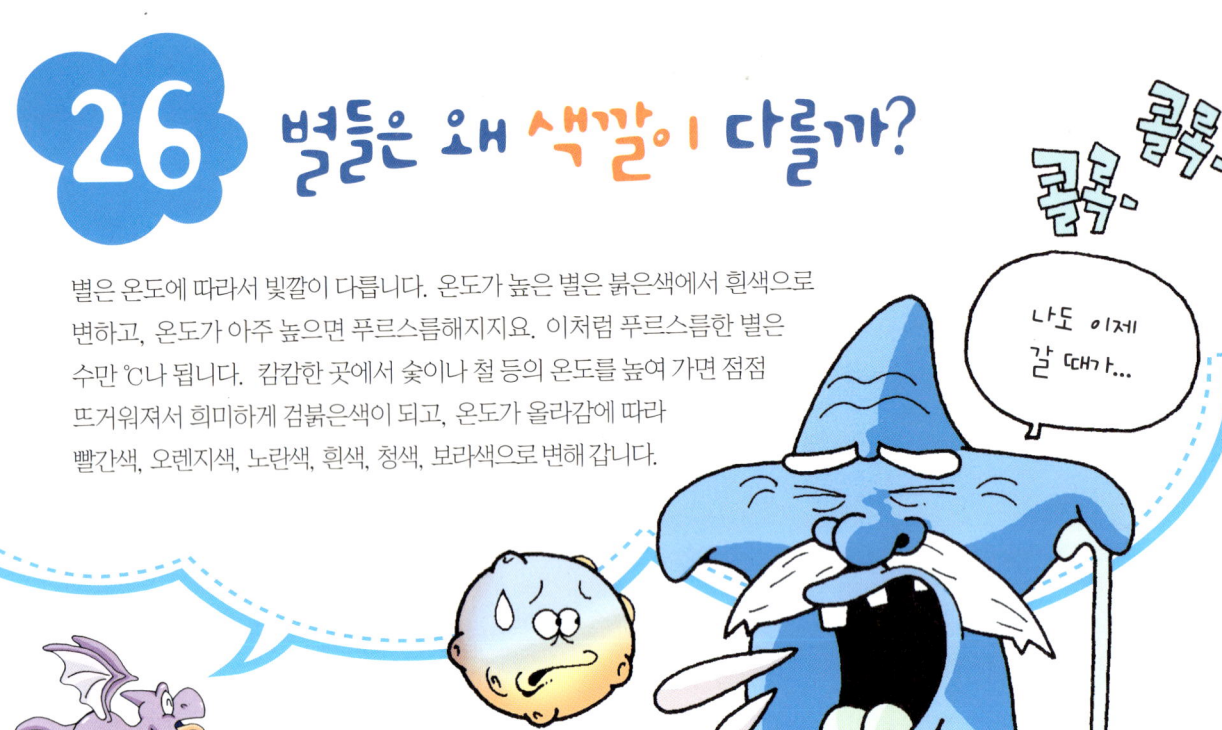

27 별의 온도는 몇 ℃나 될까?

토끼자리의 R이라는 짙은 다홍빛의 6등성은 약 2,500℃, 안타레스 등의 빨간 별은 2,500~3,000℃, 노란색의 태양은 6,000℃, 시리우스는 10,000℃ 정도의 파란빛을 냅니다. 그런가 하면 오리온자리 부근에는 고온의 별들이 많아서 35,000℃나 되는 별도 있답니다.

28 별들도 언젠가는 죽게 될까?

지구와 같은 별들은 언젠가는 폭발하여 우주 속에서 영영 사라지고 만답니다. 태양처럼 큰 별도 나중에는 백색 왜성이라는 작고 밝은 흰색 별이 되어 사라지게 되지요. 그러나 태양보다 몇 배나 큰 별들은 폭발을 일으키며 초신성이 되는데, 이 때 바깥 층의 물질은 우주 공간으로 날아가고, 중심부의 물질은 별의 안쪽을 향해 짜부라져 중성자별이 됩니다.

29 거성보다 큰 별, 초거성

약 150억 년 전에 탄생한 태양은 앞으로 40~50억 년 후에는 붉은 색의 거성(적색거성)이 될 것이라고 합니다. 그러면 지구는 흐물흐물 녹아들어 태양 속으로 빨려 들어 간답니다. 한편 거성보다 더 큰 별도 있는데, 이것을 '초거성'이라고 하지요.

30 왜성이란?

항성 중에서 빛의 밝기가 비교적 작고 크기도 작은 편에 속하는 것을 말합니다. 우주에는 수많은 항성들이 있는데, 태양도 그 중의 하나이지요. 그러나 태양은 다른 것들에 비하면 작은 항성이어서 왜성에 속한답니다.

이.. 이런...

31 백색 왜성의 크기는 얼마나 될까?

백색 왜성은 태양 지름의 100분의 1 정도의 크기밖에 안 된답니다. 그러나 질량은 태양과 같은 정도이기 때문에, 밀도가 물의 수백만 배 내지 수십억 배에 이르지요. 즉, 무게는 태양과 맞먹을 정도이지만 크기는 겨우 지구만하게 오그라든 것입니다.

32 초신성이란?

항성이 마지막으로 사라지기 전에 폭발을 일으키는데, 이 때 생기는 엄청난 에너지가 순간적으로 방출되어 평소의 수억 배나 밝았다가 천천히 사그라든답니다. 이 때는 마치 새로운 별이 생겼다가 사라지는 것처럼 보이기 때문에 초신성이라고 하지요.

33 중성자별의 무게

별이 폭발을 하면 겉부분은 흩어져 버리고, 중심부는 엄청난 압력으로 순식간에 붕괴됩니다. 이 때 백색 왜성보다 훨씬 더 강한 힘으로 압력을 받으면 중성자별이 된답니다. 중성자란 플러스나 마이너스의 전기를 띠지 않은 입자를 말하지요. 만약 반지름이 69만 6천 km인 태양이 반지름 10km로 줄었다면, 겨우 엄지손톱만한 덩어리라도 그 무게는 수억 톤에 달한답니다.

34 '펄서'와 '중성자별'은 같은 이름

1938년 소련의 볼코프, 미국의 오펜하이머 등의 과학자들은 우주 어딘가에 중성자별이 있을 것이라고 추측했습니다. 그 후 1967년 영국의 천문학자들이 여우자리에서 매우 짧은 주기로 규칙적인 전파(펄스)를 내는 별을 발견했어요. 바로 이것을 '펄서'라고 불렀는데, 이것이 곧 중성자별이랍니다.

36 블랙홀이 생기는 이유

태양과 같은 무게의 별이 백색 왜성이 되려면 지름이 100분의 1로 줄어들어야 하고, 중성자별이 되려면 7만 분의 1로 줄어들어야 합니다. 그런데 태양보다 12배나 더 큰 별이 이처럼 줄어들면 어떻게 될까요? 이러한 별은 지름이 굉장히 작고 질량은 크기 때문에 그 주위에 엄청난 중력이 작용하여, 근처의 물질은 물론 스스로 내는 빛까지도 흡수해 버리게 됩니다.

37 블랙홀을 찾는 방법

이처럼 스스로 내는 빛까지도 흡수해 버린다면, 다른 별에서는 이 별의 빛을 볼 수 없겠지요. 그래서 마치 '검은 구멍'과도 같을 것입니다. 물론 우리 눈에도 보이지 않습니다. 다만 블랙홀에 세차게 끌려 들어가는 물질에서는 강한 X선이 방출되는데, 바로 이 X선을 내는 별 중에 블랙홀이 있을 것이라 추측되고 있습니다.

38 백조자리의 블랙홀 X-1

블랙홀은 우리 눈으로 볼 수 없습니다. 그러나 강한 X선이 방출되는 곳에 블랙홀이 있을 것이라 추측되지요. 현재 백조자리에 있는 X-1이라는 별이 블랙홀로 알려져 있으며, 마젤란 성운 등 여섯 곳에 블랙홀이 있을 것이라 짐작됩니다. 블랙홀은 우리 은하계 안에도 약 1억 개가 있을 것으로 추측되고 있습니다.

39 블랙홀과 화이트홀을 잇는 통로

블랙홀은 무엇이든 빨아들이지요. 그렇다면 그 반대인 별은 없을까요? 즉, 뭐든지 밖으로 내보내는 별. 실제로 과학자들은 블랙홀의 반대인 '화이트홀'에 대해서도 연구하고 있답니다. 또한 블랙홀과 화이트홀이 서로 연결되어 있을지도 모른다고 상상하지요. 그리고 그 연결 통로를 '웜홀'이라고 부릅니다.

화이트홀 상상도

35 블랙홀을 '우주의 함정'이라 부르는 까닭은?

'검은 구멍'이라는 뜻을 가지고 있는 블랙홀은 우주에서 가장 신비로운 것 중의 하나입니다. 블랙홀 쪽으로 가까이 가면 무엇이든 그 속으로 빨려들어 간다고 하는데, 사람이나 우주선은 물론 빛까지도 빨려들어 간답니다. 그래서 블랙홀은 '우주의 함정', '공간 속의 공간' 등의 별명을 가지고 있습니다.

40　우주에 벌레 구멍이?

웜홀이란 우리 말로 '벌레 구멍'이란 뜻입니다. 그 통로가 너무나 좁을 것이기 때문에 이런 이름을 붙였지요. 하지만 실제로는 머리카락보다도 가느다란 벌레조차 통과할 수 없을 거예요.

41　시간 여행은 정말 가능할까?

상대성 이론으로 유명한 아인슈타인은 만약 사람이 광속으로 여행할 수만 있다면 시간 여행도 가능할 것이라고 말했습니다. 그 후 1988년 몇몇 과학자들은 웜홀을 이용하면 정말로 타임머신을 만들 수 있다고 주장했습니다. 광속에 가까운 속도로 웜홀을 빠져나가 과거로 돌아갈 수도 있다는 것이지요. 하지만 아직까지는 이론에 불과하답니다.

42　또 다른 우주의 시작

모든 별과 은하들이 사라진 뒤 마침내는 은하 전체가 블랙홀이 됩니다. 그 후에는 결국 블랙홀조차 사라져 버리고, 아주 아주 작은 점 하나가 남습니다. 그리고는 다시 거대한 폭발(빅뱅)을 일으키면서 새로운 우주가 시작되는 것입니다.

43 태양은 언제 만들어졌을까?

태양이 생겨나기 시작한 것은 지금으로부터 약 50억 년 전이며, 그 후 5억 년 뒤에 태양 주변의 구름이 뭉쳐져서 지구를 비롯한 여러 행성들이 만들어졌다고 합니다. 지금 이 순간에도 우주 안에서는 끊임없는 탄생과 소멸이 이루어지고 있으며, 끊임없는 변화가 일어나고 있지요.

44 태양은 지구의 109배

태양계를 지배하고 있는 항성인 태양은 지구를 비롯한 8개의 행성과 여러 위성, 혜성 및 소행성 등의 운동에 큰 영향을 미칩니다. 태양의 지름은 약 139만 km로 지구의 109배 정도 된답니다. 그러나 태양의 밀도는 지구의 약 1/4밖에 안 되는데, 그 까닭은 지구와 달리 뜨거운 기체 덩어리로 이루어져 있기 때문입니다.

45 지구와 태양의 거리

지구와 태양 사이의 거리는 항상 일정하지가 않습니다. 1월에는 태양과 지구가 가장 가까워져서, 그 거리는 약 1억 4,700만 km가 됩니다. 그리고 7월에는 가장 멀어져서 약 1억 5,200만 km나 되지요. 그 거리를 평균으로 나타내면 약 1억 4,960만 km랍니다.

46 근일점과 원일점

이와 같이 지구에서 태양까지의 거리가 변하는 것은, 지구가 태양 둘레를 타원형으로 돌기 때문입니다. 지구가 태양에 가장 가까워진 점을 '근일점'이라 하고, 가장 멀어진 점을 '원일점'이라고 합니다.

47 걸어서 태양까지 간다면?

만약 빛의 속도로 지구에서 태양까지 간다면 얼마나 걸릴까요? 빛의 속도는 반지름 6,370km인 지구를 1초 동안에 7바퀴 반이나 도는 빠르기입니다. 이 속도로 지구에서 태양까지 간다면 약 8분 20초가 걸리지요. 또한 초속 11km가 넘는 로켓으로는 156일 6시간, 시속 200km인 특급 열차로는 85년, 그리고 사람이 잠시도 쉬지 않고 걷는다면 4,300년이나 걸린답니다.

48 뜨겁게 불타는 태양의 온도

항상 뜨겁게 불타오르고 있는 태양은 표면 온도가 약 6,000℃나 된다고 합니다. 그리고 중심으로 갈수록 온도가 더욱 높아지는데, 중심부의 온도는 1,500만 ℃에 이른다고 하지요. 태양의 표면은 두꺼운 기체층으로 둘러싸여 있는데, 이 기체들이 연기처럼 흩어져 버리지 않는 까닭은 태양의 중력이 크기 때문입니다.

49 태양의 흑점이란?

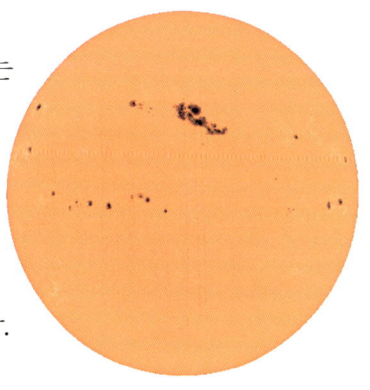

망원경으로 태양을 관찰하면 마치 구멍처럼 보이는 흑점들이 있습니다. 흑점의 크기는 지름이 1,500km인 것에서부터 10만 km가 넘는 것까지 여러 가지이며, 보통 수명은 하루 내지 1개월에 이릅니다. 태양의 흑점은 다른 곳에 비해 약간 어둡고 온도 역시 1,000~2,000℃쯤 낮다고 합니다.

50 흑점이 지구에 끼치는 영향

이러한 흑점들의 가장 큰 특징은 온도가 낮다는 것과 강한 자기장을 갖는다는 것인데, 흑점의 수가 늘거나 줄어들면 지구의 기온이 올라가거나 내려가는 등 커다란 변화가 생기지요. 한편 북극 하늘에 펼쳐지는 오로라 역시 흑점 때문에 생기는 것이라고 합니다.

52 오로라 현상을 볼 수 있는 곳

오로라를 다른 말로 '극광'이라고도 합니다. 지구의 북극이나 남극 지방의 밤하늘에서나 볼 수 있기 때문이지요. 시베리아의 북부 연안이나 알래스카 중부, 캐나다 중북부, 허드슨 만, 스칸디나비아 반도 북부 등에서는 날이 흐리지만 않다면 매일 밤 오로라를 볼 수 있다고 합니다. 오로라는 황록색·붉은색·황색·오렌지색·푸른색·보라색 등 여러 가지 색깔로 변화하며, 모양도 커튼이나 아치 등 여러 가지가 있답니다.

53 적도 지방에서도 오로라를 볼 수 있을까?

오로라는 주로 남극과 북극 지방에서 볼 수 있지만 영국 북부에서는 1년에 20회 정도, 미국 뉴욕에서는 3~5회 나타난답니다. 그리고 아주 드물게 적도 부근의 싱가포르·인도·쿠바 등에서도 오로라를 봤다는 기록이 있습니다. 이런 지방에서는 오로라의 빛깔이 붉고, 먼 곳에서 불이 난 것처럼 보인답니다.

54 코로나는 언제 볼 수 있을까?

태양의 가장 바깥쪽을 둘러싸고 있는, 가스로 이루어진 대기층을 '코로나'라고 합니다. 코로나는 평소에는 볼 수 없고, 개기 일식이 일어나 태양이 달에 가려졌을 때 그 둘레에서 볼 수 있습니다. 즉, 태양 반지름의 몇 배나 되는 구역에 걸쳐 희게 빛나는 부분을 말하지요. 밝기는 보름달 정도이며, 그 모양은 일정하지 않습니다.

55 태양에서 나오는 자외선과 적외선

우리 눈에 보이는 빛을 가시광선이라고 합니다. 그런데 태양으로부터 오는 빛에는 가시광선 외에 보이지 않는 빛도 섞여 있습니다. 그 중에서 프리즘을 통해 보았을 때 보라색 바깥쪽에 오는 광선을 자외선, 빨간색 바깥쪽에 오는 광선을 적외선이라고 합니다. 여름에 해수욕을 하면 피부가 검게 타는 것은 자외선 때문이랍니다.

51 오로라 현상이란?

오로라 현상은 태양의 흑점 때문에 나타난다고 했지요. 즉, 태양 표면에서 폭발이 일어난 뒤 아주 작은 입자가 지구까지 날아옵니다. 이 입자들은 전기를 띠고 있는데, 지구 자기의 변화 때문에 100~500km 높이의 하늘에서 산소 분자와 충돌합니다. 오로라는 바로 이 충돌로 인해 생기는 현상입니다.

56 태양의 밝기는 어느 정도일까?

맑게 갠 날 태양이 바로 위에서 지구 위의 표면을 비추는 빛의 밝기는 1m 높이에 둔 100W짜리 백열전구의 밝기의 약 1,000배나 된답니다. 실제로 태양 표면에서 나오는 빛의 밝기를 계산해 보면, $1cm^2$ 마다 약 2,000개의 전구를 밝혀 놓은 것과 같답니다.

57 델린저 현상이란?

태양에서는 X선, 감마선, 그리고 전기 성질을 띤 전파도 나옵니다. 특히 태양 안쪽에서 갑자기 많은 에너지가 나올 때는 빛이 강해지는 것은 물론, 높은 에너지의 전자나 원자핵들이 많이 방출됩니다. 이처럼 강한 X선이나 자외선은 이따금 지구상의 전파를 방해하곤 하는데, 이것을 델린저 현상이라고 합니다.

58 태양풍의 속도

태양에서는 쉴 새 없이 플라스마(전리 작용으로 양성자와 전자가 서로 섞인 상태)가 흘러나옵니다. 이 흐름을 태양풍이라고 하지요. 태양풍의 속도는 1초당 300~700km나 됩니다. 지구는 태양풍을 심하게 받고 있지만 다행히도 자기권 경계면에서 받기 때문에, 지구 반지름의 10배 거리 안쪽에는 태양풍이 직접 들어오지 않는답니다.

태양계 안에는 몇 개의 별이 있을까?

태양계는 태양과 그 둘레를 도는 행성들 그리고 화성과 목성 사이를 돌고 있는 약 3,000개의 소행성과 약 200만 개의 혜성 및 헤아릴 수 없이 많은 운석 등으로 이루어져 있습니다. 태양계는 명왕성까지의 거리가 약 59억 km에 이를 정도로 엄청나게 큰 규모를 가지고 있지만, 은하계 속에서는 그저 아주 작은 일부분에 지나지 않습니다.

60 태양이 행성에 미치는 영향

태양계에 있는 모든 물질은 태양의 영향을 받고 있습니다. 예를 들어, 행성들은 바깥으로 튕겨나가려는 힘을 가지고 있는데, 태양의 인력 때문에 공전을 하는 것입니다. 또한 갖가지 에너지를 공급할 뿐 아니라, 계절과 기후에도 큰 영향을 끼치고 있지요. 인류가 이용하는 수력·풍력도 모두 태양에서 비롯된 것이며, 나무나 석유·석탄도 태양열을 저장한 것이라고 할 수 있지요.

61 지구형 행성과 목성형 행성

태양계에서 각자의 궤도를 따라서 태양의 둘레를 도는 별들을 행성이라고 합니다. 행성들은 스스로 빛을 내지 못하고 태양의 빛을 반사하여 빛납니다. 행성은 종류별로 지구형 행성과 목성형 행성, 소행성으로 나누어집니다. 즉, 지구처럼 주로 암석 등의 고체로 되어 있는 것을 지구형 행성이라고 하며, 목성처럼 주로 수소·헬륨 등의 가스로 이루어져 있고 고리를 지닌 것을 목성형 행성이라고 합니다.

62 행성의 궤도란?

지구 등의 별이 태양의 둘레를 따라 공전하는 길을 말합니다. 태양계에서는 몇몇 혜성을 제외한 대부분의 행성·위성·혜성이 타원형의 궤도를 가지고 있습니다.

63 내행성과 외행성

수성이나 금성은 언제나 태양 가까이에서 볼 수 있을 뿐이며, 태양의 정반대 방향에서는 볼 수 없답니다. 이것은 수성이나 금성의 궤도가 지구보다 작고, 언제나 지구의 안쪽에 있기 때문이지요. 이처럼 지구 안쪽을 돌고 있는 행성을 내행성이라 하고, 화성·목성·토성 등과 같이 지구의 바깥쪽을 돌고 있는 행성을 외행성이라 합니다.

64 태양과 행성 간의 거리

지구형 행성에는 수성·금성·지구·화성 등이 있고, 목성형 행성에는 목성·토성·천왕성·해왕성 등이 있습니다. 만약 지구를 지름 1cm의 공이라고 한다면, 태양은 지름 lm가 넘는 공이 됩니다. 그리고 이 비율로 하면 지구로부터 태양까지의 거리는 약 120m가 됩니다. 또 현재까지 태양과 가장 먼 명왕성까지는 약 5km나 된답니다.

65 행성의 공전 속도

우리가 살고 있는 지구는 초속 29.8km의 속도로 태양의 둘레를 돌고 있으며, 한 바퀴를 다 도는 데에는 1년이 걸립니다. 태양과 가장 가까운 수성의 속도는 초속 46.9km이고 공전 주기는 0.24년, 태양과 가장 먼 명왕성은 초속 4.6km이며 공전 주기는 약 248.5년이랍니다.

66 소행성이란?

소행성은 행성이라고 하기에는 너무 작은 것들로서 대부분 화성과 목성 사이를 돌고 있으며, 케레스·주노 등을 비롯하여 약 5,000개가 발견되었습니다. 소행성은 태양계가 만들어질 때 미처 행성이 되지 못하고 서로 부딪히면서 만들어진 작은 별들로, 큰 것은 공처럼 둥글둥글하게 생겼고, 작은 것은 돌처럼 울퉁불퉁하게 생겼지요. 그 중 어떤 것은 사람의 주먹 크기밖에 안 되기도 합니다.

67 수성의 1년은 얼마나 될까?

수성은 태양계에서 태양과 가장 가까운 행성입니다. 태양과의 평균 거리는 6,000만 km쯤 되지요. 태양 둘레를 한 바퀴 도는 데 88일이 걸리므로, 수성의 1년은 겨우 88일밖에 안 되지요. 또한 수성은 태양계에서 두 번째로 작은 행성(반지름 2,439km)으로 지구의 반도 안 됩니다.

68 수성의 온도는 347℃

수성은 질량이 작기 때문에 인력이 약합니다. 그래서 지구처럼 표면에 대기를 붙여 둘 수 없으므로 대기층이 거의 없지요. 또한, 지구보다 약 7배나 많은 태양열을 176일 동안이나 같은 면에 받기 때문에 가장 뜨거운 곳의 온도는 347℃나 된답니다. 그러나 수성에는 지구와 같은 공기가 없어서, 밤 동안에는 무려 -200℃까지도 내려 간답니다.

69 수성에 공기가 없는 까닭

수성에는 공기가 거의 없습니다. 만약 공기가 있다 해도 태양에서 불어오는 강력한 태양풍 때문에 대부분 날아가 버리지요. 게다가 수성은 공기를 붙잡아 둘 힘조차 없답니다. 중력이 너무 약하기 때문이지요. 만약 우리가 수성에서 높이뛰기를 하면 2층 건물 정도는 거뜬히 뛰어넘을 수 있을 것입니다.

70 지구에서 보이는 수성의 크기

수성의 지름은 약 4,878km랍니다. 달보다는 1.5배 정도 크지요. 그러나 지구로부터는 달보다 300배 이상이나 멀리 떨어져 있기 때문에, 달의 200분의 1 정도로밖에 보이지 않는답니다. 수성은 태양에 가깝기 때문에 한밤중에 보이는 일은 없고, 초저녁의 서쪽 하늘이나 새벽의 동쪽 하늘에서만 잠깐씩 보입니다.

71 ### 가장 일교차가 큰 행성

일교차란 하루 동안의 온도 차이를 말하지요. 수성은 태양계에서 일교차가 가장 큰 행성이기도 하답니다. 가장 더울 때와 추울 때의 차이가 무려 500℃도 넘거든요. 또한 자전 주기와 공전 주기가 30일 정도밖에 차이가 나지 않기 때문에, 176일 동안 낮이 계속되고 밤도 역시 비슷하게 계속된답니다. 그래서 태양 빛을 수직으로 받는 곳의 온도는 300℃를 훌쩍 넘고, 태양 빛을 못 받는 곳은 -200℃까지 내려갑니다.

72 ### 수성은 주름살투성이 행성

1973년 미국의 수성 탐사선인 매리너 10호가 수성을 찍어 보냈는데, 그 표면은 무척이나 쭈글쭈글했답니다. 즉, 수성의 표면은 달과 같은 크리에이터로 덮여 있지요. 또한 거대한 절벽이 여기저기서 발견되기도 했는데, 그 길이는 500km 이상인 것도 있습니다.

73 ### 수성이 쭈글쭈글한 까닭

수성이 이처럼 주름살이 많은 것은 작은 행성이기 때문입니다. 작은 행성은 큰 행성보다 빨리 식거든요. 태양계의 행성들이 처음 생겨날 때, 수성은 생겨나자마자 금방 식기 시작했습니다. 그래서 행성 전체가 쭈글쭈글한 모양으로 수축된 것입니다.

74 ### 수성에도 물이 있을까?

수성의 극지방 쪽에는 영원히 태양 빛이 비치지 않는 곳이 있답니다. 앞서 말했듯 수성은 너무나 작기 때문에 대기를 가질 만한 중력이 없습니다. 그래서 양지와 음지의 온도 차이도 엄청나게 큰 것입니다. 이런 까닭에 수성에서는 아직 대기를 잃지 않았을 무렵에 존재했던 수분들이 모여 얼음을 이루고 있답니다. 이 얼음은 생성되고 나서 지금까지 단 한 번도 녹지 않은 셈입니다.

75 태양계에서 가장 밝은 행성은 뭘까?

금성은 태양계에서 두 번째에 위치한 행성으로, 지구에서 볼 때는 태양과 달을 제외하고는 가장 밝은 별입니다. 금성의 주위는 매우 짙은 대기로 둘러싸여 있습니다. 그래서 태양 빛을 잘 반사하여 매우 밝게 보이지요. 밝을 때의 금성은 항성 중에서 가장 밝은 시리우스의 15배나 밝답니다. 이 때 주의해서 보면 낮의 푸른 하늘에 은색으로 빛나고 있는 것을 우리 눈으로도 볼 수 있습니다.

76 금성의 하루는 지구의 118일

금성은 태양과의 거리가 평균 1억 820만 km이며, 반지름은 지구보다 조금 작은 6,051km입니다. 이러한 금성이 태양의 둘레를 한 바퀴 도는 데는 224.7일이 걸립니다. 지구처럼 따진다면 금성의 1년은 약 225일이 되는 것이지요. 또한 자전 주기가 매우 길어서, 금성의 하루는 지구의 118일이나 된답니다.

77 금성에 생명체가 살 수 없는 까닭

망원경으로 관측해 보면 금성의 표면은 하얀 구름으로 덮여 있습니다. 금성의 표면은 짙은 대기 아래에 감춰져 있지요. 금성 표면의 온도는 약 470℃나 되며, 공기 중에 산소는 겨우 1%밖에 안 됩니다. 또한 황산으로 이루어진 구름 때문에 황산비가 내려서 생물이 살 수 없다고 합니다.

78 금성일까, UFO일까?

금성은 밤하늘의 뭇별 중에서 유난히 밝게 빛납니다. 금성은 이처럼 밝기 때문에 종종 UFO로 착각되기도 한답니다. 1835년 프랑스 군대에서는 금성을 보고 적의 기구인 줄 알고 대포를 마구 쏘아대기도 했답니다.

79 금성은 해가 서쪽에서 뜨는 별

금성에서는 해가 서쪽에서 떠오릅니다. 왜냐하면 금성은 지구와 반대로 자전하고 있기 때문이지요. 다른 행성들은 모두 시계 반대 방향으로 자전을 하는데, 금성은 혼자서 시계 방향으로 돌고 있는 것입니다.

80 태양계에서 제일 뜨거운 행성

금성은 태양의 열을 가장 많이 받는 수성보다도 더 뜨겁답니다. 그 까닭은 이산화탄소가 너무 많기 때문입니다. 즉, 금성의 대기를 뒤덮고 있는 이산화탄소가 열을 바깥으로 빠져나가지 못하도록 가둬 놓고 있기 때문입니다. 금성 지표에서의 온도는 무려 470℃나 된답니다.

81 금성을 뒤덮고 있는 수많은 화산

1962년에 미국의 탐사선 매리너 2호가 금성까지 날아가 관찰한 적이 있습니다. 그 후 1975년 소련의 로켓 금성 9호와 10호 등이 금성 표면에 착륙하여 사진을 찍기도 했지요. 이 사진들에 의하면 금성에는 무척 많은 화산들이 있는데, 작은 화산은 2만 개가 훨씬 넘고, 큰 화산도 50개 정도랍니다.

82 100년 만에 한 번씩 일어나는 금성 일식

달이 지구 앞에서 태양을 가리는 것을 일식이라고 합니다. 그런데 달뿐만 아니라 금성도 지구와 태양 사이에 들어가면서 까맣게 그림자가 생길 때가 있답니다. 이런 현상은 거의 100년 만에 한 번씩 찾아오지요.

83 금성의 여러 가지 이름들

우리나라에서는 금성이 저녁 서쪽 하늘에서 반짝일 때 개밥바라기 또는 태백성·장경성이라고 부르며, 새벽 동쪽 하늘에서 반짝일 때는 샛별 또는 계명성·명성이라고 부릅니다. 서양에서는 로마 신화에 나오는 미(美)의 여신의 이름을 따서 비너스라고 부릅니다.

85 화성이 붉게 보이는 까닭

화성은 지구의 바로 바깥쪽 궤도를 돌고 있는 행성으로 붉은 빛을 띠고 있으며, 태양과의 거리는 평균 2억 3,000만 km, 공전 주기는 약 1.9년(687일)입니다. 크기는 지구의 반 정도입니다(반지름은 3,390km). 화성이 다른 별보다 붉게 보이는 까닭은 흙 색깔 때문입니다. 즉, 화성의 흙 속에는 철이 유난히 많이 섞여 있기 때문이지요.

86 화성에도 바다가 있다?

그런데 가만 보면 붉은색 말고 검게 보이는 곳도 있습니다. 이곳은 바로 '화성의 바다'로, 바람이 불어 모래 먼지가 날리면서 만들어진 곳입니다. 그러니까 지구의 바다와는 전혀 다르지요.

87 화성의 봄·여름·가을·겨울

화성에도 지구처럼 사계절이 있답니다. 화성도 지구처럼 자전축이 약 25° 기울어져 있기 때문입니다. 그런데 화성은 태양 둘레를 한 바퀴 도는 데 687일이나 걸리기 때문에, 그만큼 각각의 계절도 깁니다.

88 태양계에서 가장 높은 올림푸스 산

화성에는 지구의 에베레스트 산보다 3배나 더 높은 산이 있답니다. 바로 올림푸스 산입니다. 1975년 미국의 무인 탐사선 바이킹 1호가 보내온 사진 속에 바로 이 산이 있었는데, 높이가 약 27km, 폭은 600km나 된다고 합니다. 올림푸스 산은 활동하지 않는 사화산이지만, 태양계에서 가장 큰 화산으로 꼽히고 있습니다.

84 화성에는 생명체가 있을까?

오래 전부터 화성에는 생명체가 있을 것이라는 추측이 있었습니다(1894년 미국의 천문학자인 로웰 등). 그러나 1976년 미국의 우주선 바이킹이 직접 화성으로 날아가 조사한 결과 생명체는 존재하지 않는다는 사실을 알게 되었습니다. 지난 1997년 7월 5일 화성에 도착한 미국 항공 우주국(NASA)의 '마스 패스파인더'는 소저너 등의 장비를 이용하여 우리에게 생생한 화성의 모습을 보여 주고 있습니다.

89 화성 표면에 새겨진 사람의 얼굴

1975년 화성에 착륙한 바이킹 2호는 화성 표면에 사람의 얼굴과 같은 것이 새겨져 있는 것을 찍었습니다. 그러나 1998년 4월, 미국 항공 우주국(NASA)에서 쏘아올린 화성 탐사선이 좀더 자세히 사진을 찍어 본 결과 이 '화성의 얼굴'은 그저 파괴된 산이라는 것이 밝혀졌습니다.

90 화성을 탐사한 우주선들

1971년 미국의 매리너 9호는 약 6개월간 화성의 궤도를 돌면서 탐사를 벌였고, 1975년 바이킹 1호와 2호는 직접 화성 표면에 내려가 탐사를 했습니다. 한편 1997년 탐사선 패스파인더에 실려 화성으로 날아간 탐사 로봇 소저너는 화성 땅을 누비면서, 수많은 사진과 관측 자료들을 지구로 보냈습니다. 또한 2002년 미국의 탐사선 마스 오디세이는 얼음의 흔적(증거)을 발견했습니다.

91 화성에 있는 얼음

2004년 화성에 착륙한 유럽의 탐사선 마스 익스프레스 호는 마침내 화성의 얼음을 사진으로 촬영했습니다. 화성에 얼음이 있다는 것은, 까마득히 먼 옛날 생명체가 있었다는 증거가 될 수도 있습니다.

93 부피는 1,320배, 질량은 318배

목성은 태양계의 모든 행성들을 합친 것보다도 무겁답니다. 또한 목성은 수소로 이루어져 있으며, 대기는 수소와 헬륨 등으로 이루어져 있답니다. 목성의 중심은 온도가 24,000℃나 되고, 태양처럼 계속해서 불타고 있지요. 그럼에도 목성이 태양처럼 스스로 빛을 내는 항성이 되지 못한 건 질량이 부족하기 때문이랍니다. 부피는 지구의 1,320배이지만, 질량은 318배로 상대적으로 작거든요.

94 목성의 붉은 점, 대적점

목성을 관찰하면 붉은 색의 점을 볼 수 있습니다. 이것을 '대적점'이라고 하는데, 목성의 가장 큰 특징 중 하나입니다. 유명한 천문학자인 카시니는 이 대적점을 관찰하여 목성의 자전을 계산했지요.

95 대적점의 정체

대적점은 가로로 찌그러진 동그라미 모양을 하고 있는데, 점이라고는 하지만 실제 크기는 가로 5만 km, 세로 2만 km로 지구보다 3배나 더 크답니다. 이것은 목성 대기에서 부는 태풍과 같은 소용돌이랍니다.

96 목성의 고리

토성처럼 목성에도 고리가 있답니다. 하지만 고리가 얇고 희미하기 때문에, 보이저 2호가 목성 가까이에서 촬영하기 전까지는 잘 볼 수가 없었지요. 목성의 고리는 두 개로 나뉘는데 하나는 목성 주위를 감싸고 있고, 또 하나는 목성 표면에서 약 25만 km 떨어져 있답니다.

97 가장 많은 위성을 거느린 행성

목성은 태양계에서 가장 많은 위성을 거느리고 있는데, 지금까지 112개의 위성이 발견되었습니다. 그러나 앞으로 탐사가 진행되면 이 위성의 숫자는 더욱 늘어날 것으로 보입니다. 목성의 위성들 중에서 가장 크고 밝은 4개의 위성은 이오, 에우로파, 가니메데, 칼리스토입니다.

92 태양계에서 가장 큰 행성은 무엇일까?

태양으로부터 다섯 번째로 먼 궤도를 돌고 있는 목성은 태양계에서 가장 큰 행성으로 꼽힙니다. 반지름이 71,400 km로, 지구보다 약 11배나 크지요. 그런데도 매우 빠른 속도로 자전하기 때문에, 목성의 하루는 약 10시간 밖에 안 됩니다. 태양으로부터의 거리는 평균 7억 7,833만 km이며, 태양 둘레를 한 바퀴 도는 데는 11.862년이 걸린답니다.

98 지구를 보호해 주는 목성

엄청난 중력을 지닌 목성은 지구를 향해 날아오는 혜성들을 거의 다 끌어당기고 있답니다. 실제로 1994년 7월에 슈메이커-레비 혜성이 목성과 충돌했는데, 만약 그 혜성이 지구에 부딪혔다면 지구의 모든 생물체는 멸종되었을 것입니다.

99 목성을 관찰한 우주선

1973년 미국의 우주선인 파이오니아 호가 처음으로 목성으로 날아가 대기를 관찰했습니다. 그 후에도 보이저 호 등이 목성을 관찰하였으나, 목성 탐사선으로는 1989년부터 14년간 활동한 갈릴레오 호가 가장 손꼽힙니다.

100 갈릴레오 호의 활약

갈릴레오 호는 목성을 34차례 돌면서 엄청난 분량의 정보와 1만 4천여 장의 사진을 지구로 보내 왔습니다. 이 자료를 분석한 결과 에우로파, 가니메데, 칼리스토의 지표 밑에 바다가 존재할 가능성이 있는 것으로 여겨지고 있습니다.

101 목성으로 날아갈 최첨단 탐사 로봇

현재 미국에서는 목성으로 첨단 탐사 로봇을 보낼 계획을 진행하고 있답니다. 탐사 로봇은 2008년 지모(JiMo)라는 우주선에 실려 목성을 관찰할 뿐 아니라, 목성 주변의 여러 위성들을 관찰할 계획이지요.

102 토성의 고리는 몇 개일까?

태양계의 여섯 번째 행성인 토성. 이 별의 가장 큰 특징이라면 역시 커다랗게 둘러진 고리입니다. 그런데 토성의 고리는 하나의 원반처럼 되어 있는 것이 아니라, 사실은 수많은 얼음 알갱이들이 모여서 이루어진 것이랍니다. 토성의 고리는 3중으로 되어 있으며, 고리와 고리 사이를 간극이라고 부릅니다. 그중에는 유명한 천문학자 카시니가 발견한 '카시니 간극'도 있습니다.

토성에서 놀다가셈~~

뭐…별로…

103 토성의 고리가 빛을 내는 까닭

지금까지의 관찰에 따르면 토성의 고리는 모두 1만 개가 넘는다고 합니다. 이 고리들은 지름이 30cm 이하인 얼음 입자들로 되어 있는데, 이 때문에 빛을 받으면 반짝반짝 빛나는 것입니다. 토성 가까이에 접근한 보이저 호의 관찰에 따르면, 고리의 두께는 수백 m가 채 안 되어, 망원경으로는 구별할 수 없답니다.

104 태양계에서 두 번째로 큰 행성

토성은 태양계의 행성 중에서 목성 다음으로 큽니다. 반지름이 약 6만 km로 지구의 10배 가까이 됩니다. 토성은 지름이 약 5,120km나 되는 타이탄을 비롯하여 9개의 위성을 거느리고 있으며, 태양과의 평균 거리는 14억 2,940만 km, 공전 주기는 29.458년, 자전 주기는 10시간 14분입니다.

105 바람이 쌩쌩 부는 토성의 표면

토성 표면의 줄무늬 부분에는 목성보다도 4~5배나 빠른 강풍이 불고 있답니다. 그 속도가 무려 초속 1,770km나 된다고 해요. 또한 온도도 매우 낮아서 −150℃ 정도이며, 토성의 대기층 꼭대기는 −180℃쯤 된답니다. 토성이 이처럼 추운 까닭은 태양과 멀리 떨어져 있어서 그만큼 햇볕을 덜 받기 때문입니다.

106 목성과 닮은 토성의 구조

토성의 구조는 목성과 많이 닮았는데, 중심부에는 지름이 4만 km에 이르는 철과 암석으로 된 핵 부분이 있답니다. 그리고 그 둘레를 얼음층이 둘러싸고, 가장 바깥쪽은 액체와 비슷한 상태로 있는 암모니아와 메탄이 2만 5,000km의 층을 이루고 있지요.

107 자꾸 자꾸 늘어나는 토성의 위성

현재까지 발견된 토성의 위성은 22개에 이릅니다. 지구로 말하자면 달이 22개나 돌고 있는 셈이지요. 그러나 앞으로도 더 많은 위성들이 발견될 것으로 보입니다. 원래 토성의 위성은 3~4개 정도였지만, 화성과 목성 사이에 있던 소행성들이 서로 부딪히며 우주로 튕겨나가다가 토성의 중력에 붙들린 것이라고 합니다.

108 망원경으로도 볼 수 있는 타이탄

토성의 많은 위성들 중에서 작은 망원경으로 볼 수 있는 것은 '타이탄' 뿐이랍니다. 타이탄은 지름이 5,120km이며, 태양계에서 두 번째로 큰 위성이지요. 한 가지 신기한 것은, 타이탄 위성은 행성처럼 대기를 가지고 있다는 점입니다.

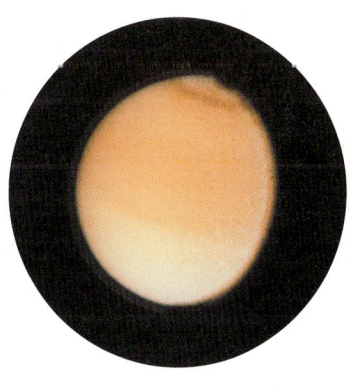

109 보이저의 교향곡이란?

1977년 토성 근처까지 날아간 우주 관측선 보이저 1호는 토성의 고리를 뚫고 지나가는 데 성공했습니다. 이 때 보이저 1호는 우주선이 작은 얼음 알갱이들과 부딪히는 소리를 지구로 보내 왔답니다. 미국의 한 음반 회사는 이 소리를 녹음하여 '보이저의 교향곡' 이라는 이름으로 판매하기도 했답니다.

110 천왕성은 누가 발견했을까?

오랜 옛날부터 태양계의 행성이라고 하면 수성, 금성, 화성, 목성, 토성의 다섯 개라고 생각해 왔습니다. 그 후 지구도 행성 중의 하나인 것을 알게 되었고, 토성 바깥쪽의 일곱 번째 행성인 천왕성이 발견된 것은 1871년 영국의 허셜이라는 천문학자에 의해서였답니다. 그는 자신이 직접 만든 망원경으로 최초로 행성을 발견한 것입니다.

111 천왕성의 여름은 42년

전체적으로 청록빛을 띠고 있는 천왕성은 태양과의 평균 거리가 28억 7,500만 km에 이르는데, 이것은 토성보다 2배 정도 먼 거리입니다. 반지름은 지구의 4배쯤(2만 5,400km) 되며, 자전 주기는 약 17시간, 태양 한 바퀴를 완전히 도는 데는 84년이 걸립니다. 공전 주기가 길기 때문에 계절도 길어서 여름과 겨울이 각각 42년씩이나 된다고 합니다. 그러나 태양 빛이 아주 조금밖에 닿지 않기 때문에 여름이라고 해도 가장 따뜻할 때가 −209℃나 되지요.

112 토성과 닮은 꼴 행성

천왕성은 암석질인 중심핵, 얼음인 맨틀, 수소·헬륨인 상층으로 이루어져 있습니다. 한편 천왕성에는 토성과 마찬가지로 다섯 겹으로 된 고리가 적도면을 돌고 있지요. 하지만 천왕성의 고리는 모두 검은 입자들로 되어 있어 잘 보이지 않는답니다.

113 천왕성 둘레를 도는 15개의 위성

달이 지구의 둘레를 돌듯, 천왕성의 둘레에는 미란다·아리엘·움브리엘·티타니아·오베론 등 5개의 위성이 돌고 있습니다. 그리고 1986년 2월 보이저 호는 10개의 위성을 새로 발견했습니다. 이 위성들은 천왕성 반지름의 5~24배로 골고루 분포되어 공전하고 있지요.

114 해왕성은 언제 발견되었을까?

태양계의 여덟 번째 행성인 해왕성은 1846년에 발견되었습니다. 태양과의 거리는 평균 44억 9,700만 km로, 거리가 멀기 때문에 표면 온도가 -220℃나 되지만, 중심의 온도는 약 7,000℃쯤 된다고 합니다. 크기는 지구의 4.2배(반지름 2만 4,700km)이고, 공전 주기는 165.49년, 자전 주기는 18.4시간입니다.

115 거꾸로 도는 위성 트리톤

해왕성의 둘레를 도는 위성은 트리톤과 네레이드 등 8개이며, 그 중에서도 트리톤은 행성의 공전 방향과 반대 방향으로 공전하고 있습니다. 즉, 여러 개의 달 중 하나가 반대쪽에서 떠오르는 것이지요.

116 태양계의 푸른 진주

해왕성은 푸른 색을 띠고 있기 때문에 '태양계의 푸른 진주'라는 별명을 지니고 있습니다. 해왕성이 푸르게 빛나는 까닭은 대기 속에 들어 있는 메탄가스가 빛나기 때문입니다. 해왕성의 메탄 구름층 속에서는 아주 강한 폭풍이 몰아치고 있답니다.

117 해왕성의 고리

1977년 3월과 12월, 그리고 1978년 4월에 해왕성이 항성(태양)을 덮어 가렸을 때, 천문학자들은 해왕성에도 토성과 같이 고리가 있다는 것을 알았습니다. 고리는 9겹으로 되어 있고, 해왕성의 중심에서 4만 2,000km부터 4만 8,000km 정도의 범위에 걸쳐 있습니다.

119 태양계의 가장 바깥쪽을 도는 별

태양계의 가장 바깥쪽을 도는 명왕성은 태양과의 거리가 무려 95억 km나 됩니다. 그래서 태양의 빛이 도착하기까지는 5시간이 넘게 걸린답니다. 명왕성의 반지름은 1,150km인데, 이것은 지구의 위성인 달보다 작은 크기이지요. 밤하늘에서 잘 보이지 않기 때문에 지름이 50cm가 넘는 망원경을 사용해야 한답니다. 명왕성은 2006년 태양계에서 퇴출되었습니다.

120 해왕성의 둘레를 돌던 별

명왕성이 태양을 중심으로 한 바퀴 도는 데 걸리는 시간은 무려 250년이나 된답니다. 즉, 명왕성의 1년은 지구로 따진다면 250년이 되는 셈이지요. 명왕성은 원래 해왕성의 둘레를 돌던 여러 개의 위성 중 하나였다고 합니다. 명왕성의 표면 온도는 약 -230℃이며, 카론이라고 불리는 위성 하나를 가지고 있습니다.

121 해왕성과 명왕성의 자리바꿈

명왕성의 궤도는 행성 중에서 가장 가늘고 긴 타원형입니다. 이 때문에 태양에서 가장 가까울 때에는 해왕성의 궤도 안쪽으로 들어오기도 하지요. 태양에서 가까울 때에는 약 44억 km, 가장 멀 때에는 약 74억 km나 된답니다. 지난 1979년부터 1999년까지 20년 동안, 명왕성은 해왕성의 안쪽에 있었습니다.

명왕성의 모습

122 2003UB313은 열 번째 행성?

그런데 혹시 명왕성 바깥쪽에 또 다른 행성이 있지는 않을까요? 과학자들도 이 점에 의문을 품고 관찰을 계속해 왔는데, 최근에 이르러서 마침내 태양계의 열 번째 행성이라 부를 만한 것이 발견되었답니다. 2003년 미국의 한 천문학 연구팀이 발견했고 2005년 7월 처음 세상에 발표했습니다. 이 별의 이름은 '2003UB313'으로, 지구와 태양 사이의 거리보다 97배나 멀리 떨어져 있으며, 메탄 얼음과 바위로 구성되어 있답니다.

118 명왕성은 어떻게 발견되었을까??

과학자들은 해왕성까지 찾아낸 뒤 태양계에 또 다른 행성이 있을 것이라 생각했습니다. 천문학자 로웰은 아직 찾지 못한 그 미지의 행성을 'X'라 부르고 직접 천문대를 세우고는 평생 동안 찾아보았습니다. 하지만 로웰은 끝내 행성 X를 찾지 못했고, 결국 그의 제자 톰보가 1930년에 명왕성을 찾는 데 성공하여 태양계의 9번째 행성으로 인정되었으나 2006년 국제천문연맹의 결정에 따라 태양계에서 퇴출되어 소행성으로 분류되었습니다.

123 행성의 조건

사실 명왕성보다 멀리 떨어진 행성이 전에도 발견된 적이 있답니다. 그러나 천문학자들은 보통 태양계에서 가장 작은 명왕성보다 크고 밝은 천체를 행성의 기준으로 삼고 있답니다. 최근 발견된 2003UB313은 명왕성과 비슷한 모습이며, 직경이 약 3,000km로 명왕성보다 1.5배 정도 큰 것으로 관찰됐습니다.

124 행성이 될 뻔한 별 '콰오아', '세드나'

지난 2002년 6월 4일 미국 캘리포니아 공과대학의 브라운 교수팀은, 명왕성에서 16억km 떨어진 지점에서 태양의 주위를 돌고 있는 별을 발견한 적이 있었습니다. 이 별의 이름은 콰오아였지요. '콰오아'는 '만물을 탄생시킨 자연연의 힘'을 뜻하는 인디언식 이름으로, 명왕성보다 작기 때문에 행성으로 인정 받지 못했답니다. 미국 항공 우주국(NASA)이 발견한 별 '세드나' 역시 같은 이유로 행성이 되지 못했습니다.

125 케플러의 법칙

앞서 말했듯 태양계의 모든 행성들은 태양의 둘레를 타원형으로 돌고 있습니다. 이것을 케플러의 제1 법칙이라고 합니다. 또한 태양에 가까울 때에는 빨리 돌고 멀 때는 느리게 도는데, 이것을 케플러의 제2 법칙이라고 하지요.

126 화성과 목성 사이의 소행성은 몇 개나 될까?

행성이 아직 천왕성까지밖에 발견되지 않았을 무렵, 화성과 목성의 사이가 너무 많이 벌어져 있어서, 그 사이에 작은 행성들이 있지 않을까 여겨졌습니다. 1801년 이탈리아의 천문학자 피아치가 마침 이 사이에서 작은 행성을 발견하여 '헤레스'라 이름붙였고, 그 후 계속해서 발견되어 지금은 3,000개가 넘는답니다.

127 크기도 모양도 제각각

3,000여 개에 이르는 행성들 중 가장 큰 것은 지름이 1,003km 정도이고, 작은 것은 수 km의 바위 조각과 같답니다. 이것들을 통틀어 '소행성'이라고 하지요. 소행성은 태양계가 만들어질 때 버젓한 행성이 되지 못하고 서로 부딪히면서 만들어진 것이랍니다.

128 지구 가까이 다가오는 소행성들

대부분의 소행성은 화성과 목성 사이에 있지만, 그 중에는 이와 다른 소행성도 있습니다. 1898년에 발견된 '에로스'라는 소행성은 아주 납작한 타원 궤도를 그리며, '헤르메스'라는 소행성은 지구에서 불과 78만 km의 아주 가까운 거리까지 접근하기도 합니다.

129 만약 지구와 소행성이 충돌한다면?

수많은 소행성들 중에서 하나라도 지구와 충돌한다면 엄청난 일이 벌어질 것입니다. 지름 2km 짜리가 떨어진다 해도 아시아나 아메리카 대륙의 모든 생명체가 사라질지 모르니까요. 그러나 소행성과 지구가 부딪힐 확률은 약 25만 년에 한 번, 혹은 100만 년에 한 번 정도라고 합니다.

130 지금도 발견되는 소행성

학자들은 우리 태양계 안에 수십만 개에 이르는 소행성들이 있을 것이라 추측하고 있습니다. 그러나 지금까지 실제로 발견된 소행성은 약 1만 개 정도입니다. 지구에서는 언제 떨어질지 모르는 소행성을 감시하기 위해 '지구 근접 천체 감시 기구'를 두고 있습니다. 그리하여 지금 이 순간에도 세계 곳곳의 천문대에서 수많은 사람들이 매일매일 하늘을 감시하고 있습니다.

131 달이 된 소행성, 데이모스와 포보스

화성에는 '데이모스'와 '포보스'라는 두 개의 위성이 있습니다. 그런데 이 두 개의 달은 원래 화성 바깥쪽 궤도를 돌던 소행성이었답니다. 그러나 화성과 가까워졌을 때 화성의 강한 중력에 끌려 붙잡혔고, 그 후로 화성의 둘레를 빙빙 도는 위성이 된 것입니다.

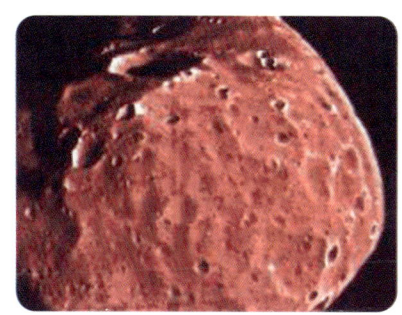

화성의 위성 '포보스'

132 우리 이름을 가진 소행성

태양계를 돌고 있는 수많은 소행성들. 그 중에는 세종대왕 등의 이름도 있는데, 아쉽게도 우리나라 사람이 발견하여 붙인 것은 아니랍니다. 하지만 지난 2001~2002년 우리나라의 과학자들이 5개의 소행성을 발견하고 각각 최무선·이천·장영실·이순지·허준의 이름을 붙였으며, 2005년에는 2개의 소행성을 더 발견하여 각각 홍대용·김정호의 이름을 붙였답니다.

133 트로이 소행성군

소행성들 중에서도 목성의 궤도 위에서 수십 개씩 무리를 이루어 태양 주위를 공전하는 소행성들을 일컬어 '트로이 소행성군'이라고 합니다. 1906년 최초로 아킬레스 소행성이 발견됐고, 뒤이어 헥토르·네스토르·오디세우스·파트로클로스 등이 발견되어 트로이 전쟁에 등장하는 용사들의 이름이 붙게 되었답니다.

134 혜성 꼬리의 길이는 얼마나 될까?

혜성은 태양계 안에서 태양의 둘레를 타원 또는 포물선 궤도를 따라 돌고 있는데, 긴 꼬리를 가지고 있는 것이 특징입니다. 이러한 꼬리는 우주 공간에서 1억 km가 넘게 이어지기도 하지요. 옛날에는 이 꼬리가 전쟁이나 전염병 등 불행의 징조로 여겨지기도 했지만, 지금은 우주에서 벌어지는 여러 가지 신기한 볼거리 중의 하나입니다.

135 태양계의 혜성은 2백만 개

혜성은 커다란 금속이나 바위 조각, 가스와 얼음 등으로 이루어져 있으며, 태양계에는 약 2백만 개가 있다고 합니다. 그 중에서 76년마다 나타나는 핼리 혜성과 3.3년마다 찾아오는 엥케 혜성, 핼리 혜성보다 100배나 밝은 헤일밥 혜성 등이 유명합니다.

136 핼리 혜성은 누가 발견했을까?

태양의 둘레를 돌고 있는 혜성 중 하나로, 76년마다 한 번씩 나타납니다. 기원전 467년에 관측했다는 기록을 비롯해 이미 오래 전부터 이 혜성이 나타나곤 했지만, 76년마다 나타난다는 것은 천문학자 핼리가 1705년에 밝혀냈습니다.

137 핵을 둘러싼 먼지와 가스, 코마

혜성은 머리와 꼬리로 이루어져 있고, 머리 중앙부에서는 아주 강한 빛이 나오는데, 이 부분을 핵이라고 합니다. 그런데 혜성 중에는 핵을 둘러싼 먼지와 가스 부분이 있는 것도 있는데, 이 부분을 코마라고 합니다. 혜성의 꼬리는 코마에서부터 길게 뻗어나오지요.

138 혜성들은 어디에서 날아오는 걸까?

과학자들은 태양에서 수천억 km 떨어진 태양계 끄트머리에 혜성의 고향이 있다고 믿고 있습니다. 즉, 그곳에는 수많은 먼지와 얼음 조각이 엄청나게 많이 모인 '오르트 구름'이 있는데, 이곳에 있던 커다란 얼음 덩어리들이 때로 태양계 밖으로 날아가기도 하고 또 안쪽으로 날아오기도 한다는 것입니다.

139 혜성의 별명은 '더러워진 눈사람'

혜성은 주로 얼음과 먼지로 이루어져 있기 때문에 '더러워진 눈사람'이라는 별명을 가지고 있답니다. 혜성은 태양 주위를 기다란 타원 궤도로 공전하는데, 태양에 가까이 올수록 꼬리가 점점 길게 빛납니다. 혜성의 얼음덩어리가 태양열을 받아 증발하면 얼음 속에 있던 기체나 입자가 태양 반대쪽으로 날아가면서 꼬리를 만드는 것입니다.

140 혜성 꼬리는 항상 똑같은 방향

혜성의 꼬리는 그 길이가 보통 1억 km에서 3억 km 정도랍니다. 그런데 한 가지 재미있는 것은, 혜성의 꼬리는 언제나 똑같은 방향을 향하고 있다는 것입니다. 즉, 혜성의 꼬리는 늘 태양풍이 부는 반대쪽을 가리키고 있지요. 그래서 때로 어떤 혜성은 꼬리를 앞에 달고 날아가기도 한답니다.

141 우리나라에도 나타난 핼리 혜성

혜성 중에서 가장 유명한 것을 꼽는다면 역시 핼리 혜성입니다. 1682년 9월 15일, 핼리라는 천문학자가 발견한 '핼리 혜성'은 아주 오래 전 우리나라에서도 관측되었다는 기록이 있습니다. 즉, 고려 시대인 989년에 핼리 혜성이 나타난 적이 있으며, 조선 시대에는 핼리 혜성을 그림으로 남길 정도로 자세하게 관찰했었답니다.

143 별똥별이 날아가는 속도

별똥별 중에서도 특히 크고 밝은 것을 일컬어 '화구'라고 합니다. 유성이 지구 대기 속으로 들어와서 빛을 낼 때의 높이는 보통 100~130km의 상공이며, 사라지는 높이는 70~80km랍니다. 그러나 화구의 경우는 지상 50m 가까이까지도 내려오지요. 지구의 인력권 내에 들어온 유성의 속도는 초속 25~70km에 이릅니다.

144 별똥별은 하루에 2억 개

맑게 갠 밤하늘을 바라보고 있으면 보통 1시간마다 5~10개의 유성을 볼 수 있습니다. 하루 중에서 새벽이 초저녁보다 2배 정도 많고, 1년 중에서는 8월이 가장 많답니다. 하루 동안에 지구의 인력권에 들어오는 유성의 수는 약 2억 개 정도나 됩니다. 또 이 가운데에서도 우리의 눈으로 볼 수 있는 것만도 150만 개에 이른답니다.

145 비가 되어 쏟아지는 유성

그런데 이런 별똥별들이 비처럼 쏟아지는 때도 있답니다. 이것을 유성우라고 해요. 유성체가 많이 모인 곳을 지구가 통과할 때에 이런 일이 생기곤 하지요. 또한 혜성은 그 머리에서 끊임없이 여러 가지 물질을 흩뿌리고 있기 때문에, 혜성이 가까이 지날 때에도 유성우를 볼 수 있답니다. 실제로 2001년 11월 19일 새벽 우리나라에서는 한 시간 동안 8,000개 정도의 별똥별이 떨어졌다고 합니다.

146 땅 위에 떨어진 유성, 운석

유성은 대부분 지상 100km 부근에서 빛나기 시작하여 80km 정도에서 불이 붙어 사라집니다. 그러나 그 중에 큰 것은 대기 중에서 타지 못하고 땅 위에 떨어지는 것도 있습니다. 이것을 운석이라고 해요. 운석이 되는 유성은 밝은 것이 많으므로 종종 낮에도 보이는 일이 있습니다.

142 별똥별은 별이 싸는 똥일까?

태양계 공간에는 행성이나 위성, 혜성 외에도 작은 암석 부스러기나 먼지 알갱이들이 많습니다. 이런 것들을 유성체라고 하지요. 이 유성체도 태양 주위를 떠돌고 있는데, 이것이 지구의 인력에 끌려 가끔 지구의 대기 속으로 들어오곤 합니다. 이 때 유성체는 초속 수십 km의 속도로 날기 때문에 대기와의 마찰로 타 버립니다. 이것을 바로 별똥별, 혹은 유성이라 부릅니다.

147 다이아몬드를 품은 캐니언 디애블로 운철

운석은 보통 돌과 같은 석질로 되어 있지만, 그 중에는 철을 포함하고 있는 '운철'도 있지요. 지금까지 발견된 운철 중에 어떤 것은 다이아몬드를 포함한 것도 있는데, 이것은 미국의 애리조나 주 캐니언 디애블로 부근에서 발견되었답니다.

148 세상에서 가장 큰 운석

운석의 크기는 작은 것은 모래알만한 것에서 큰 것은 수만 kg에 이르는 것도 있습니다. 현재까지 떨어진 운석 중에서 가장 큰 것으로 알려진 것은 1920년 서남 아프리카의 그루트프론타인에 떨어진 것으로, 크기는 커다란 테이블만 하고, 무게는 6만 kg이 넘는답니다.

149 세상에서 가장 큰 운석공

커다란 운석이 지구에 떨어지면 땅이 움푹 파입니다. 이것을 '운석공' 혹은 '크리에이터'라고 부르지요. 미국 애리조나 주에 있는 운석공은 그 깊이가 180m이고, 지름이 1,280m나 된답니다. 과학자들은 이 자리에 약 2만 년 전 6만 톤짜리 운석이 떨어졌을 것이라고 추측하고 있습니다.

151 불덩어리 같은 원시 지구의 모습

여러 운석과 먼지 등이 모여서 만들어진 지구는 마치 불덩어리와 같은 모습이었습니다. 이 때의 지구를 '원시 지구' 라고 하지요. 이처럼 지구가 뜨거웠던 까닭은 우라늄이나 토륨 등의 방사성 물질들이 엄청난 열을 냈기 때문입니다. 이러한 원소들은 철과 니켈 등 무거운 물질들을 녹여서 지구 안쪽으로 모이게 했고, 그러다 보니 지구 중심에서 더욱 큰 열이 발생했지요.

152 지구가 둥근 까닭

지구에 있는 여러 물질들 중에서 무거운 것들은 수백만 년이 지나는 동안 지구의 중심으로 끌려 들어갔습니다. 또한 액체에 가까운 물질들이 많이 모이면서 서로 들러붙어서 작게 굳어졌고, 그 결과 공처럼 둥근 모양이 된 것입니다.

153 바다가 생겨난 까닭

지구 중심에서 발생한 뜨거운 열 때문에 지구 둘레는 수증기로 덮이게 되었습니다. 나중에 지구가 식기 시작하자, 이 수증기는 엄청나게 많은 비로 변해서 내리기 시작했지요. 이렇게 해서 어마어마하게 쏟아져 내린 비는 지구 위의 움푹 패인 곳에 모여 바다가 되었습니다.

154 산맥과 대륙의 탄생

방사성 물질들이 내는 엄청난 열 때문에, 처음에 지구를 이루었던 운석들은 녹아 버리고 말았습니다. 그리고 그 일부는 마그마가 되어 다시 지표(지구의 표면) 바깥으로 뿜어져 나왔지요. 이러한 화산 활동 때문에 지표는 용암이나 화산재에 의해 두껍게 뒤덮이면서 산맥과 대륙이 형성된 것입니다.

150 지구는 언제 태어났을까?

지금으로부터 약150억 년 전, 아무 것도 없는 공간에 엄청난 대폭발(빅뱅)이 있었다고 했지요. 빅뱅으로 여러 가지 입자들이 사방으로 퍼져나가면서 우주가 만들어졌으며, 그 후 수많은 세월이 흐르는 동안 이런 입자들이 서로 뭉쳐져서 별들이 만들어진 것입니다. 지구는 46억 년 전, 여러 가지 성간 물질(천체들 사이를 떠도는 물질)들이 모여서 만들어진 것이랍니다.

155 지구의 속도는 시속 10만 km

지구는 1초에 약 30km의 속도로 날아갑니다. 따라서 1시간에 무려 10만 km라는 엄청나게 빠른 속도로 태양 둘레를 공전하고 있지요. 지구가 태양의 둘레를 완전히 한 바퀴 도는 데는 1년이 걸리는데, 이와 같이 공전하는 데 걸리는 일정한 시간을 '공전 주기'라고 한답니다.

156 지구의 자전 속도는 24시간

지구는 태양의 둘레를 돌고 있을 뿐 아니라 스스로도 팽이처럼 돌고 있습니다. 이처럼 스스로 도는 것을 자전이라고 합니다. 우주의 모든 별(천체)은 무게중심이 있는 회전축 주위를 자전하고 있지요. 지구의 경우 남북극을 잇는 회전축(자전축) 주위를 하루(24시간)에 한 바퀴씩 돌고 있습니다.

157 조금씩 길어지는 자전 속도

지구의 자전 속도는 조금씩 변하고 있습니다. 즉, 하루의 길이가 100년에 1,000분의 1초씩 길어지고 있다고 합니다. 태양의 경우 적도에서의 자전 속도는 25일이지만, 남북극에 가까운 곳에서는 31일이나 된다고 합니다.

158 달은 왜 곰보투성이일까?

지구의 둘레를 돌고 있는 달. 달은 커다란 별이 지구와 부딪쳐서 떨어져 나간 운석들이 모여서 만들어졌다는 말도 있고(운석설), 지나가던 달이 지구의 끌어당기는 힘 때문에 붙잡혔다는 설(포획설)도 있습니다. 달의 표면에 크고 작은 구덩이가 곰보 자국처럼 많이 나 있는 까닭은 수많은 운석들이 날아와서 부딪쳤기 때문이랍니다.

159 달의 육지와 바다

망원경으로 달 표면을 자세히 관찰하면, 크리에이터라는 수많은 분화구 모양의 지형과 울퉁불퉁한 산들을 볼 수 있습니다. 이러한 것들을 우리는 육지(밝은 부분)와 바다(어두운 부분)로 구분하여 부르고 있지만, 사실은 모두 암석으로 이루어진 것들입니다.

160 지구보다 훨씬 높은 달의 산맥들

달에도 지구처럼 알프스·코카서스·라이프니치 등 수많은 산맥들이 있습니다. 이것들은 주로 커다란 운석이 떨어져서 생겨난 것입니다. 달에 있는 산들은 대부분 지구의 산들보다 훨씬 높답니다. 라이프니치 산맥에만 해도 에베레스트보다 높은 산들이 즐비하답니다.

161 달의 바다는 용암이 굳은 현무암

달의 검은 부분을 바다라고 했지요. 바다 부분이 검게 보이는 까닭은 용암이 굳어서 된 현무암 때문입니다. 지구의 표면에는 육지보다 바다가 훨씬 넓지만, 달에서는 그 반대랍니다. 달의 앞면에서 바다의 면적은 31.2%밖에 안 되며, 뒷면에서는 바다의 면적이 겨우 2.6%밖에 안 되지요.

162 달의 지도, 월면도

인류가 달에 발을 디딘 것을 비롯하여 여러 가지로 달을 관측하게 되면서, 지구와 마찬가지로 달의 지도가 만들어지게 되었습니다. 그것을 월면도라고 하는데, 달의 산과 바다에는 아주 멋진 이름들이 붙여져 있습니다. '구름의 바다', '맑음의 바다', '고요의 바다', '코페르니쿠스 산' 등이 그것이지요.

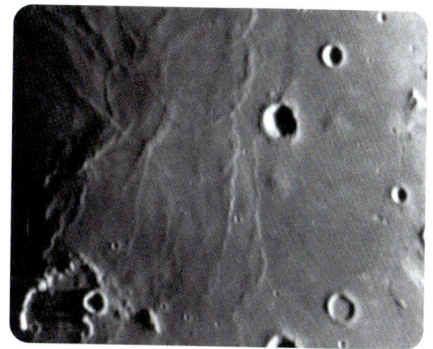

고요의 바다

163 달의 크기와 거리

달은 지구의 둘레를 돌고 있는 유일한 자연 위성으로, 지구로부터의 거리는 평균 38만 4,400km입니다. 달의 반지름은 지구의 약 4분의 1이나 되는데, 이것은 다른 별의 위성에 비해 무척 큰 편에 속합니다.

164 달이 빛나는 까닭

밤에 하늘을 올려다보면 달에서는 밝게 빛이 납니다. 하지만 달은 스스로 빛을 낼 수 없답니다. 다만 햇빛을 받아서 그 빛을 반사할 뿐이지요.

165 달은 왜 한쪽밖에 보이지 않을까?

지구에서 볼 때 달은 한쪽밖에 보이지 않습니다. 달은 지구가 태양의 둘레를 공전하는 것과 마찬가지로 지구의 둘레를 돌고 있습니다. 그런데, 달이 한 번 자전하는 데 걸리는 시간은 지구를 한 바퀴 도는 데 걸리는 시간과 같습니다. 바로 이 때문에 우리는 달의 앞모습만을 볼 수 있는 것입니다.

달의 뒷면

166 달의 모양이 자꾸 변하는 까닭

달이 초승달·반달·보름달 등으로 모양을 바꾸는 것은 스스로 빛을 발하지 않고, 태양의 빛이 닿는 부분만 빛을 반사하기 때문입니다. 즉, 달이 태양과 지구 사이에 있을 때 달은 그 뒷면만 햇빛을 받아 빛나고, 지구에서 보이는 부분은 어둡기 때문에 보이지 않지요.

167 '보름달'과 '반달'의 차이

반대로, 달과 태양이 지구를 사이에 두고 있을 때에는 달의 앞부분 전체가 햇빛을 받아 빛나는데, 이 때를 보름달(만월)이라고 합니다. 달의 방향이 태양으로부터 90°에 위치하면 달의 반쪽만 빛을 받아 빛나는데(반달), 서쪽 반만 보일 때를 '상현달', 동쪽 반만 보일 때를 '하현달'이라고 하지요.

168 양력과 음력의 차이

현재 우리가 쓰는 달력은 태양력으로, 이것은 태양의 운행을 기준으로 만든 것입니다. 이에 반해 태음력은 달이 차고 기우는 것을 바탕으로 만든 것입니다. 우리가 '음력'이라고 부르는 것은 '태음태양력'인데, 이것은 태양력과 태음력을 엮어서 만든 것으로 중국·인도와 우리나라 등에서 사용했습니다.

169 낮과 밤의 온도 차이

달의 표면에서는 햇빛이 비칠 때 온도가 매우 높아서 130℃까지 오릅니다. 그러나 햇빛이 닿지 않을 때는 -510℃까지 내려가지요. 이처럼 달에서는 온도 차이가 엄청나기 때문에 단단한 암석도 쉽게 풍화된다고 합니다.

170 소리보다 빠른 달의 속도

달은 지구에서 평균 38만 1,100km 떨어져 있습니다. 또 달이 지구 둘레를 한 바퀴 도는 데에는 27일 7시간 3분이 걸립니다. 이것을 계산해 보면 달이 움직이는 속도는 초속 1,023m이며, 이것은 지구에서 소리가 날아가는 속도보다 3배쯤 빠른 것이지요.

171 달이 뜨고 지는 기준

태양이 뜨는 것을 '일출', 지는 것을 '일몰'이라고 하지요. 태양의 위쪽 가장자리가 보였을 때를 일출이라 하고, 태양이 완전히 보이지 않게 되었을 때를 일몰이라고 합니다. 그런데 달이 뜨는 '월출'의 기준은 조금 다릅니다. 월출은 달의 중심이 '지평선 또는 수평선에 걸렸을 때'라고 정해져 있답니다.

172 달의 중력은 지구의 6분의 1

만약 우리가 달 표면을 걷는다면 어떨까요? 1969년 7월 20일 미국의 닐 암스트롱은 인류 최초로 달에 발을 내디뎠답니다. 그런데 그는 아주 무거운 우주복을 입었는데도 불구하고 조금씩 둥둥 떠다녔습니다. 그 까닭은 바로 달은 지구보다 중력이 약하기 때문이랍니다. 물체를 땅으로 잡아당기는 힘이 지구의 6분의 1밖에 안 되지요.

173 달에 공기가 없는 까닭

지구에는 공기가 있기 때문에 우리가 숨을 쉬며 살 수 있습니다. 이처럼 지구에 공기가 있는 까닭은 지구의 중력이 공기를 붙잡아 둘 만큼 강하기 때문입니다. 하지만 달은 공기를 붙잡아 둘 만큼 중력이 강하지 못하기 때문에, 만약 공기가 있더라도 모두 흩어져 버리고 말 것입니다.

174 달의 중력으로 생기는 밀물과 썰물

달은 크기도 작고 중력도 약하기 때문에 지구에 막대한 영향을 끼치지는 못합니다. 그러나 지구 표면에 있는 물(바다)에는 어느 정도 영향을 줄 수 있답니다. 즉, 달이 가진 중력 때문에 지구의 바닷물이 잡아당겨져서, 밀물과 썰물이 생기는 것이랍니다.

175 인공위성은 왜 지구로 떨어지지 않을까?

현재 지구 둘레에는 달 외에도 사람이 만든 수많은 위성들이 각자의 궤도를 따라 돌고 있습니다. 이것을 '인공 위성'이라고 하지요. 인공 위성이 우주 궤도에 머물러 있는 것은 달이 떠 있는 것과 같은 원리입니다. 즉, 지구가 위성을 잡아당기는 힘과 위성이 지구 밖으로 날아가려는 힘이 똑같기 때문입니다.

176 인공 위성이 하는 일

인공 위성은 지구 둘레를 빙글빙글 돌면서 여러 가지 일을 하고 있습니다. 각자 임무에 따라서 모양도 다르고 떠 있는 위치도 다르지요. 그 중에서 통신 위성은 전화·인터넷 등을 연결하게 해주고, 방송 위성은 먼 곳의 방송을 시청할 수 있게 해주고, 기상 위성은 날씨의 변화를 관측하며, GPS 위성은 비행기나 배·자동차 등의 위치를 관측합니다.

177 저궤도 위성

지구에서 200~6,000km 상공에 떠 있는 인공 위성을 저궤도 위성이라고 합니다. 저궤도 위성은 지구의 자전 속도보다 훨씬 빠르며, 높이에 따라 차이가 있지만 지구를 한 바퀴 도는 데 약 90~100분이 걸린답니다. 주로 지구 자원 탐사나 통신, 해양·기상 관측 등에 이용되고 있습니다.

178 정지 궤도 위성

땅에서 3만 6,000km 높이에 있는 정지 궤도 위성은 지구의 자전 속도와 같은 속도로 돌고 있습니다. 이 때문에 지구상에서 볼 때는 위성이 항상 그 자리에 멈춰 있는 것처럼 보입니다.

179 지금까지 쏘아올려진 인공 위성들

최초의 인공 위성은 1957년 구소련에서 쏘아올린 스푸트니크 1호이며, 그 후 전 세계적으로 지금까지 약 6,000~7,000여 개의 인공 위성이 발사되었습니다. 정말 엄청나게 많은 인공 위성들이 쏘아올려졌는데, 그 중에는 옛 소련에서 몰래 스파이 위성을 발사한 적도 있기 때문에 정확한 숫자를 파악하기는 힘듭니다.

GPS 위성 발사 장면

180 수명을 다한 인공 위성

제 임무를 마치거나 수명을 다한 위성들은 어떻게 될까요? 어떤 것들은 폭파되어 지구로 떨어지기도 하고, 또 어떤 것들은 계속해서 지구 궤도를 돌고 있답니다. 현재 인공 위성이나 로켓의 파편은 약 1만 개 정도가 있으며, 언젠가는 대기권에 돌입할 운명에 놓여 있다고 합니다.

181 땅 위로 떨어진 인공 위성들

인공 위성이 파편들은 대부분 공기중에서 나 버리기 때문에 땅 위에 떨어지지는 않습니다. 그러나 두꺼운 금속을 사용하였거나 거대한 것은 다 녹지 않고 지구에 떨어지기도 한답니다. 1978년에는 구소련의 코스모스 954호가 떨어져 캐나다 북서부에 방사능 오염을 일으켰고, 1979년에는 미국의 우주 실험선 스카이랩이 수명이 다하여 우주에 파편을 뿌렸답니다.

182 우리나라의 인공 위성

우리나라는 1992년에 우리별 1호를 발사하여 세계에서 22번째로 인공 위성을 보유하게 되었고, 1995년에는 통신·방송 위성인 무궁화 1호와 2호를 쏘아올렸습니다. 또한 2005년에는 우리나라 최초의 다목적 실용 위성인 아리랑 1호가 발사되었으며, 지금도 꾸준히 인공 위성을 개발하는 데 노력을 기울이고 있습니다.

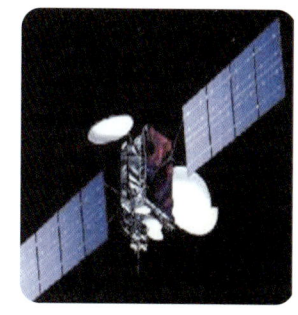

184 자꾸만 달라지는 별자리의 위치

바다를 여행하거나 밤길을 걸을 때 이러한 별자리들은 방향을 잃지 않게 해주는 역할을 했습니다. 그런데 별자리는 한 곳에 가만히 머물러 있는 것이 아니라 자꾸만 위치가 달라집니다. 이것은 지구가 스스로 돌기 때문인데, 약 24시간 후에는 같은 별자리를 지난 번의 위치에서 볼 수 있습니다. 또한 지구가 태양의 둘레를 돌고 있어서 각 계절마다 보이는 별자리도 달라집니다.

185 1년 내내 볼 수 있는 주극성

지구를 반으로 나누어서 볼 때 우리나라는 북쪽의 중간쯤에 위치하고 있어서 북극 근처의 별들을 1년 내내 볼 수 있습니다. 이런 별들을 '주극성'이라고 하며, 카시오페이아·큰곰·작은곰·세페우스자리 등의 별들이 이에 속하지요.

186 북두칠성과 북극성

가장 쉽게 찾을 수 있는 별자리 중의 하나가 바로 북두칠성입니다. 북두칠성은 큰곰자리의 꼬리에 해당되는 일곱 개의 별로 이루어져 있는데, 이것이 국자 모양으로 되어 있어서 '두'(국자를 뜻함)자를 넣은 것입니다. 북두칠성의 두 번째 별에서 첫 번째 별 쪽으로 직선을 그으면, 그 두 별의 거리의 5배쯤 되는 곳에 북극성이 있습니다.

187 북극성이 움직이지 않는 까닭

북극성은 지구가 자전하는 중심에 있기 때문에 언제나 같은 자리에 있는 것처럼 보입니다. 하지만 이처럼 전혀 움직이지 않는 것 같은 북극성도 오랜 시간이 지나는 동안 위치가 변한다고 합니다. 1천 년 전에는 용자리에 있던 별이 북극성이었지만, 1만 1천 년 뒤에는 직녀자리의 별이 북극성이 된다고 합니다.

188 88개의 별자리와 황도 12궁

오늘날 우리가 주로 사용하는 별자리는 서양에서 만들어진 것입니다. 1930년 국제천문연합에서는 지금과 같이 88개의 별자리를 결정했지요. 그 중에서 태양이 지나가는 길 위에 놓여 있는 양·황소·쌍둥이·게·사자·처녀·천칭·전갈·궁수·염소·물병·물고기자리의 열두 별자리를 '황도 12궁'이라고 합니다.

183 별자리는 누가 만들었을까?

별자리란 하늘의 별을 찾아내기 쉽게 몇 개씩 이어서, 그 형태에 동물이나 물건, 신화 속 인물 등의 이름을 붙여 놓은 것을 말합니다. 약 5,000년 전부터 티그리스 강과 유프라테스 강 유역에 살던 사람들은 양떼를 지키면서 밤하늘의 별자리를 관측했다고 하며, 그들은 양·황소·쌍둥이·게·사자·처녀·천칭·전갈·궁수·염소·물병·물고기자리 등의 성좌표(별자리 표)를 만들었습니다.

난 먹보 별자리~~

189 별자리를 관찰하기 좋은 계절

1년 중 별이 가장 아름답게 보이는 때는 바로 겨울입니다. 날씨가 춥기는 하지만 공기가 맑아서 별이 또렷하게 잘 보이지요. 그 중에서도 시리우스는 우리나라에서 보이는 별들 가운데 가장 가까운 8.7광년에 위치하고 있어서 더욱 반짝인답니다.

190 겨울 밤하늘의 왕자, 오리온

겨울철 남쪽 하늘을 보면 오리온이라는 별자리를 볼 수 있습니다. 밝은 별 2개와 그 사이에 나란히 늘어선 3개의 별은 눈에 아주 잘 띄지요. 그래서 '겨울 밤하늘의 왕자'로 불리기까지 합니다. 이 별들은 그리스 신화에 나오는 오리온 용사를 상징하며, 3개의 별은 용사의 띠에 해당됩니다.

오리온자리

191 별자리와 지구의 거리

북극성은 밝게 빛나기 때문에 가까이 있을 것 같지만, 사실은 지구와 약 800광년이나 떨어진 아주 먼 곳의 별이랍니다. 또한 오리온 성운은 지구와 약 1,500광년이나 떨어져 있답니다.

192 옛날에는 태양이 지구 둘레를 돌았다고 믿었을까?

150년경 그리스의 프톨레마이오스는 천동설을 주장했습니다. 즉, 지구는 가만히 서 있고, 그 둘레를 태양과 달을 비롯한 우주가 돌고 있다는 것입니다. 천동설은 과학적으로 근거가 없는 것임에도 불구하고 약 1,400년 동안 아무런 의심 없이 믿어져 왔습니다. 그러나 1543년에 코페르니쿠스는 태양을 중심으로 지구와 여러 행성들이 돌고 있다는 '지동설'을 주장했습니다.

193 그래도 지구는 돈다

1632년 갈릴레이 역시 지동설을 주장했습니다. 지금은 모든 사람들이 지동설이 옳다는 사실을 알고 있지만, 그 당시에는 이러한 주장이 하느님의 말씀을 거역하는 것으로 여겨졌습니다. 그래서 갈릴레이는 종교 재판을 받아야 했는데, 이 때 "그래도 지구는 돈다."라고 한 그의 말은 유명합니다.

194 목성의 위성을 발견한 굴절 망원경

약 400여 년 전 네덜란드의 리페르세이는 렌즈 2개로 망원경을 만들었습니다. 이걸 본 이탈리아의 갈릴레이가 똑같은 망원경을 만들어 하늘을 관측하기 시작했지요. 갈릴레이는 목성뿐만 아니라 목성의 위성 네 개를 발견하고 자세한 기록을 남겼습니다. 이 때까지의 망원경은 렌즈로 별을 보는 '굴절 망원경'이었습니다.

195 오목 거울을 사용한 반사 망원경

1660년경에는 반사 망원경이란 게 발명되었는데, 이것은 렌즈 대신 오목 거울을 사용한 것입니다. 그 후로 반사 망원경의 거울이 점점 커지면서 지금은 1만 km 밖에 있는 곤충까지 볼 수 있을 정도로 발전했습니다. 이처럼 거울로 빛을 모아서 보는 망원경을 '반사 망원경'이라고 합니다.

196 별의 전파를 탐지하는 전파 망원경

과학 기술이 발달한 오늘날의 전파 망원경은 보통의 망원경처럼 눈으로 들여다보는 것이 아니라, 금속판 등으로 반사경을 만들어 별에서 날아오는 전파를 탐지함으로써 그 별에 대해 관찰할 수 있도록 해주는 장치입니다.

197 허블 우주 망원경

1990년 4월, 미국의 우주 왕복선 디스커버리 호는 지구 상공 610km 궤도에 커다란 우주 망원경을 띄웠습니다. 이것이 바로 유명한 허블 우주 망원경입니다. 이 망원경으로 인류는 태양계에서 제일 작고 멀리 떨어진 명왕성의 위성뿐만 아니라 블랙홀이 있다는 증거까지 관측할 수 있게 되었습니다.

198 천문대에서 하는 일

커다란 망원경 등의 시설을 갖추고 천체의 현상을 관측하고 연구하는 곳을 천문대라고 하지요. 옛날에는 기껏해야 각도를 재는 도구를 가지고 천문학자가 혼자서 별을 관찰하는 곳도 천문대라고 하였지만, 오늘날에는 성능이 뛰어난 망원경은 물론이고 갖가지 실험 기구와 카메라·컴퓨터 등이 갖춰져 있습니다.

199 세계와 우리나라의 천문대

오늘날 가장 이름난 천문대로는 '하늘의 궁전'이라는 별명을 가진 파리 천문대, 세계의 자오선의 기준이 되는 그리니치 천문대, 우주 연구에 수많은 업적을 올렸던 미국의 팔로마산 천문대 등을 꼽을 수 있습니다. 우리나라에서는 소백산 천문대와 보현산 천문대가 유명합니다.

200 세계 최초의 천문대, 첨성대

경주시 인왕동에 가면 높이 9.18m에 우아한 병 모양을 한 첨성대(국보 제31호)를 만날 수 있습니다. 첨성대는 신라의 선덕여왕 때인 633년에 세워진 것으로, 세계 최초의 천문대라고 할 수 있습니다.

201 최초의 우주 비행사는 누구였을까?

인류 최초로 우주선을 타고 지구 밖을 여행한 사람은 러시아(구소련)의 가가린이었습니다.
그는 1961년 4월 12일 우주선 보스토크 1호를 타고 우주 공간으로 날아가서 지구를 한 바퀴 돌고 돌아왔습니다.
그 때 그가 했던 "지구는 푸르다."라는 말은 유명합니다.

어허... 움직이지 말고...

202 로켓의 발명

로켓의 원리를 처음 밝힌 사람은 옛 소련의 과학자인 콘스탄틴 치올코프스키였습니다. 그 후 미국의 발명가인 로버트 고더드가 1926년에 최초로 액체 연료식 로켓을 발명했고, 2차 대전 중에는 독일이 V2 로켓을 만들어 전쟁 무기로 사용했습니다. 전쟁이 끝난 뒤에 과학자들은 V2를 개량하여 강력한 우주 로켓을 만들게 된 것입니다.

203 대기권의 마찰을 이기는 우주선

원래는 사람이 만들어서 지구 밖으로 쏘아올리는 모든 것을 우주선이라고 하지만, 우리나라에서는 사람을 태워서 우주를 날아다니는 비행체만을 우주선이라고 부릅니다. 우주선은 속도와 방향을 조종할 수 있고, 다시 지구로 돌아올 때 대기권의 마찰열을 이겨낼 수 있어야 합니다. 아폴로 우주선은 그 대표적인 예라고 할 수 있지요.

204 최초로 달에 발을 내디딘 사람

지구의 우주선이 최초로 달표면에 연착륙하는 데 성공한 것은 구소련(러시아)의 루나 9호였습니다(1966년 2월 3일). 그러나 사람이 탄 우주선이 연착륙하는 데 성공한 것은 미국의 아폴로 11호였지요(1969년 7월 16일). 이 때 암스트롱이 인류 최초로 달에 발을 내딛게 되었습니다.

205 최초로 우주 유영을 한 사람

1965년 3월 18일, 우주 비행사 알렉세이 레오노프는 안전끈을 몸에 묶고서 우주선 밖으로 나와 2분 동안 우주 공간에 머물렀습니다. 그 후로 우주 비행사들은 우주선 밖에서 장시간 동안 활동할 수 있게 되었습니다.

206 최초의 여성 우주 비행사

최초의 여성 우주 비행사는 옛 소련의 발렌티나 테레슈코바입니다. 그녀는 1963년 6월 16일 보스토크 6호를 타고 우주 비행에 나섰으며, 우주 공간에서 지구 궤도를 돌면서 이틀 이상 머물렀습니다.

207 궤도 위에 지어지는 대형 기지

우주 정거장이란 인공 위성처럼 지구의 궤도 위에 지어지는 대형 기지로서, 사람이 직접 생활하면서 우주 실험이나 관측 등의 활동을 하는 곳입니다. 최초의 우주 정거장인 구소련의 살류트는 1971년 4월에 발사되었으며, 이곳에서 22명의 승무원이 1,600회의 각종 실험과 관찰을 했답니다.

208 우주 정거장의 미래

이처럼 우주 정거장이 점점 발전하다 보면 우주 호텔, 우주 공장, 우주 농장, 우주 병원 등이 있는 우주 도시도 만들어질 것입니다. 또한 장차 우주 식민지를 건설하여, 지구뿐 아니라 우주에서도 인간이 살 수 있게 될 것으로 예상되고 있습니다.

209 미국 항공 우주국(NASA)

우주 개발에 힘을 쏟고 있는 미국의 정부기관으로, 우주를 관찰하거나 로켓을 발사하는 등 종합적인 우주 계획을 추진하고 있으며, 달 착륙을 실현한 아폴로 계획도 이 곳에서 추진되었습니다. 케이프커내버럴 발사 기지와 휴스턴의 유인우주비행 센터도 NASA에서 운영되고 있습니다.

210 외계인은 정말 있을까?

우주에는 은하계와 같은 성운이 1,000억 개가 있고, 은하계에만도 태양과 같은 항성이 약 2,000억 개가 있으며, 그 10%인 약 200억 개의 항성은 태양처럼 행성을 거느리고 있습니다. 그 많은 행성계 안에는 지구와 비슷한 조건이 만들어져서 인간처럼 지적인 능력을 지닌 외계인이 살고 있는 곳도 있을 것이라 추측됩니다.

211 외계인을 찾기 위한 노력

외계인이 있을 것이라고 최초로 주장한 사람은 철학자 부르노였으며, 우리나라에서도 홍대용이라는 학자가 〈의산문답〉(1780년경)이라는 책에서 외계인이 살고 있을지 모른다고 했습니다. 비록 그 당시에는 주목받지 못했지만, 오늘날에 와서는 사이클롭스 계획, 세티(SETI) 등으로 지구 밖의 문명을 찾으려는 노력이 과학적으로 이루어지고 있습니다.

212 UFO(미확인 비행 물체)는 정말로 존재할까?

'미확인 비행 물체'란 말 그대로 지구의 기술로는 확인할 수 없는 비행 물체를 말합니다. 영어로는 줄임말로 UFO라고 하는데, 외계인이 타고 온 비행 물체(또는 비행 접시)를 가리키는 경우가 많습니다. 그러나 정말로 UFO가 있는지 없는지에 대해서는 확실하게 밝혀지지 않았습니다.

213 최초의 UFO

1947년 6월 미국 워싱턴 주에서 아놀드라는 비행사가 처음 발견한 것을 시작으로, 지금까지 우리나라를 비롯하여 세계 곳곳에서 UFO를 보았거나 사진을 찍었다는 소식이 들려오고 있습니다. 미국의 항공우주학회는 1967년 이후 UFO 조사를 계속하고 있으며, 지금까지 보고된 것 중 최소한 1% 정도는 사실인 것으로 여겨지고 있습니다.

제 2 장

알면 알수록 더욱 신비한 지구

214 지구는 왜 돌고 있을까?

요요의 줄을 손으로 돌리면, 요요는 둥근 원을 그리며 돕니다. 하지만 손에서 줄을 놓으면 요요는 날아가 버리지요. 이와 마찬가지로 지구는 태양이라는 손의 힘(인력)으로 계속해서 돌고 있는 것입니다. 이같은 인력은 태양과 지구 등의 행성, 그리고 행성 주변의 위성 사이에도 작용하고 있습니다. 모든 물질에는 이렇게 서로 끌어당기는 힘이 있는데, 이것을 바로 '만유 인력'이라고 합니다.

지구는 태양의 요요

215 타원형으로 돌고 있는 지구

만약 태양 주변에 지구만 있다면, 지구는 둥근 원을 그리며 회전할 것입니다. 그러나 우주 공간에는 다른 행성들이 많이 있지요. 이런 별들에도 모두 끌어당기는 힘이 있기 때문에, 지구는 약간 찌그러진 원(타원형)을 그리며 태양 주위를 돌고 있답니다. 또한 태양을 비롯하여 거의 모든 별들은 시계 반대 방향으로 움직이고 있답니다.

216 지구의 움직임을 못 느끼는 까닭

지구는 초속 30km의 속도로 태양의 둘레를 돌고 있습니다. 하지만 지구 위에 살고 있는 우리는 그 움직임을 전혀 느끼지 못합니다. 그 까닭은 바로 중력, 즉 지구가 잡아당기는 힘 때문입니다. 그런 움직임을 느낄 수 없을 정도로 지구의 중력이 강하기 때문이지요.

217 점점 느려지는 지구의 자전

지구는 스스로 돌고 있습니다. 이것을 자전이라고 하는데, 그 속도는 오랜 세월에 걸쳐 조금씩 느려지고 있답니다. 지구의 자전은 1백 년에 하루의 길이가 약 1천 분의 1초 길어지는 정도입니다. 지구의 자전이 느려지는 까닭은 바다의 밀물과 썰물 때문이랍니다. 바닷물이 상승한 부분은 지구의 자전 방향과 반대쪽으로 달에게 끌려가는 형태이기 때문이지요.

218 밖에서 본 지구의 모습

우주선을 타고 깜깜한 우주 공간으로 나가서 지구를 바라보면, 지구의 모습은 둥근 공처럼 생겼습니다. 하지만 완전한 공이 아니라 북극과 남극은 안으로 약간 들어가고, 적도 부분이 약간 불룩 나온 모습이랍니다. 또한 지구는 파랗게 보이는데, 그것은 지구 표면의 약 3분의 2 정도가 물로 덮여 있기 때문입니다.

219 지축과 적도

지구의 북극점에서 남극점으로 꿰뚫는 가상의 선을 '지축'이라고 합니다. 지구는 마치 커다란 팽이처럼 지축을 중심으로 회전하고 있지요. 한편 허리띠처럼 지구 둘레를 위아래 반으로 나누는 가상의 선을 '적도'라고 합니다. 적도 위쪽을 북반구, 아래쪽을 남반구라고 하지요.

220 위도와 경도

위도와 경도는 지구 위의 어떤 위치를 나타내기 위해 만든 좌표입니다. 위도는 적도를 0°로 하여 남쪽과 북쪽으로 각각 90°에 이르며, 북으로 잰 것을 북위, 남으로 잰 것을 남위라고 합니다. 또한 지구상의 한 지점을 지나는 자오선과 런던의 그리니치 천문대를 지나는 본초 자오선의 각도를 그 지점의 경도라고 합니다. 경도 15°가 바뀔 때마다 1시간씩 달라진답니다.

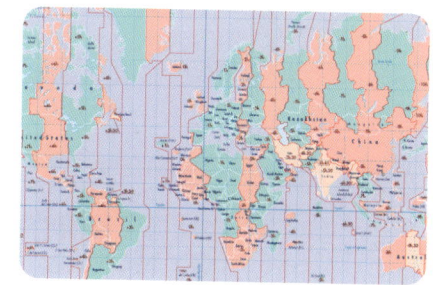

지역별 시간 차이를 보여 주는 지도

221 세계 시간의 기준, 본초 자오선

천구상에서 지평의 남북점과 천정, 하늘 양극을 잇는 커다란 원을 자오선이라고 합니다. 이것은 동서남북의 방향을 정하는 기준이 되는데, '자오'는 12지(열두 띠 동물)의 자(쥐:북쪽)와 오(말:남쪽)를 연결하는 선이라는 뜻을 가지고 있습니다. 어떤 지점을 지나는 경선을 그 지방의 자오선이라고 하는데, 특히 영국 런던의 그리니치 천문대를 지나는 경선을 본초 자오선이라고 합니다.

222 지구 속은 어떻게 되어 있을까?

지구의 속은 대부분 바위로 이루어져 있고, 몇 개의 주요한 층으로 나뉩니다. 우리는 '지각' 이라고 불리는 표면에 살고 있으며, 안쪽에는 맨틀과 외핵·내핵으로 이루어져 있습니다. 지구의 내부는 매우 뜨거우며, 중심핵 부근의 온도는 5천 ℃까지 올라간답니다.

223 지구의 속을 조사하는 방법

지구의 속은 주로 지진파가 전달되는 모양으로 조사를 합니다. 지구 표면에 있는 암석은 밀도가 평균 2.8 정도이며, 지구 전체의 밀도는 약 5.5입니다. 이것으로 보아 지구 속에는 밀도가 높은 물질이 있다고 생각되는 것이지요. 지각은 화강암·현무암 등으로 이루어져 있으며, 맨틀은 그보다 밀도가 높은 철이나 마그네슘, 핵은 니켈 등과 같은 금속 물질로 이루어져 있답니다.

224 모호로비치 불연속면

지진파의 전파 모양을 조사해 보면, 지표로부터 30~40km 부근에서 지구를 이루고 있는 물질이 달라져 있는 것을 알 수 있답니다. 이 경계는 유고슬라비아의 모호로비치가 발견했기 때문에 '모호로비치 불연속면' 이라 부릅니다. 이 면을 경계로 하여 윗부분을 지각이라 하는 것입니다.

225 지각의 두께

지각의 두께는 장소에 따라 다릅니다. 예를 들어 바다 깊숙한 곳에서는 약 5km밖에 안 되지만, 높은 산에서는 60km나 되는 곳도 있습니다.

지각의 모습(고동색)

226 맨틀의 두께

지각의 밑에서부터 외핵 위까지를 맨틀이라고 하며, 그 두께는 약 2,900km 정도입니다. 맨틀은 아주 뜨거운데, 암석의 일부분이 끈적끈적한 액체처럼 녹아 있어서 천천히 움직이지요. 맨틀은 주로 철·마그네슘을 많이 포함한 감람석 등으로 이루어져 있습니다.

227 외핵과 내핵

맨틀 밑에서부터 지구 중심까지 약 3,500km의 부분을 '핵'이라고 합니다. 그리고 이 핵은 다시 '외핵'과 '내핵'으로 나누어지지요. 외핵의 두께는 약 2,000km로, 역시 매우 뜨거우며 액체 상태의 암석이 있습니다. 내핵은 아주 뜨겁기는 하지만 주위의 암석에 눌려 있기 때문에 고체 상태이며, 두께는 약 1,370km에 이릅니다.

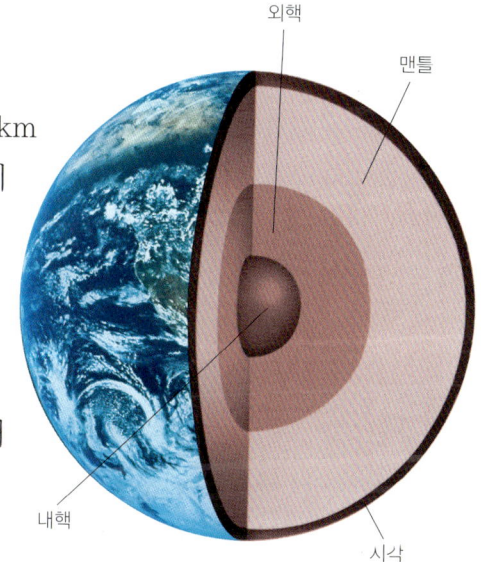

228 지구는 하나의 커다란 자석

나침반의 바늘은 지구상의 어느 곳에서도 남과 북을 일정하게 가리킵니다. 이것은 지구가 하나의 커다란 자석이라는 증거가 되기도 합니다. 이러한 자석의 성질을 '자기'라고 하는데, 아마도 지구 중심의 핵 속에 있는 철·니켈 등이 자기 성질을 띠고 있는 것으로 추정되고 있습니다.

229 지구의 무게는 6조 톤의 10억 배

우주의 모든 물체는 질량을 가지고 있습니다. 질량은 천칭이나 저울로 잴 수가 있지요. 하지만 지구처럼 커다란 별을 저울로 잴 수는 없으므로, 만유 인력의 법칙을 이용해야 합니다. 즉, 만유 인력의 법칙을 이용하면 인력의 크기와 그 물체 사이의 거리를 알 수 있고, 또 어느 한 물체의 질량을 알면 다른 물체의 질량도 알 수가 있답니다. 이렇게 하여 계산한 결과, 지구의 무게는 약 6조 톤의 10억 배나 된답니다.

231 베게너의 대륙 이동설

대륙이 이동한다는 학설은 1912년 A. 베게너라는 과학자가 처음 발표했습니다. 이 학설은 석탄기의 식물 화석과 현재 살고 있는 동물들의 분포, 그리고 잘 들어맞는 대륙 사이의 해안선 등을 종합한 것입니다. 이것을 '대륙 이동설' 이라고 합니다.

232 오늘날의 대륙이 있기까지

실제로 2억 년 전 지구 위에는 하나의 거대한 땅덩어리만 있었습니다. 이것을 '판게아' 라고 부릅니다. 그런데 약 1억 8천만 년 전부터 서서히 지각 판이 이동하면서 땅덩어리가 쪼개지기 시작했습니다. 판게아는 2개의 큰 대륙으로 갈라지고, 그 후 6천5백만 년 전에는 더 작은 대륙들로 갈라졌습니다. 이 때 생겨난 틈새가 점점 벌어져 오늘날과 비슷하게 된 것입니다.

하나인 대륙(2억년 전)

233 점점 더 갈라지는 대륙

아프리카 대륙과 남아메리카 대륙은 오래 전부터 1년에 4cm씩 멀어지고 있습니다. 이같은 대륙의 이동은 앞으로도 계속될 것이며, 약 5천만 년 후에는 북아메리카와 남아메리카가 또다시 2개의 대륙으로 갈라질 것이라고 합니다. 또한 오스트레일리아는 점점 북쪽으로 올라가고, 유럽과 아시아는 아프리카에서 점점 멀어질 것입니다.

234 점점 더 넓어지는 대륙

현재 지구 표면의 약 70%는 바다이고, 나머지는 육지로 이루어져 있습니다. 그런데 과학자들은 지구가 태어난 후 6억 년 정도가 지나고 나서 현재의 대륙 면적의 50% 정도가 생겼다고 합니다. 그러니까 나머지 50%는 40억 년이라는 세월이 흐르는 동안 서서히 만들어진 것이지요. 비록 아주 느린 속도이긴 하지만 지금도 지구의 대륙은 계속해서 성장하고 있답니다.

230 대륙은 정말로 움직이고 있을까?

까마득히 오랜 옛날 지구 위의 육지는 모두가 하나로 붙어 있었답니다. 그런데 오랜 세월이 지나는 동안 점차 여러 대륙으로 갈라졌으며, 지금도 대륙은 조금씩 움직이고 있지요. 그 까닭은 지구의 겉껍질인 지각이 '판'이라는 여러 개의 조각으로 이루어졌고, 이 조각들이 반액체 상태인 맨틀의 두꺼운 암석 위에 떠 있기 때문입니다.

235 대륙이 움직이는 까닭

대륙 이동설은 대부분의 과학자들에게 사실로 받아들여지고 있습니다. 그러나 대륙을 움직이는 원인에 대해서는 아직도 충분한 설명이 이루어지지 않고 있답니다. 현재는 해저의 모양이나 지구 내부에 대한 연구가 진행되어, 대륙도 그 하부의 맨틀에서 일어나는 큰 대류에 의해 이동한 것이 아닌가 짐작되고 있습니다.

236 대륙과 섬의 구별

현재 지구상에는 아시아·유럽·아프리카·북아메리카·남아메리카·오스트레일리아, 이렇게 6개 대륙이 있습니다. 여기에 남극 대륙을 포함하여 7대륙을 꼽기도 합니다. 이밖에 모든 면이 바다로 둘러싸인 육지를 섬이라고 합니다. 그러므로 섬은 대륙과 떨어져 있는 육지라고 할 수 있지요. 세계에서 제일 큰 섬은 그린란드로, 오스트레일리아에 비하면 3분의 1이 채 안 됩니다.

237 플레이트란?

플레이트는 땅바닥, 즉 지각을 말합니다. 지구의 맨틀 속에 있는 암석은 고체 상태이지만, 매우 높은 온도를 지니고 있기 때문에 촛농처럼 천천히 흐르지요. 바로 그것이 플레이트를 움직이게 한답니다.

238 산은 어떻게 만들어졌을까?

산 하나가 만들어지는 데는 보통 수백만 년이 걸립니다. 지구상의 수많은 산들 중에는 지각 운동으로 바위끼리 겹쳐지면서 생긴 것도 있고, 거대한 땅덩어리가 위로 솟아오르면서 생긴 것도 있습니다. 또 어떤 산은 화산이 폭발하여 만들어지기도 합니다.

239 세상에서 제일 높은 산

지구상에서 제일 높은 산은 에베레스트 산입니다. 에베레스트의 산 꼭대기는 해수면에서 8,848m나 되지요. 하지만 실제로 제일 높은 산은 하와이에 있는 마우나 케아 산이랍니다. 이 산은 해수면에서는 4,205m에 지나지 않지만, 산의 맨 아랫부분인 바다 밑바닥부터 재면 전체 높이가 10,203m나 된답니다.

240 높은 산이 즐비한 히말라야 산맥

에베레스트 산은 중앙아시아의 티베트와 네팔 사이에 걸쳐 있는 히말라야 산맥에 있습니다. 세계에서 가장 높은 18개의 산은 모두 히말라야 산맥과 카라코람 산맥에 있답니다. 모두가 8,000m를 훌쩍 넘는 높은 산들이지요.

241 산을 만드는 '조산 운동'

땅이 움직여서 산이 만들어지는 것을 조산 운동이라고 합니다. 히말라야나 알프스 등 대부분의 산맥들은 조산 운동이라는 심한 지각 변동에 의해서 만들어졌습니다. 그 중에서도 휘어진 지층으로 되어 있는 산맥을 '습곡 산맥', 단층에 의해서 생겨난 산지가 길게 계속되면서 뻗어 있는 것을 '단층 산맥'이라고 합니다.

242 지각이 구부러지는 '습곡'

지구의 겉껍질인 지각이 구부러지거나 물결처럼 주름이 잡히는 것을 '습곡'이라고 합니다. 이런 일들은 지각 부분들이 충돌하여 서로를 밀어올리면서 생겨나지요. 지각이 겹겹으로 포개지면서 새로운 산맥이 만들어지는 것입니다.

243 단층으로 만들어진 지괴 산지

지각은 오랜 세월에 걸쳐 쌓인 여러 층의 흙과 바위 등으로 되어 있지요. 이런 지층이 마치 계단과 같이 어긋나게 솟아오르거나 미끄러져 내려가는 것을 '단층'이라고 합니다. 깎아지른 듯이 보이는 절벽의 경우에는 이와 같은 단층 운동으로 만들어진 것이 많습니다.

244 우리나라의 습곡 산맥과 단층 산맥

세계의 큰 산맥들을 보면 대부분 습곡 산맥이랍니다. 우리나라의 소백·노령·차령·광주·마식령 등의 산맥은 모두 습곡 산맥입니다. 한편 태백·낭림·마천령 산맥 등은 단층으로 만들어진 산맥들이랍니다.

245 산과 산 사이에 만들어지는 계곡

계곡은 두 개의 산꼭대기 사이로 나 있습니다. 이 곳으로는 높은 산에서 나온 물이 흐르는 경우가 많고, 아름다운 자연 경관으로 관광지를 이루는 곳도 많답니다. 계곡은 빙하나 빠른 물살에 깎여서 만들어지기도 하고, 지각의 단층을 따라 생겨나기도 합니다.

246 한여름에도 녹지 않는 빙하

아주 높은 산의 꼭대기에는 한여름에도 녹지 않고 1년 내내 하얗게 얼음이 뒤덮여 있는 것을 볼 수 있습니다. 이것을 빙하라고 하지요. 빙하는 까마득히 오랜 세월 동안 내렸던 눈이 녹지 않고 단단하게 얼어붙은 것이랍니다. 빙하의 일부는 산비탈을 따라 서서히 아래로 내려오는데, 하루에 겨우 1m밖에 움직이지 않습니다.

247 지진은 어떻게 일어날까?

우리가 밟고 있는 땅은 껍데기인 지각과 맨틀의 윗부분을 포함한 딱딱한 부분, 그리고 그 밑에서 끊임없이 움직이는 맨틀 등으로 이루어져 있습니다. 즉, 맨틀 위에 떠다니는 딱딱하고 거대한 지판(플레이트)이 있는 셈이지요. 이런 지판들이 서로 밀면 엄청난 압력이 생깁니다. 압력이 커져서 감당하기 힘들게 되면 지각은 갑자기 단층을 따라 움직이고, 이로 인해 지진이 발생하는 것입니다.

248   지진의 피해

지진이 일어나면 지판들은 진동을 하면서 부서지게 됩니다. 이 때문에 땅이 몇 초 동안 흔들리고, 쩍쩍 갈라지기도 합니다. 또한 건물이 흔들리거나 힘없이 무너지기도 하지요. 그래서 많은 사람들이 집과 직장을 잃거나 목숨을 잃기도 합니다.

249   지진의 횟수는 1년에 1백만 번 이상

학자들이 조사한 결과에 따르면 지구 전체에서 해마다 1백만 번 이상의 지진이 일어나고 있답니다. 대부분 민감한 기계에만 감지되지만, 수십만 명의 사상자를 낸 강력한 지진도 많이 일어납니다.

250   지진이 시작되는 곳

지진이 일어난 근원지, 즉 땅 속의 지표에서 지진이 일어난 곳을 '진원지'라고 합니다. 대부분의 지진은 두 개의 지진대에서 주로 일어납니다. '불의 고리'라고 하는 태평양 주변의 지진대와 유럽에서 아시아 남부까지 뻗은 지진대에서 일어나는 경우가 대부분이지요.

251 지진의 세기를 나타내는 '진도'

지진의 세기는 리히터 지진계로 나타냅니다. 지진의 규모는 1935년 그 개념을 창안한 미국의 학자 이름을 따서 '리히터 규모'라고 부릅니다. 1963년에는 12단계의 진도 규모가 국제적으로 결정되었는데, 대개 집이 흔들리는 정도가 5~6, 건물이 무너지는 정도가 7~8, 그리고 그 이상은 엄청난 파괴력을 나타냅니다.

252 간토 대지진과 이량 대지진

지금까지 가장 파괴력이 있는 지진으로 기록된 것은 1923년 일본의 간토에서 일어난 대지진입니다. 이 지진으로 46만 5천여 채의 집이 파괴되었고, 죽거나 다친 사람의 수는 무려 10만 명 가까이 되었답니다. 한편 1556년 중국 이량에서 일어난 지진에서는 전염병과 굶주림 때문에 죽은 이들을 포함하여 80여 만 명이 목숨을 잃었다고 합니다.

253 우리나라에서 일어난 지진

우리나라에서는 1978년부터 기계를 이용하여 지진을 관측하기 시작했습니다. 지금까지의 기록으로는 2004년 5월 울진 앞바다에서 일어난 지진이 가장 센 지진이었지요. 이 때의 규모는 5.2였습니다. 그런데 신라 시대 때인 779년 경주에서는 지진으로 집들이 무너져 100여 명이 사망했다는 기록이 있습니다.

254 바다 밑에서 일어난 지진, 쓰나미

쓰나미는 우리 말로 '지진 해일'이라고 하며, 바다 밑에서 일어난 지진을 말합니다. 바닷속에서 일어난 지진이나 화산, 단층 운동으로 해일이 동시에 발생하여 바닷가 지역에 엄청난 피해를 주기도 하지요. 2004년 동남아시아에서 일어난 쓰나미로 수많은 사람들이 피해를 보았는데, 우리나라에서도 지난 1983년과 1993년 일본 쪽에서 발생한 지진으로 인해 지진 해일의 피해를 입은 적이 있답니다.

 화산은 어떻게 해서 폭발할까?

화산은 지각이 뒤틀리거나 당겨져서 생겨난 구멍입니다. 화산이 폭발하면 그 구멍을 통해 지구 깊숙한 곳에 있던 용암과 가스·재가 밖으로 뿜어져 나오지요. 그 때문에 도시 전체가 폐허가 되거나 수많은 사람들이 죽을 수도 있습니다. 이와 같이 화산이 터지는 것은 땅 속의 마그마 덩어리가 커져서 일어나는 현상입니다.

256 땅 속의 용암, 마그마

마그마는 깊은 땅 속의 암석이 뜨거운 열에 녹아서 액체처럼 되어 있는 것을 말합니다. 마그마는 지구 속 150km에서 만들어집니다. 마그마가 밖으로 흘러나오면 '용암'이라 부르고, 용암이 식어서 딱딱하게 굳으면 단단한 돌이 되지요.

257 화산에서 나오는 연기의 정체

하와이 섬의 몇몇 화산에서는 지금도 늘 구름 같은 연기가 피어오르고 있답니다. 이같은 화산의 연기는 60% 이상이 수증기입니다. 그밖에 이산화탄소나 이산화황 등이 섞인 화산 가스로서, 특히 수증기가 식어서 구름처럼 된 것들입니다. 그러나 심하게 폭발할 때는 화산재나 화산암 조각이 섞인 연기가 되어 먼 곳까지 화산재를 날리기도 합니다.

258 활화산, 휴화산, 사화산

화산의 종류에는 분화가 진행중이라 자주 폭발하는 활화산, 오랫동안 가만히 있다가 가끔씩 폭발하는 휴화산, 더이상 폭발을 일으키지 않는 사화산이 있습니다. 우리나라의 한라산은 1002년과 1007년에 분출했다는 기록이 있으므로 휴화산인 셈입니다.

259 화산이 폭발하기 전 땅이 볼록해지는 까닭

뜨거운 마그마는 땅 밑에 있는 암석에 틈이 생기면 아래로부터 서서히 올라와 지하 깊은 곳에 고이곤 합니다. 이런 마그마 웅덩이가 생기면 화산 폭발이 일어나기 쉽습니다. 마그마 웅덩이는 위로 솟아오르려는 성질이 매우 강한데, 화산이 폭발하기 전 땅이 약간 볼록해지는 것은 바로 이 때문입니다.

260 화산 근처에서 온천이 나오는 까닭

화산이 폭발하면 화산재를 뿜어내면서 용암으로 변하여 흐르지요. 이 용암이 지나가는 길에 다량의 지하수가 있으면 용암의 휘발성 가스가 녹아들어 뜨거운 물로 변합니다. 바로 이렇게 해서 생긴 뜨거운 물이 온천이 되는 것입니다. 철분이 많은 지하수와 섞이면 철분 온천이 되고, 황 성분이 많은 가스의 영향을 받으면 유황 온천이 되는 것입니다.

261 화산 폭발을 미리 예측하는 방법

마그마 덩어리가 지하 몇 km에서 몇십 km나 되는 깊이에 있다는 것은, 화산 주변에 많은 지진계를 두어 지진파를 관측함으로써 알 수 있지요. 지진파 중의 S파라 불리는 파동은 액체에서는 통하지 않습니다. 마그마 덩어리는 액체이기 때문에 지진파가 지나는 길에 마그마가 있으면 S파가 불확실해집니다. 그렇기 때문에 지진계로 지진파를 조사하면 마그마 덩어리가 있는 장소도 알 수 있답니다.

262 가장 높은 화산

세상에서 가장 높은 화산은 안데스 산맥 동부에 있는 아콘카구아 화산으로, 6,960m의 높이에 있습니다. 활화산 중에 가장 높은 곳은 아르헨티나의 안토팔라 화산으로 높이가 6,450m에 달합니다. 그리고 휴화산 중에 가장 높은 것은 아르헨티나와 칠레의 경계에 있는 룰라일라크 화산으로 높이가 6,723m에 이릅니다.

아콘카구아 화산

264 덮치고 쌓여 만들어진 퇴적암

퇴적암은 작은 돌 부스러기들이 오랜 세월 쌓여서 만들어집니다. '퇴적'이란 '많이 덮여 쌓인다'는 뜻이지요. 그 중에서 사암은 작은 모래 알갱이들로 이루어진 퇴적암입니다. 대표적인 것으로는 미국 모뉴먼트 계곡의 사암을 꼽을 수 있습니다.

265 성질이 변하여 만들어진 변성암

변성암은 어떤 암석이 땅 속 깊은 곳에서 열과 압력에 의해 다른 종류의 암석으로 변한 것을 말합니다. 여기서 '변성'이란 '성질이 변했다'는 뜻이지요. 건축이나 조각 따위에 많이 쓰이는 대리석도 변성암의 일종입니다.

266 마그마가 굳어서 만들어진 화성암

화성암은 한때 지구 깊숙한 곳에 흐물흐물한 액체 상태로 있었습니다. 그것이 지표 위나 아래에서 식어 굳어진 것이지요. 즉, 땅 속의 마그마가 식어서 굳은 바위가 바로 화성암입니다. 아일랜드에 있는 '대방죽 연안'은 화성암의 일종인 현무암으로 이루어져 있습니다.

267 퇴적암의 종류

퇴적암은 암석에 박혀 있는 광물이 둥그스름한 모양을 띠는 것이 특징입니다. 자갈 등이 모래나 점도 등과 함께 굳어진 역암, 모래가 굳어서 이루어진 사암, 진흙이 단단해져서 이루어진 이암, 산호나 조개 껍데기가 굳어서 이루어진 석회암 등이 있으며, 식물이 오랜 세월 동안 진흙 밑에 파묻혀 탄소만 남게 된 석탄도 퇴적암에 속합니다.

여러 가지 변성암들   여러 가지 퇴적암들

263 암석은 어떻게 만들어질까?

암석에는 크게 퇴적암·변성암·화성암 등의 세 가지가 있습니다. 이런 암석들이 만들어지는 방법은 각각 다르지만, 모두가 아주 오랜 세월 동안 서서히 만들어진답니다. 또한 모든 암석에는 광물이 들어 있기도 하답니다.

268 변성암의 종류

변성암은 암석에 박혀 있는 광물이 일정한 방향으로 늘어서 있는 것이 특징입니다. 변성 작용이 진행되어 희고 검은 줄무늬 모양으로 된 편마암, 지하의 열에 의해 사암·이암 등이 변하여 만들어진 혼펠스 등이 변성암에 속합니다.

269 화성암의 종류

화성암은 암석에 박혀 있는 광물이 깨끗한 결정으로 이루어져 있습니다. 화성암에는 입자가 거칠고 흰 빛을 띤 화강암과 감람석·반려암·섬록암·페그마타이트 등이 있습니다.

화강암

270 석회암이 변한 대리석

대리석은 변성암의 일종으로, 마그마에서 나온 엄청난 열과 강한 압력에 의해 석회암의 성질이 변한 암석입니다. 특히 석회암이 화강암과 맞닿아 있는 곳에서 잘 나타나며, 눈으로도 알 수 있을 정도의 알갱이가 모자이크처럼 박혀 있지요. 대리석이라는 이름은 석재를 잘라내어 건축에 이용하기 시작했던 중국 '운남성 대리부'라는 지명에서 유래된 것입니다.

271 석회 동굴은 어떻게 만들어질까?

동굴이란 땅 속에서 자연적으로 뚫린 구멍을 말하지요. 그 중에서도 석회 동굴이란 석회암이 빗물이나 지하수에 의해 녹아서 만들어진 것입니다. 석회암은 물에 잘 녹는 돌이지만, 어떤 물에나 잘 녹는 것은 아닙니다. 물에 이산화탄소가 들어 있어서 약한 산성을 띠고 있어야만 잘 녹습니다.

272 석회 동굴이 만들어지는 과정

공기나 흙에서 이산화탄소를 흡수한 물이 석회암 지대에 스며들면, 석회암의 갈라진 틈으로 새어 들어가면서 석회암을 녹여 틈을 점점 크게 만듭니다. 시간이 흐르면서 이 틈은 더욱 넓어져서 동굴을 만들고, 물은 말라 버리는 것입니다.

273 종유석과 석순

석회 동굴 속으로 들어가 보면 천장에 고드름처럼 달려 있는 돌들을 볼 수 있습니다. 이것을 종유석이라고 합니다. 반대로 종유석에서 떨어진 탄산석회 용액이 죽순처럼 굳어진 것을 석순이라고 합니다. 이밖에도 석회 동굴 안에는 천장으로부터 떨어지는 물방울에 의해 갖가지 기암괴석들이 만들어져 멋진 장관을 이룹니다.

석회암 동굴의 내부 모습

274 세계에서 가장 긴 동굴

세계에서 가장 긴 동굴은 1799년 미국의 켄터키 주에 있는 매머드 케이브 국립공원에서 발견되었습니다. 플린트리지 동굴과 매머드 케이브 동굴이 연결된 거리는 무려 379km나 됩니다. 한편 세계에서 가장 깊은 동굴은 프랑스의 레세아 피에르 셍에 있는 마르텡 동굴(입구에서 지하까지 약 1,490m)입니다.

275 지하수와 지표수란?

땅 위, 즉 지표의 물이 땅 속으로 스며 들어가서 흙이나 암석 사이, 또는 지층에 있는 틈을 채우고 있는 물을 지하수라고 합니다. 반대로 강이나 호수·늪·연못 등과 같이 지표에 있는 물을 지표수라고 하지요. 우리는 지하수가 어떤 형태로 지하에 분포해 있는지 직접 볼 수는 없지만, 우물이나 샘물 등을 통해 그 성질을 알 수 있습니다.

276 지하수가 고이기 위한 조건

지하수가 고이려면 마치 양동이와도 같이 물이 새나가지 않도록 해주는 조건이 필요합니다. 또한 물을 저장해 두는 스펀지와 같은 것도 필요합니다. 즉, 지하수가 고이려면 양동이 역할을 하는 점토층이나 동굴을 만드는 석회암, 그리고 물의 통로나 풀의 역할을 하는 모래·자갈 따위의 투수층이 필요하답니다.

277 지하수가 여름에 더 차가운 까닭

산에 가서 떠 마시는 약수도 일종의 지하수입니다. 땅 속의 온도는 약 10m 아래만 되어도 온도가 1년 내내 거의 변하지 않습니다. 따라서 지하수의 온도도 거의 일정하지요. 지하수가 여름에 차갑고 겨울에 따뜻하게 느껴지는 것은, 기온이 여름과 겨울에 현저하게 변화하기 때문에 일어나는 착각입니다.

278 지하수는 천연 정화된 음료수

강물이나 저수지 물은 정수장에서 깨끗하게 정화되어 수돗물이 되지요. 이와 똑같은 원리로 지하수 역시 땅 속에 스며들어 지층 속의 틈을 흘러가는 동안 불순물이나 해로운 미생물들이 제거된답니다. 우리가 지하수를 끓이지 않고 그냥 마실 수 있는 까닭은 바로 이러한 천연 정화 작용 덕분입니다.

279 호수는 어떻게 만들어질까?

대부분의 자연 호수는 바위나 얼음이 쌓여 강물을 막을 때 생깁니다. 빙하는 금방 녹아 버리지만 바위는 그냥 남아 있어 이것이 댐 구실을 하지요. 이 때 계곡에 물이 차면 호수가 되는 것입니다. 그러나 어떤 경우에는 강물이 흐름을 바꾸어 생겨나기도 합니다.

280 연못과 늪, 호수의 구별

호수나 늪은 깊이나 식물의 분포 등으로 구별하게 됩니다. 호수는 깊이가 5m 이상이며, 호숫가에는 갈대·부들 등 물 밑바닥의 땅에 뿌리가 있는 식물들이 살아가고 있습니다. 늪은 2m 정도의 깊이로, 호수보다 얕습니다. 그리고 중심에까지 침수 식물이 살 수 있지요. 연못은 깊이에 관계없이 인공적으로 조그맣게 판 곳을 말합니다.

281 가장 넓은 호수, 가장 깊은 호수

우리나라에서 제일 큰 호수는 '광포'로, 면적은 $13.3km^2$입니다. 세계에서 제일 큰 호수는 아시아와 유럽에 걸쳐 있는 카스피 해로, 면적이 무려 37만 km^2가 넘습니다. 이 호수는 바닷물과 같은 염수로 되어 있습니다. 한편 가장 깊은 호수는 시베리아에 있는 바이칼 호로, 깊이가 1,620m에 이릅니다.

카스피 해

282 줄지 않고 고여 있는 백두산 천지의 물

백두산 천지의 둘레는 14km가 넘고, 물의 양은 19억 톤이나 됩니다. 천지의 물은 쉴 새 없이 흘러넘쳐서 폭포나 강으로 내려가지만, 호수 아래에서 끊임없이 물이 올라오기 때문에 거의 일정한 양을 유지하고 있답니다.

283 폭포와 여울

산지의 강바닥에는 울퉁불퉁한 곳이 많습니다. 그 중에는 강바닥이 급한 벼랑이 되어 물이 거의 수직으로 흘러 떨어지는 곳이 있습니다. 이와 같은 곳을 폭포라고 합니다. 한편 강바닥에 경사가 져서 물이 바위에 부딪치거나 돌을 굴려 물보라를 일으키고 소리를 내며 흐르는 곳을 여울이라고 합니다.

284 폭포가 만들어지는 과정

강바닥이 단단한 바위와 무른 바위로 된 곳에서는 무른 바위가 빨리 깎입니다. 이때 단단한 바위와의 사이에 층이 생겨 폭포가 되는 것입니다. 미국과 캐나다의 국경을 흐르는 세인트로렌스 강에 있는 나이아가라 폭포는 이렇게 해서 만들어진 것입니다.

285 세계에서 가장 높은 폭포

세계에서 가장 높은 폭포는 남아메리카의 엔젤 폭포로, 그 높이가 무려 979m에 달합니다. 이것은 세계에서 제일 높은 빌딩인 콸라룸푸르의 페드로나스 타워의 2배가 넘는 높이입니다. 한편 세계에서 가장 많은 양의 물이 떨어지는 폭포는 아프리카의 보요마 폭포라고 합니다.

엔젤 폭포

286 자꾸만 물러나는 폭포

폭포나 여울의 바위는 강의 침식 작용으로 끊임없이 깎입니다. 이 때문에 긴 세월에 걸쳐 차츰 상류 쪽으로 후퇴해 갑니다. 그리하여 폭포는 차츰 여울이 되고, 결국은 여울도 없어지고 맙니다. 나이아가라 폭포 역시 바위가 자꾸만 깎여나가, 7만 년 동안에 약 15km나 상류 쪽으로 후퇴한 것입니다.

287 비가 오지 않는데도 강물이 흐르는 까닭은?

하늘에서 내려온 빗물은 땅 위에서 증발하여 다시 하늘로 올라갑니다. 하지만 증발하지 않은 물은 땅 위의 낮은 곳을 따라 흐르거나 땅 속으로 스며들게 됩니다.
땅 위를 흐르던 물이 모여 강이 되면, 물의 힘으로 강바닥을 깎게 됩니다. 그리하여 지하수가 들어 있는 지층까지 깎아내면, 지하수가 샘솟아 강으로 흘러가는 것입니다.

288 강물이 시작되는 곳

지하수가 솟아오르는 샘이 없으면, 강은 비가 올 때밖에 흐르지 않습니다. 이 때문에 강이 시작되는 곳, 즉 강의 원천은 지하수가 솟아나오는 샘이라고 할 수 있습니다. 하지만 사막처럼 비가 거의 오지 않아서 메마른 땅에서는 비가 올 때에만 물이 흐르는 강이 있습니다. 비가 그치면 물이 증발하거나 지하로 스며들어 물이 전혀 없어지지요. 이와 같은 강을 '와디'라고 합니다.

289 본류와 지류의 구분

물이 모여 있는 범위, 즉 유역이 넓고 길이가 길고 물의 양이 많은 곳을 '본류'라 하고, 나뭇가지처럼 본류로 모여드는 강을 '지류'라고 합니다. 또한 본류에서 갈라져 나온 강을 '분류'라고 하지요.

290 세계에서 가장 긴 아마존 강

세계에서 가장 긴 강은 남대서양으로 흘러드는 아마존 강입니다. 아마존 강의 원류인 페루의 화그라 산에서부터 측정하면 총길이가 무려 6,750km나 됩니다. 유역의 면적 역시 아마존 강이 705만 km^2로 가장 크답니다.

291 강의 침식 작용

땅 위를 흐르는 물이 강언덕이나 바닥의 암석, 토양을 깎는 것을 침식 작용이라고 합니다. 보통 강은 산지에서 평야로 흘러나와 호수나 바다로 흘러갑니다. 따라서, 산지를 흐르는 상류에서는 강바닥의 기울기가 급하고 물의 흐름도 빨라서 강바닥을 깎는 작용이 하류 쪽에 비해 훨씬 크답니다.

292 V자형 계곡

강의 침식 작용은 물의 작용으로만 이루어지는 것이 아닙니다. 바닥을 구르는 암석 조각과 흙도 크게 작용하고 있습니다. 특히 상류에서는 오랜 세월이 흐르면서 폭이 좁고 깊은 골짜기가 만들어지는데, 이와 같이 이루어진 골짜기의 바닥은 V자 모양을 이루기 때문에 V자형 계곡이라고 합니다.

293 하류일수록 자갈이 작고 둥근 까닭

강물은 부서진 자갈이나 빗물에 씻겨 내려온 흙·모래, 그리고 강바닥이나 강가를 깎아서 생긴 흙 따위를 물과 함께 하류로 흘려 보냅니다. 이것을 운반 작용이라고 합니다. 이 때문에 강의 상류에는 크고 모난 돌이 많고, 중류와 하류로 내려갈수록 자갈이 작고 둥글게 되는 것입니다.

294 강의 퇴적 작용

강물이 줄어들거나 강바닥의 경사가 완만해지면 강물의 흐름이 느려집니다. 이 때문에 흙이나 모래 따위를 나르는 힘도 약해지지요. 그러면 강물은 상류에서 운반해 온 흙·모래를 강바닥에 남겨놓고 흘러가게 됩니다. 이것을 바로 퇴적 작용이라고 합니다. 이렇게 해서 쌓여진 흙과 모래는 오랜 세월에 걸쳐 평야를 이루게 됩니다.

295 지구에만 바다가 있는 까닭은 뭘까?

지구에 바다가 생길 수 있었던 것은 물을 붙잡아 둘 수 있을 만큼의 중력이 있기 때문입니다. 예를 들어 화성 같은 곳에서는 물이나 이산화탄소가 얼어붙은 것으로 여겨지는 극관이 보일 뿐입니다. 그리고 수성·금성 등은 표면 온도가 높기 때문에, 그리고 목성보다 먼 별에서는 온도가 낮고 행성 자체가 가스로 되어 있기 때문에 바다가 없는 것입니다.

296 바다가 초록색으로 보이는 이유

바다는 눈부시도록 아름다운 초록빛을 띠고 있습니다. 하지만 물은 원래 아무런 색깔도 가지고 있지 않답니다. 그런데도 바닷물이 이처럼 초록색이나 푸른빛으로 보이는 까닭은 바로 햇빛 때문이랍니다. 즉, 바닷속에 들어간 햇빛의 일부가 물의 분자와 바닷물 속의 작은 입자 등에 의해 산란되어져 되돌려 보내지기 때문입니다.

297 바다의 평균 깊이

바다는 지구 표면의 약 71%를 뒤덮고 있습니다. 이와 같은 바다의 면적은 약 3억 6,174만 km^2입니다. 또 바다의 평균 깊이는 지금까지 3,795m로 알려져 왔으나, 최근의 정밀 조사에 의해 3,554m인 것으로 밝혀졌답니다.

298 지구에서 가장 큰 바다

세계에서 가장 크고 깊은 바다는 태평양입니다. 태평양의 넓이는 자그마치 1억 8,100만 km^2로, 지구상의 대륙 전체를 합친 넓이보다도 큽니다. 이처럼 크기 때문에 태평양을 건너기 위해서는 아무리 빠른 뱃길을 택하여 가더라도 17,550km의 거리를 가야만 한답니다.

299 세계에서 가장 깊은 바다

세계에서 가장 깊은 곳은 태평양의 마리아나 화구로, 무려 11,000m나 됩니다. 이 정도면 지구상에서 가장 높은 에베레스트 산도 통째로 삼킬 수 있지요. 그러나 바다 밑바닥은 대부분 평평하고 평균 깊이는 약 3,800m입니다. 만약 지각 표면 전체를 평평하게 한 뒤 바닷물을 채운다면, 지구 전체는 깊이가 110m인 바다가 될 것입니다.

300 바닷속에 잠겨 있던 에베레스트

실제로 에베레스트 산은 까마득히 오랜 옛날에는 바닷속에 잠겨 있었답니다. 고생대나 중생대 때에 에베레스트를 포함한 히말라야 산지와 티베트 산지는 '테티스 해'라 불리는 바다였지요. 하지만 약 1억 2천만 년 전의 제3기 중엽부터 높이 솟아올라, 약 5천5백만 년 전부터 산맥이 된 것입니다.

301 바닷속에 있는 지형

바닷속 깊은 곳에도 여러 가지 지형이 있답니다. 대륙 주변에는 경사가 완만하고 깊이가 200m 미만인 '대륙붕'이 있고, 대륙붕을 지나면 경사가 급한 '내륙 사면'이 있습니다. 또한 산과 산맥들도 있는데, 태평양에만 해도 높이가 1,000m 이상 되는 산들이 2,000개 이상 있답니다. 바닷속에 있는 산들을 '해산'이라 하고, 이런 산들이 모인 산맥을 '해저 산맥'이라고 합니다.

302 지진이 자주 일어나는 해구

해구란 깊이 6,000m를 넘는 V자 형태의 가늘고 길게 움푹 들어간 바다 밑부분을 말합니다. 해구에서는 바닷속의 지각과 대륙 쪽의 지각이 서로 맞부딪쳐 충돌하기 때문에 지진이 자주 일어난다고 합니다. 또한 해구 중에서도 특히 깊고 좁은 곳이 있는데, 이곳을 '해연'이라고 합니다.

304 바닷물은 어디에서 생겨났을까?

바닷물을 일일이 떠서 재어 볼 수는 없지만 그 양은 무려 13억 6천9백만 km²나 된답니다. 이렇게 많은 바닷물은 모두 지구의 내부에서 솟아나온 것이지요. 하지만 어떻게 해서 생겨났는지에 대해서는 46억 년 전 지구가 생긴 이후 몇억 년간 85% 이상이 솟아나왔다는 학설과, 오랜 기간 동안 천천히 솟아나왔다는 학설이 있습니다.

305 바닷물이 줄지 않는 까닭

밀물과 썰물에 따라 바닷물은 육지에서 멀리 물러나기도 하고 가득 차오르기도 하지만, 지금 이 순간에도 바닷물은 늘 일정한 양을 유지하고 있습니다. 그 까닭은 수증기로 변한 바닷물이 비나 눈으로 내려서 강과 호수·빙하 등을 거쳐 다시 바다로 돌아오기 때문입니다.

306 바닷물이 얼지 않는 까닭

물이 얼기 시작하는 온도인 0℃를 빙점이라고 합니다. 빙점의 물은 그보다 온도가 높은 물보다 가벼우므로 표면으로 떠오르며 얼기 시작합니다. 이와 달리 바닷물은 -2.93℃에서 얼기 시작한답니다. 그런데 보통의 물과는 달리 바닷물은 차가워지면 계속해서 가라앉으려고 합니다. 따라서 바다의 표면에는 바닷물의 빙점보다 높은 온도의 물이 계속해서 올라가기 때문에 좀처럼 얼지 않게 되는 것입니다.

307 바닷물이 증발하지 않는다면?

비가 되어 내리는 수증기의 대부분은 바닷물이 증발하여 만들어지는 것입니다. 따라서 바닷물이 증발하지 않으면 비가 적게 오지요. 그런데 실제로 바닷물이 심하게 오염되면 바닷물이 잘 증발하지 않게 된답니다. 공장의 폐수나 유조선에서 흘러나온 석유, 바다 밑의 석유 탐사 때 나오는 석유 따위로 오염되어 바닷물의 증발이 감소된다면 육지에는 비가 부족해져서 큰 가뭄이 들고 점차 사막으로 변해 갈 것입니다.

303 바닷물은 왜 짤까?

바닷물이 짠 것은 소금과 같은 염분이 녹아 있기 때문입니다. 즉, 바다가 처음 생기던 무렵, 뜨거운 지구의 주변에는 내부에서 뿜어져 나온 수증기에 염산 성분의 가스도 섞여 있었습니다. 지구에 염산의 바다가 생기고, 이것이 주위의 암석들에서 나트륨과 칼륨 등을 녹여내면서 염분도 만들어냈던 것입니다.

308 해일이 일어나는 까닭

육지에서와 같이 바닷속에서도 지진이 일어난답니다. 이러한 해저 지진에 의해 파도가 높아지는 것을 '해일' 이라고 하지요. 시속 80km로 이동하는 해일은 수심이 깊은 먼 바다에서는 그리 커 보이지 않지만, 해안선 가까이에 접근하면 최대 60m에 이르는 엄청난 파도로 변하여 육지를 덮친답니다.

309 바닷속에서 나오는 자원

바다에는 우리가 살아가는 데 많은 도움을 주는 무궁무진한 자원이 있습니다. 엄청난 석유가 해저에 있다고 알려져 개발이 시작된 것은 제2차 세계 대전이 끝나고 난 후부터였습니다. 그 뒤 중동과 멕시코 만 등에서 엄청난 양의 석유를 끌어올리기 시작했습니다. 바닷속에는 석유 외에도 석탄·천연가스·금·다이아몬드·망간·주석 등 엄청난 자원이 있답니다.

310 바다가 만들어 주는 에너지

인류는 바닷속에서 여러 가지 자원을 끌어올릴 뿐 아니라, 바다 자체의 힘을 이용해 에너지를 얻기도 합니다. 먼저 밀물과 썰물의 차이를 이용해서 전기를 얻는 '조력 발전'이 있습니다. 또한 태양으로 데워진 바다 표면의 온도와 깊은 바다 밑의 차가운 온도 차이를 이용하는 '온도차 발전'도 있습니다.

312 바닷속에 잠긴 부분이 85%

빙산 중에는 마치 바다에서 솟아나온 것처럼 엄청나게 큰 것도 있습니다. 그러나 빙산은 그 대부분인 85% 정도가 물 속에 잠겨 있고, 바다 위에 보이는 것은 15% 정도에 지나지 않습니다. 즉, 바다 위로 5m쯤 솟아오른 빙산이 있다면, 바닷속에는 30m가 넘는 거대한 얼음 덩어리가 잠겨 있는 것입니다.

313 남극의 빙산과 북극의 빙산

남극 주위의 바다에는 남극 대륙의 두꺼운 대륙 빙하가 바다로 흘러 들어오는데 테이블 형태의 빙산이 많고, 100m 높이로 150km나 넓게 퍼져 있는 것도 있습니다. 하지만 북극해에는 울퉁불퉁 불규칙한 모양의 빙산이 많습니다. 그리고 크기는 바다 위로 약 100m 정도 나와 있습니다.

314 타이타닉 호의 침몰

1912년 4월 14일 밤, 영국의 초호화 여객선 타이타닉 호가 대서양을 항해하다 빙산에 부딪혀 침몰한 사건이 있었습니다. 얼마 전 영화로도 만들어져 우리에겐 잘 알려져 있지요. 이같은 엄청난 사고가 있은 후부터 빙산에 대한 감시가 강화되었습니다.
타이타닉 호는 래브라도 한류나 동그린란드 한류에 휩쓸려 떠돌던 빙산과 부딪혔던 것입니다.

315 '북극해'와 '남극 대륙'

남극에는 남극점을 중심으로 넓은 대륙이 있지만, 북극점의 주변에는 대륙이 없습니다. 다만 커다랗고 두꺼운 얼음이 떠 있을 뿐이지요. 그래서 남극에 대해서는 '남극 대륙'이라는 말을 쓰지만, 북극에 대해서는 '북극해'라고 하는 것입니다.

311 빙산은 어떻게 만들어질까?

북극이나 남극, 고산 지대와 같이 1년 내내 기온이 0℃ 이하로 내려가 있는 곳에서는 오랜 세월 동안 눈이 녹지 않고 쌓여서 두꺼운 얼음이 만들어집니다. 이것을 빙하라고 하지요. 빙산은 바로 이러한 빙하에서 떨어져 나와 바다 위를 둥둥 떠다니는 거대한 얼음 덩어리입니다.

316 북극해에 평평한 빙산이 적은 까닭

북극해의 빙산 중에도 넓고 평평해서 커다란 항공기가 이착륙할 수 있는 곳이 있습니다. 하지만 대부분 그린란드의 울퉁불퉁한 빙하에서 떨어져 나온 것이기 때문에 남극의 빙산처럼 평평한 것은 적답니다.

317 우리나라와 반대인 남극의 계절

남극은 우리나라와는 정반대에 있는 남반구이기 때문에 우리나라의 계절과는 정반대가 됩니다. 즉, 우리나라가 봄이면 남극은 가을이고, 우리나라가 여름이면 남극은 겨울이지요. 하지만 남극의 겨울은 6개월 동안이나 계속되며 밤의 길이도 매우 길답니다.

318 세계에서 가장 큰 빙산

지금까지 발견된 것 중 가장 큰 빙산은 1956년 11월 미국의 해군 함정이 남태평양 스콧 섬의 서쪽 해상에서 목격한 빙산입니다. 이것은 길이 335km에 너비가 97km나 되었답니다. 또한 가장 높은 빙산은 1958년 그린란드 서쪽에서 발견된 것으로, 높이가 167m에 달했다고 합니다.

319 빙산의 색깔

빙산이라고 해서 모두가 눈처럼 하얀 빛을 띠고 있는 것은 아닙니다. 그 중에는 갈색·흑색·녹색의 빙하도 있답니다. 빙산은 바다의 조류나 바람에 의해 움직입니다.

320 어디까지를 대기라고 할까?

대기란 지구를 둘러싸고 있는 공기입니다. 대기는 우리가 숨쉬며 살아가는 데 필요한 산소를 포함하고 있고, 태양의 강한 광선으로부터 우리를 보호해 주기도 합니다. 지구가 대기의 분자를 인력으로 잡아당기는 한계는 높이 550km이므로, 여기까지는 대기가 존재할 수 있습니다.

321 대기권의 구조

대기권 안에는 대류권·성층권·중간권·열권 등의 층이 있습니다. 대류권이란 구름이 만들어지고 비가 오는 등 기상 현상이 일어나는 곳으로, 지상에서 약 10km까지를 말합니다. 성층권은 지상에서 50km까지를 말하며, 여기에는 오존을 많이 포함한 오존층이 있습니다. 그밖에 지상에서 80km까지를 중간권, 600km까지를 열권이라고 합니다.

322 대기권과 외기권

공기가 포함되어 있는 대기권과 달리, 지상에서 약 600km가 넘는 곳에는 공기가 거의 없습니다. 그래서 이 이상의 높이는 '외기권'이라고 부릅니다(지상에서 600~10,000km 이상). 외기권에는 헬륨이나 수소와 같이 가벼운 기체가 있으며, 인공 위성이 돌고 있는 곳이 바로 이 외기권이랍니다.

323 대기의 압력을 느끼지 못하는 까닭

대기는 지구의 중력과 공기의 무게 때문에 지구 중심을 향해 누르는 압력을 갖고 있습니다. 쉽게 말해서 공기도 무게를 갖고 있는 것이지요. 공기의 무게(대기압)는 우리의 몸을 사방 1 cm^2당 1kg의 비율로 누르고 있습니다. 그러나 우리가 공기의 압력을 느끼지 못하는 것은, 우리 몸에 대기의 압력과 같은 크기의 견디어내는 힘이 있기 때문입니다.

324 높이에 따라 달라지는 기압 차이

기압은 산이나 들처럼 높은 곳과 낮은 곳에서 서로 다릅니다. 즉, 높은 산에서는 위에서 누르는 공기의 양이 적습니다. 그래서 사람 귀 속의 기압과 대기압이 서로 균형을 이루지 못하기 때문에 귀가 먹먹해지는 것입니다.

325 고산병과 잠수병

우리가 갑작스레 공기가 희박한 고산 지대에 올라가면 대기압이 낮아지기 때문에 고산병에 걸릴 수 있습니다. 반대로 깊은 물 속에서 오랫동안 잠수를 하면 물의 압력이 가해져서 잠수병을 일으킬 수 있습니다. 이같은 고산병과 잠수병은 대기층의 산소가 적어져서 생기는 것이랍니다.

326 대기중의 산소는 21%

대기의 70% 이상은 질소이며, 우리가 숨쉬는 데 필요한 산소는 21% 정도랍니다. 하지만 지구가 처음 생겨났을 때에는 산소가 아예 없었고, 20억 년 전에 극히 적은 양이 생겨났답니다. 그 후로 육지에 생물이 살기 시작하면서 산소는 빠른 속도로 많아지기 시작한 것입니다.

327 하늘이 푸르게 보이는 까닭

공기는 눈에 보이지 않지만 보통의 하늘은 푸르게 보입니다. 그 까닭은 바로 태양빛이 대기 속의 공기 분자나 미세한 먼지에 부딪쳐 산란되기 때문입니다. '산란'이란 빛이 여러 갈래로 불규칙하게 흩어지는 것을 말하지요. 태양빛 중에서도 파장이 긴 노랑색이나 빨간색보다는, 파장이 짧은 파란색이 훨씬 더 많이 산란된답니다.

328 저녁 노을이 붉은 까닭

지는 해는 하늘에 낮게 떠 있고, 우리로부터 점점 멀어집니다. 이 때문에 태양빛은 우리 눈에 닿기까지 더 많은 공기 속을 뚫고 지나와야 합니다. 이 때는 파란색뿐 아니라 노란색이나 빨간색처럼 긴 파장을 가진 빛도 흩어져서 도달하게 됩니다. 이 때문에 우리 눈에는 노을이 붉게 타오르듯 보이는 것입니다.

329 봄·여름·가을·겨울은 왜 생길까?

사계절이 생기는 까닭은 지구가 태양 주위를 비스듬히 기울어진 상태로 돌고 있기 때문입니다. 즉, 지구의 축이 약간 기울어져 있어서, 같은 지구 위에서도 햇빛을 많이 받는 곳과 조금밖에 못 받는 곳이 생기지요. 예를 들어 북반구가 태양 쪽으로 기울어져 있을 때는 그 부분이 여름이 되고, 반대쪽은 겨울이 되는 것입니다.

330 사계절이 뚜렷한 온대 지방

봄·여름·가을·겨울의 사계절이 뚜렷하게 나타나는 곳은 온대 지방뿐입니다. 극지방은 1년 내내 눈과 얼음으로 뒤덮인 추운 계절뿐이고, 열대 지방에는 우기와 건기의 두 계절밖에 없습니다. 북반구의 온대 지방은 지구의 공전에 의해 햇빛을 받는 시간이 긴 6월을 중심으로 한 봄과 여름, 햇빛을 받는 시간이 짧은 12월을 중심으로 한 가을과 겨울로 나뉩니다.

331 사계절이 생겨난 것은 공룡 시대부터

이같은 계절의 구분은 나무의 연령에서도 나타납니다. 즉, 봄·여름의 성장과 가을·겨울의 성장에 차이가 있기 때문에 나이테가 생기지요. 화석을 조사해 보면 나무에 나이테가 생기기 시작한 것은 약 2억 년 전의 중생대 때부터랍니다. 그러니까 공룡 시대 이전에는 사계절의 차이가 없었던 것입니다.

332 우리나라는 대륙성 온대 기후

우리나라는 위도상으로 보면 중위도 지방에 속하고, 기후상으로 보면 온대 지방에 속합니다. 또 대륙의 동쪽 끝에 있기 때문에 저기압이나 고기압이 자주 통과합니다. 바다보다는 내륙의 영향을 많이 받기 때문에 '대륙성 기후'를 나타내어 기온의 차이가 뚜렷하며 겨울이 길고 춥습니다.

333 세계의 기후 구분

우리는 흔히 열대 기후, 아열대 기후, 온대 기후, 냉대 기후 등으로 기후를 구분합니다. 기후란 어느 나라 또는 장소에서 약 30년간 있었던 기상 변화를 평균한 것을 말합니다. 기후는 한 곳에 오랫동안 있었던 특징이므로, 지리적인 차이와 시간적인 차이에 의한 것이라고 할 수 있습니다.

334 기후를 결정하는 강수량 · 습도 · 바람 · 햇볕

기후를 구분하기 위해서는 그 곳의 기온과 강수량, 습도, 바람 그리고 햇볕이 쬐는 양 등을 참고해야 합니다. 비 · 눈 · 우박 · 싸락눈 · 진눈깨비 등을 통틀어 '강수'라고 합니다. 즉, 하늘에서 땅 위로 떨어지는 모든 수분을 말하지요. 하늘에 떠 다니는 구름은 굉장히 작은 물방울 또는 얼음 알갱이들로 이루어져 있는데, 이것들이 서로 뭉쳐져서 땅으로 떨어지는 것입니다.

335 강수량이란?

강수량은 '강수의 양'을 말하는 것으로, 어떤 시간 내에 평평한 땅 위에 떨어진 강수의 깊이를 재서 나타냅니다. 예를 들어, 우리나라의 연간 강수량은 서울이 1,369mm, 강릉이 1,375mm, 대전이 1,359mm, 광주가 1,356mm, 부산이 1,472mm, 제주가 1,423mm입니다.

336 세계 최초의 우량계, 측우기

조선 세종 때인 1441년 장영실이 발명한 측우기는 세계 최초의 우량계로 꼽힙니다. 서양보다 약 200년이나 앞선다고 하지요. 측우기는 깊이 32cm, 둘레 15cm의 둥글고 긴 통 모양으로, 비가 올 때 빗물을 받은 뒤에 '주척'이라는 자를 이용하여 빗물의 깊이를 쟀다고 합니다.

# 337 하루 중 습도가 가장 낮은 때는 언제일까?

일기 예보를 보면 "온도가 몇 도, 습도가 몇 퍼센트"하는 말을 들을 수 있습니다. 습도란 대기중의 수증기 상태를 숫자로 표시한 것으로서, 숫자가 높을수록 그날 대기중의 수분이 많은 것입니다. 습도는 하루 중에 온도가 가장 낮은 새벽에 가장 높아지고, 온도가 가장 높은 오후 2~3시 무렵에 가장 낮아집니다. 즉, 온도가 높을 때는 습도가 낮고, 온도가 낮을 때는 습도가 높아지지요.

338 머리카락을 이용한 습도계

습도를 측정하는 데 가장 널리 쓰이는 것은 모발 습도계로, 사람의 머리카락을 이용하는 것입니다. 즉, 습도가 높아지면 늘어나고, 습도가 낮아지면 오므라드는 성질을 이용하여 지레 장치를 하고, 지침이 움직여 눈금을 가리키게 하는 것입니다.

339 입춘·입동… 24절기

해마다 입춘이 되면 봄이 시작된다고 하고, 입하나 입추·입동이 되면 여름·가을·겨울이 시작된다고 말합니다. 이 때의 입춘이니 입동이니 하는 것들은 모두 24절기에 따른 것입니다. 이것은 태양의 위치 변화에 따라 1년을 계절적으로 나눈 것으로, 우리나라와 중국 등 동양의 여러 나라에서 사용하고 있습니다.

340 냉대 기후의 특징

냉대 기후는 온대와 한대 사이에 있는 지방의 기후로서 북반구 북부의 대륙에서만 볼 수 있습니다. 겨울에는 몹시 추우며, 어느 기간 동안은 계속해서 눈이 내립니다. 그런데 겨울이 추운 것에 비하면 여름의 온도는 아주 높은 편입니다.

341 냉대 습윤 기후와 냉대 건조 기후

냉대 기후는 비가 얼마나 많이 내리느냐에 따라 또다시 구분됩니다. 눈이 많이 내리는 냉대 습윤 기후는 주로 스칸디나비아 반도·시베리아 서부·연해주·캄차카 반도 등이며, 냉대 건조 기후는 중국 북동부와 시베리아 동부 지방 등이 속합니다.

342 야자나무가 자라는 열대 지역

아프리카나 아마존 강 유역과 같이 1년 내내 온도가 높은 지역의 기후를 열대 기후라고 합니다. 보통 연평균 기온이 20℃가 넘지요. 열대 기후 지역을 세계 지도에 표시해 보면 야자나무가 자라는 곳과 거의 똑같습니다.

343 사막은 얼마나 더울까?

비가 별로 내리지 않으면서 증발량이 많기 때문에 풀도 나무도 거의 자랄 수 없는 곳을 사막이라고 합니다. 사하라 사막 같은 곳에서는 80℃에 가까운 높은 온도를 기록한 일도 있었습니다. 또한 사막에는 밤과 낮의 기온 차이(일교차)가 아주 심하고, 1년 중의 온도 차이(연교차)도 아주 큰 편입니다.

344 점점 넓어지고 있는 사막

사하라 사막이나 아라비아 사막, 칼라하리 사막 등은 사막 중에서도 매우 잘 알려져 있는 곳입니다. 현재 사막은 전 세계에서 1,500만 km가 넘는 넓은 지역을 차지하고 있으며, 곳곳에서 점점 넓어지고 있다고 합니다.

345 사막에서 사는 사람들

사막에는 풀이 자라지 않고 동물들도 살지 못하는 곳이 많지만, 오아시스 주변에는 사람들이 머물러 살며 농사를 짓는 곳도 있습니다. 타클라마칸 사막에서는 쌀·옥수수·밀·채소 등을 재배하며, 이란·아라비아·사하라 사막에서는 대추야자 등을 기르며 살고 있습니다.

346 엄청난 석유가 묻혀 있는 곳

보통 사막에는 비옥한 곳이 많고 태양열이 풍부하므로 물만 있으면 사람이 살기에 알맞습니다. 그러나 현재까지 개발된 사막 지역은 별로 없답니다. 다만 중동 지역의 여러 사막에는 엄청난 양의 석유가 매장되어 있어 주목받고 있습니다.

348 뜨거운 여름날의 신기루 현상

햇볕이 쨍쨍 내리쬐는 여름날, 땅바닥의 온도도 아주 뜨거워집니다. 만약 이런 때 자동차를 타고 뜨거운 아스팔트 위를 달리다 보면, 저 앞에서 물웅덩이가 있는 게 보이곤 합니다. 그런데 차가 가까이 가면 물웅덩이는 없어지고, 다시 더 멀리에 물웅덩이가 나타나 보이지요. 이런 현상을 가리켜 일종의 '신기루'라고 합니다.

349 신기루 현상이 일어나는 까닭

1798년에 이집트를 공격하러 나섰던 나폴레옹의 군사들은 저 멀리 보이던 호수가 사라지는 등 신기한 신기루 현상을 보고 크게 놀랐다고 합니다. 이와 같은 신기루 현상이 나타나는 것은 땅이나 물 표면의 온도가 따뜻하고 그 위의 공기가 차갑기 때문입니다. 즉, 신기루 현상이란 찬 공기와 더운 공기가 만나서 일어나는 일종의 '빛의 굴절 현상'입니다.

350 북극보다 남극이 더 추운 까닭

남극과 북극은 너무 추워서 사람이 살기 어렵습니다. 그 중에서도 남극은 북극보다 더 춥다고 합니다. 남극의 평균 기온은 −55℃에 달하며, 1968년 8월 24일에는 온도가 −88.3℃까지 떨어졌다는 기록이 있습니다. 남극이 북극보다 더 추운 까닭은 온통 차가운 얼음으로 덮여 있으며, 여름에는 흰 눈에 햇빛이 반사되고, 겨울에는 낮에도 해가 뜨지 않기 때문이랍니다.

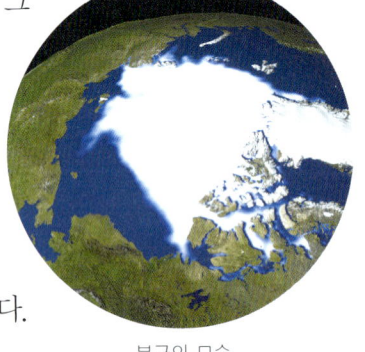

북극의 모습

351 적도 지방의 밤과 낮

적도 지방에서는 1년 내내 밤낮의 길이가 거의 같습니다. 하지만 극지방으로 갈수록 겨울의 해가 여름의 해보다 짧아집니다. 그것은 지구의 축이 기울어져 있기 때문입니다. 태양에서 먼 쪽으로 기울어진 부분은 햇빛을 받는 시간이 짧기 때문에 낮도 짧은 것입니다.

347 낮과 밤은 왜 생길까?

지구는 팽이처럼 쉴 새 없이 돌면서 태양 둘레를 천천히 돌고 있습니다. 지구는 스스로 한 바퀴를 도는 데 24시간이 걸립니다. 낮과 밤이 생기는 까닭은 바로 지구의 자전 때문이지요. 즉, 지구가 태양을 보고 있는 동안은 낮이 되고, 이 때 태양이 비치는 반대편은 밤이 되는 것입니다.

352 밤에도 해가 지지 않는 '백야 현상'

남극이나 북극에 가면 밤이 되어도 해가 지지 않는 현상을 볼 수 있습니다. 이것을 가리켜 백야 현상이라고 하지요. 위도 약 48°가 넘는 지방에서는 한여름에 태양이 지평선 아래 18° 이하로 내려가지 않기 때문에 생기는 현상입니다.

353 날짜 변경선이란?

태평양의 거의 중앙부, 대략 경도 180° 선을 따라 남북으로 설정되어 있으며, 이 선을 경계로 동쪽과 서쪽의 날짜가 하루 달라집니다. 즉, 이 선을 기준으로 동쪽으로 가면 하루를 버는 셈이고, 서쪽으로 가면 하루를 잃는 셈입니다.

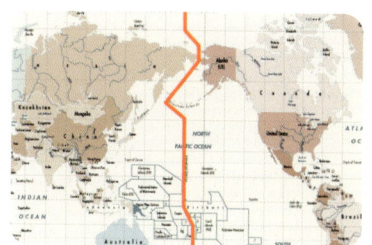

날짜 변경선

354 날짜 변경선을 만든 까닭

지구에서 볼 때 태양은 늘 동쪽에서 서쪽으로 움직이지요. 이 때문에 만약 어떤 사람이 계속 동쪽으로 여행한다면, 경도가 15° 지날 때마다 시계를 1시간씩 앞으로 맞추어야 할 것입니다. 그래서 여행을 마치고 나면 시계는 완전히 24시간이 앞당겨져 있겠지요. 날짜 변경선은 바로 이런 문제를 해결하기 위해 국제적으로 약속을 하고 정한 것입니다.

355 바람은 왜 부는 걸까?

공기는 적은 곳에서 많은 곳으로, 뜨거운 곳에서 차가운 곳으로 이동하는 성질을 가지고 있습니다. 이러한 공기의 움직임을 바로 '바람' 이라고 합니다. 태양의 열을 받아서 따뜻해진 부분의 공기는 팽창해서 위로 올라가므로, 그 빈 곳을 채우기 위해 주변에서 다른 공기가 불어 들어옵니다. 이 때문에 낮 동안에는 육지 쪽의 공기가 팽창해서 올라가고, 바다 쪽에서 공기가 불어 들어오는 것입니다.

356 고기압과 저기압

온도의 차이는 공기의 무게, 즉 기압의 차이를 일으킵니다. 그리하여 기압이 높은 곳(고기압)에서 낮은 곳(저기압)으로 바람이 불게 됩니다. 우리나라에서는 겨울이 되면 북쪽에서 바람이 불어오는데(북서풍), 이것은 시베리아의 고기압이 우리나라 쪽으로 바람을 불어넣기 때문입니다.

357 해풍과 육풍

낮에는 육지의 기온이 올라갑니다. 이 때문에 육지의 공기는 하늘로 올라가고, 바다로부터 찬 공기가 불어옵니다. 이것을 해풍이라고 합니다. 그러나 밤에는 육지가 바다보다 열을 많이 빼앗겨서, 육지에서 바다 쪽으로 바람이 붑니다. 이것을 육풍이라고 합니다.

358 파도를 만드는 바람

바람이 약하면 파도도 작고, 바람이 강하면 파도도 거세집니다. 파도에는 바람에 의해서 생기는 '풍랑' 과, 이 풍랑이 진행되는 동안 쇠약해져서 생기는 '너울' 이 있습니다. 풍랑은 수면에 닿아 있는 공기의 움직임(바람)으로 수면이 불안정해지고, 수면의 작은 움직임이 점차로 커지면서 전파되는 것입니다.

359 산에서 날씨가 변하기 쉬운 까닭

산에서는 평지에서보다 바람이 강하게 붑니다. 낮에는 산기슭에서 상승하는 바람이 불고, 밤에는 반대로 산기슭으로 불어내리는 산바람이 있습니다. 이 밖에도 산은 보통 울퉁불퉁 높낮이도 차이가 나는 지형이기 때문에 태양이 비치는 것도 장소에 따라 달라지지요. 그래서 온도에도 차이가 있어서 날씨가 쉽게 변한답니다.

360 가장 빠른 바람

바람의 속도(풍속)는 1초에 몇 미터를 가느냐를 측정하여 m/sec로 나타내는데, 우리나라에서 가장 빠른 풍속은 1954년 9월 14일 울릉도에서 관측된 45.0m/sec였습니다. 또, 외국에서는 1934년 4월 12일 미국 워싱턴 산에서 관측된 83.5m/sec였다고 합니다. 이렇게 거세게 부는 바람은 집과 건물들을 부수거나 풍랑을 일으켜서 배를 뒤집어 놓는 등 큰 피해를 가져다 주기도 합니다.

361 회오리바람과 용오름

회오리바람이란 땅 위에서 일어나는 심한 공기의 소용돌이를 말합니다. 기껏해야 먼지 따위를 불어올리는 작은 것에서부터 크게는 태풍까지 그 규모가 다양하지요. 하지만 보통은 우리 눈으로 소용돌이 전체를 볼 수 있는 작은 규모의 것만을 회오리바람이라고 합니다. 회오리바람은 지면 부근의 대기가 불안정할 때 생겨나며, 회오리바람이 아주 크게 발달한 것을 '용오름'이라고 합니다.

362 무서운 힘을 지닌 토네이도

토네이도란 엄청난 규모로 일어나는 용오름을 말합니다. 토네이도의 중심 부근에서는 1초당 100m 이상의 매우 빠른 풍속이 나타나기도 하며, 토네이도가 지나가면서 땅 위에 있던 물체들을 강력한 힘으로 감아올려 커다란 집과 자동차들도 날려 버리곤 합니다. 미국의 토네이도는 5월에 가장 많고 1월에 가장 적답니다.

363 태풍은 어떻게 생겨날까?

태풍은 시속 120km 이상으로 무섭게 불어닥치는 강한 열대성 폭풍을 말합니다. 넓은 바다에서는 많은 양의 따뜻하고 축축한 공기가 빠른 속도로 솟아오르고, 그 아래로 차가운 공기가 빨려들어가 태풍이 만들어지는 것입니다. 이 거대한 열대성 저기압은 세차게 소용돌이치면서 점점 강력한 힘을 키워 가며 육지를 향해 이동합니다.

364 태풍이 만들어지는 곳

태풍은 보통 북태평양의 남서부에서 발생하여 아시아 동부를 향해 불어닥칩니다. 강 속의 소용돌이가 강의 흐름을 따라서 움직이듯, 태풍은 태평양 고기압의 흐름을 따라갑니다. 그래서 위도가 낮은 지역에서는 동에서 서로 부는 무역풍에, 위도가 높은 지역에서는 서쪽에서 불어오는 강한 바람(편서풍)에 지배되지요. 그리하여 북위 22°에서 30°의 전향점에서 서에서 동으로 이동을 시작합니다.

365 태풍이 쏟아내는 비

태풍이 나타나면 약 400km 이내에서는 비가 내리며, 중심 부근에서는 1시간에 10~20mm의 비가 내립니다. 태풍은 우리나라 쪽으로 다가오면서 전선이나 지형의 영향을 받아 많은 비를 내리고, 농작물에 큰 피해를 주기도 합니다.

366 구름 한 점 없는 태풍의 눈

태풍은 커다란 소용돌이와 함께 불어닥치는데, 태풍의 한가운데에는 구름이 거의 없고 맑게 개어 있습니다. 이곳이 바로 '태풍의 눈'이지요. 태풍이 가장 크게 발달했을 때 태풍의 눈의 지름은 30~50km에 이른답니다.

367 개미 · 나비 · 제비… 태풍의 이름들

태풍에게도 각각 이름이 있습니다. 태풍의 이름은 모두 140개인데, 태풍이 생길 때마다 미리 정해 놓은 순서대로 이름을 붙이는 것입니다. 그 중 우리나라가 지은 이름은 개미 · 나리 · 장미 · 수달 · 노루 · 제비 · 너구리 · 고니 · 메기 · 나비 등 10개이며, 북한은 기러기 · 도라지 · 갈매기 · 매미 · 메아리 · 소나무 · 버들 · 봉선화 · 민들레 · 날개 등 10개입니다.

368 태풍의 또 다른 이름들

태풍 중에서도 북대서양 · 카리브 해 · 멕시코 만 · 태평양 동부에서 발생하는 것을 '허리케인'이라고 합니다. 그리고 인도양과 오스트레일리아 부근의 남태평양 해역에서 발생하는 것을 '사이클론'이라고 하지요. 또, 그 중에서도 오스트레일리아 부근 남태평양 해역에서 발생하는 것을 그 지역 주민들은 '윌리윌리'라고 부르고 있습니다.

369 엘니뇨 현상이란?

세계 여러 나라에서는 '엘니뇨'라는 이상 기온 현상 때문에 피해를 겪고 있습니다. 엘니뇨란 남아메리카 서해안을 따라 흐르는 차가운 페루 해류 속에 갑자기 따뜻한 물이 침입해 들어가서 바닷물의 흐름에 이상이 생기는 현상을 말합니다.

370 엘니뇨는 '어린 아이'라는 뜻

엘니뇨 현상은 2년 내지 6년마다 한 번꼴로 나타나는데, 이로 인해 바닷속의 물고기들이 떼죽음을 당하거나 다른 곳으로 도망쳐서 어부들이 큰 피해를 보게 됩니다. 또한 육지에서는 큰 홍수가 나서 엄청난 물난리를 겪게 됩니다. 엘니뇨는 에스파냐 말로 '어린 아이'라는 뜻이며, 보통 크리스마스 전후로 이 현상이 일어나기 때문에 붙은 이름이랍니다.

372 비가 내리는 원리

구름의 꼭대기가 0℃ 이하로 얼어 있고 작은 얼음 알갱이들이 구름으로 되어 있으면, 차가워진 물방울의 구름 입자와 얼음 알갱이들이 함께 모여 있는 부분이 생깁니다. 여기서 물방울 쪽은 증발하고 얼음 알갱이들은 점점 커져서 밑으로 떨어지지요. 그 동안에 얼음 알갱이들이 녹아서 비가 되는 것입니다.

373 여러 가지 구름의 모양

구름은 보통 다음의 10가지로 구분됩니다. 권운은 하얀 섬유 모양, 권적운은 작은 비늘이 모인 모양, 권층운은 온 하늘을 뒤덮은 면사포 모양, 고적운은 회색의 둥그런 큰 덩어리, 고층운은 장막 모양을 한 회색 구름, 난층운은 비 오기 전의 검은 구름이며, 그밖에 층적운·층운·적운·적란운 등이 있습니다.

적운형 구름

374 비행기 구름이 생기는 까닭

제트기처럼 빠르게 날아가는 비행기가 지나간 뒤에는 길고 가늘게 구름이 생기곤 합니다. 이같은 비행기 구름은 엔진에서 나오는 뜨거운 열기 때문에 생긴답니다. 즉, 엔진에서 나온 높은 온도의 수증기가 대기중의 차가운 공기와 만나면서 얼어붙어 아주 작은 얼음 알갱이가 되는 것입니다.

375 구름의 움직임

더운 날 적란운을 오랫동안 바라보고 있으면 구름의 움직임을 알 수 있습니다. 적란운은 구름이 마치 주전자에서 나오는 수증기와 같이 뭉게뭉게 높이 올라갑니다. 그런가 하면 눈에 띄게 빠른 속도로 흘러가는 구름도 있고, 또 어떤 것은 너무나 천천히 흘러가기 때문에 가만히 멈춰 있는 것처럼 보입니다.

376 구름을 없애는 방법

구름 알갱이는 반지름이 1백 분의 1mm정도 크기이며, 1cm^{2}당 2백 개 정도가 모여 있답니다. 이런 구름 알갱이들은 훅 불면 날아갈 것 같지요. 실제로 고기압에 둘러싸인 맑은 날에는 구름이 얇게 생겨 금세 없어집니다.

371 구름은 어떻게 해서 만들어질까?

대기중의 아주 작은 물방울 또는 얼음 알갱이들이 모여서 둥둥 떠 있는 것을 '구름'이라고 부릅니다. 수증기를 머금은 공기가 하늘 위로 올라가서 차갑게 냉각되면 구름이 만들어집니다. 즉, 구름은 축축한 공기가 올라가거나, 더운 공기와 차가운 공기가 만날 때 생기는 것입니다.

오늘은 구름운이 좀 눅눅하군...

377 구름과 안개의 차이

안개는 구름과 비슷하지만 땅 위에 있는 것입니다. 즉, 수증기가 응결되어서 땅 위에 낮게 깔려 있는 것을 말하지요. 안개는 1,000m 거리 내에 있는 사물이 보이지 않을 때를 말하며, 그보다 농도가 옅으면 안개라고 하지 않고 박무라고 부릅니다.

378 안개가 잘 생기는 때

안개는 수면 위의 수증기나 떨어지는 비가 증발하면서 생기기도 하고, 지면과 만나는 공기가 차갑게 냉각되면서 생기기도 합니다. 안개는 맑은 날 밤에 바람이 없고 습도가 높을 때 잘 생깁니다.

379 '맑음'과 '흐림'의 기준

구름이 많고 적음을 나타내는 것을 '운량'이라고 합니다. 구름이 한 점도 없는 것을 '0', 하늘이 구름으로 가득찬 것을 '10'으로 나타내지요. 운량이 0~2인 때를 '맑음', 3~7인 때를 '갬', 8~10인 때를 '흐림'이라고 합니다.

380 빗방울은 몇 개의 구름 알갱이로 이루어질까?

하늘 위의 수증기가 지름 0.2mm 이상의 물방울이 되어 땅에 떨어지는 것을 '비'라고 합니다. 이보다 크기가 작은 방울은 150m 정도만 떨어져도 금세 증발되어 사라져 버리기 때문에 비가 될 수 없습니다. 빗방울의 지름은 구름방울의 100배 이상 되며, 1개의 빗방울은 10만 개의 구름 알갱이로 이루어진다고 합니다.

381 장마와 호우, 소나기

비 중에서 오랫동안 내렸다 그쳤다 하면서 계속되는 것을 '장마'라고 하며, 우리나라에서는 주로 6월 말부터 7월 사이에 나타납니다. 또, 한꺼번에 많은 비가 내리는 것을 '호우'라고 하며, 어떤 지역에 집중적으로 내릴 때는 '집중 호우'라고 합니다.

382 장마는 어떻게 해서 찾아올까?

여름철 날씨를 좌우하는 북태평양 고기압은 겨울 동안 하와이 쪽으로 물러나 있다가 여름이 되면 우리나라를 찾아옵니다. 따뜻한 북태평양 고기압은 북쪽에서 내려온 차가운 오호츠크 해 고기압을 만나 장마 전선을 만드는 것입니다.

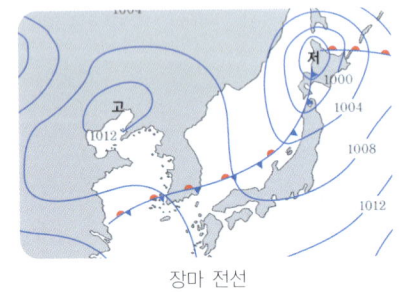

장마 전선

383 인공적으로 비를 만드는 방법

가뭄이 계속되면 농작물이 자랄 수 없기 때문에 사람들은 인공적으로 비를 내리게 하기도 합니다. 이를 위해 비행기를 타고 공중에서 구름에 드라이아이스나 물을 뿌리는 방법이 사용됩니다. 그러면 구름 속에 얼음 알갱이가 만들어지고, 이것이 서로 달라붙어 어느 정도의 크기가 되면 비가 되어 내리는 것입니다. 이 밖에도 요오드화은 등을 사용하는 방법도 있습니다.

384 번개가 '번쩍' 하는 원리

비가 올 때 천둥 소리와 함께 컴컴한 하늘에서 번쩍번쩍 전기 불꽃이 일어나곤 합니다. 번개는 양(+)의 전기를 띤 구름과 음(-)의 전기를 띤 구름 사이에서 일어나는 방전 현상(전기가 방출되는 현상)입니다. 이와 같은 번개가 땅으로 내리꽂힐 때가 있는데, 이런 경우를 '낙뢰' 또는 '벼락'이라고 하지요. 번개는 1,000분의 몇 초 사이에 일어나기 때문에 우리의 눈에는 하나의 불빛으로만 보일 뿐입니다.

385 번개가 친 뒤 천둥 소리가 들리는 까닭

소리는 빛보다 느리기 때문에, 번개가 보인 다음 한참 후에야 천둥 소리가 들려옵니다. 이 때 번개가 친 다음부터의 시간(초)에 340을 곱하면 번개가 친 곳의 거리를 대충 짐작할 수 있답니다. 소리의 속도가 340m/sec이기 때문이지요.

386 피뢰침의 원리

벼락이 나무에 떨어지면 순식간에 재가 되어 버리거나 건물이 부서지기도 합니다. 이같은 피해를 막기 위해 만들어진 것이 바로 '피뢰침'입니다. 피뢰침은 1752년 미국의 플랭클린이 발명했는데, 가느다란 쇠막대의 한쪽을 땅 속에 깊이 묻고, 여기에 연결된 한쪽 끝을 건물 꼭대기보다 높은 곳에 설치하는 것입니다. 그러면 떨어지던 벼락이 이곳으로 흡수되어 땅 속으로 들어가 버리게 됩니다.

387 무지개가 생기는 까닭

비가 그친 뒤에는 종종 알록달록 아름다운 빛깔의 무지개를 볼 수 있습니다. 무지개는 태양과 반대쪽에 비가 내렸을 때 그 물방울에 비친 햇빛이 물방울 안에서 반사·굴절되어 나타나는 현상입니다. 햇빛이 내리쬐는 날 분수대에서도 무지개를 볼 수 있고, 태양을 등지고 분무기로 물을 뿜으면 무지개를 직접 만들 수도 있습니다.

388 눈은 모두 ✱ 모양일까?

눈을 자세히 관찰하면 아름다운 육각형의 꽃 모양인 것을 알 수 있어요. 그러나 눈이 모두 이런 모양을 하고 있는 것은 아닙니다. 바늘 모양, 기둥 모양, 널빤지 모양, 나뭇가지 모양 등 여러 가지가 있지요. 눈의 모양이 이처럼 제각각 다른 까닭은, 눈을 만드는 구름의 수증기의 양과 온도가 다르기 때문이랍니다.

389 따뜻한 날 눈 결정이 커지는 이유

눈이 내릴 때는 한 송이씩 떨어지거나 몇 개의 결정이 서로 붙어서 내리기도 합니다. 또는 형태가 안 보이는 싸라기눈처럼 결정이 물방울에 싸여서 내릴 수도 있습니다. 기온이 비교적 높은 0℃ 부근에서는 눈의 결정이 모여서 눈이 커진답니다.

390 겨울에만 눈이 내리는 까닭

아름다운 육각형의 꽃과 같은 결정은 −3℃에서 얇은 판 모양으로 됩니다. −3~−5℃에서는 바늘 모양이 되지요. 그리고 −12~−16℃ 이하에서는 나뭇잎과 같은 모양이 됩니다. 이와 같이 영하의 기온이 아니면 눈을 만들기는 거의 불가능하답니다. 따라서 눈은 영하의 계절인 겨울에만 내리는 것이지요.

391 눈이 만들어지는 과정

따뜻한 수증기는 대류 현상에 의해 위로 올라가(구름), 바람에 의해 다른 지역으로 운반됩니다. 이것이 기온이 낮은 곳에서는 얼음이 되어 눈이 되는 것입니다.

392 대류 현상이란?

열 때문에 기체 또는 액체가 위 아래로 뒤바뀌면서 움직이는 현상입니다. 즉, 더운 공기나 물이 위로 올라가는 현상을 말합니다.

393 우박과 싸라기눈의 차이

지름이 2~5mm로 큰 싸라기눈에는 겨울에 눈과 함께 내리는 '눈싸라기'와 초여름에 태평양 부근에서 소나기구름과 함께 내리는 단단한 '얼음싸라기'가 있습니다. 우박은 얼음싸라기의 한 종류로 지름이 5mm 정도인데, 때로는 10mm가 넘는 큰 싸라기가 내릴 때도 있습니다.

394 우박이 내리는 과정

-10℃ 정도의 소나기 구름 상층에서 생긴 '빙점'이라 불리는 얼음 알갱이가 땅으로 떨어지는 도중에 0℃ 이하의 구름 알갱이와 부딪히게 됩니다. 구름 속에서는 0℃ 이하에서도 물이 존재하는데, 구름이 얕고 구름 알갱이도 크면 얼음 알갱이 주위가 물의 막으로 덮이면서 얼게 되므로 투명한 얼음이 되는 것입니다. 반대로 구름 알갱이가 작으면 그대로 얼음에 붙어 불투명한 얼음이 된답니다.

395 싸라기눈이 잘 뭉쳐지지 않는 까닭

함박눈은 끈기가 있어서 잘 뭉쳐지지만, 싸라기눈은 눈의 결정이 서로 달라붙지 않고 하나하나 떨어져 내리므로 함박눈처럼 잘 뭉쳐지지 않습니다. 또한 눈 결정은 매우 섬세한 구조로 되어 있어서 빛을 반사하거나 굴절시킬 수 있답니다.

396 눈과 진눈깨비의 차이

지상의 기온이 0℃보다 따뜻하면 녹아서 비가 되지요. 하지만 0℃보다 추우면 눈이 되어 내립니다. 진눈깨비란 눈이 내리다가 얼마간의 눈이 녹아서 눈과 비가 함께 내리는 것을 말합니다.

397 아프리카에서도 내리는 눈

눈은 위도 35° 이상의 다소 추운 지역에서만 내리는데, 열대 지방에서도 아주 높은 고지대에서는 눈이 내립니다. 아프리카의 킬리만자로에서는 1년 내내 눈을 볼 수 있습니다.

킬리만자로 산

398 지하 자원이란 무엇일까?

석탄이나 석유·철광석과 같이 땅 속에 묻혀 있는 광물로, 인간이 생활하는 데 유용하게 쓰이는 것들을 지하 자원이라고 합니다. 지하 자원은 지각 속의 어떤 원소나 화합물들이 아주 오랜 시간이 지나는 동안 한 곳에 모여서 만들어진 것입니다. 예를 들어 석탄은 육지의 식물이 호수 밑에 묻힌 뒤 탄소 성분으로 변한 것입니다.

399 지하 자원의 종류

지하 자원으로는 금·은·구리·철·납·아연·주석·알루미늄 등의 금속 광물 자원, 흑연·황·석회석·규석·규사·석면 등의 비금속 광물 자원, 석유나 천연가스와 같은 에너지 자원으로 나뉘어집니다.

400 알려진 광물은 2,400가지

금이나 철 등과 같이 땅 속에 섞여 있는 천연적인 무기물을 통틀어 광물이라고 합니다. 광물은 보통 질이 고르고 화학 성분이 일정하며, 지금까지 알려져 있는 종류는 약 2,400종에 이릅니다. 지각을 이루고 있는 광물 중에는 장석이 50% 이상을 차지하고 있으며, 휘석·각섬석·석영·운모 등이 40%를 차지합니다.

401 북극 지방의 지하 자원

지구 자전축의 북쪽 끝(북위 90°)을 북극점이라고 하며, 그 주변의 지방을 가리켜 북극 또는 북극 지방이라고 합니다. 북극 지방의 면적은 약 2,500만~3,000만 km^2에 달하며, 현재 이 지역에서는 석탄과 석유를 비롯하여 천연가스·구리·납·금 등의 지하 자원이 개발되고 있습니다.

402 석유가 나오는 곳

'석유'라는 이름은 '암석 사이에서 솟아나오는 기름'이라는 데서 유래되었습니다. 석유는 지각의 깊은 암석층에 있는 커다란 웅덩이 속에서 나온 걸쭉한 색깔의 액체로부터 얻어낸 것이랍니다.

403 석유는 미생물이 썩어서 만들어진 것

석유는 까마득히 오래 전에 살고 있었던 생물로 만들어졌답니다. 즉, 작은 생물들의 시체가 바다 밑으로 가라앉은 뒤 몇백 년이 지나면서 계속해서 층을 이루었지요. 여기에 다시 모래와 진흙이 쌓여 두꺼운 층이 만들어집니다. 이와 같이 만들어진 층은 층 자체의 무게와 위에서 내리누르는 무게에 짓눌려 서서히 압축됩니다. 이렇게 압축된 암석층이 땅 속에서 솟아오르는 열로 인해서 기름 방울로 바뀌게 되는 것입니다.

404 지하 유전을 찾는 방법

다이너마이트가 폭파될 때 나오는 충격파는 단단한 바닷속의 지층 아래로 전파되어 내려가다가, 연한 층이나 단단한 층에 부딪치면 반사되어 다시 돌아옵니다. 그러면 되돌아오는 갖가지 반사파들을 지진계라는 기록 장치에 기록해 둡니다. 지질학자들은 이 반사파들의 움직임을 분석하여 바닷속 지층 아래에 어떤 종류의 암석이 있으며, 또한 석유는 얼마나 매장되어 있는지를 판단하는 것입니다.

405 언젠가는 사라져 버릴 석유

석유나 석탄은 여러 모로 쓸모가 있습니다. 특히 석유는 자동차 에너지나 전기 에너지는 물론 식품을 포장하는 폴리에틸렌 랩이나 플라스틱에까지 이용되고 있지요. 하지만 지금과 같이 많은 석유를 사용한다면 몇십 년 안에 모두 고갈되고 말 것입니다. 그래서 지금은 인공 석유를 합성하거나 원자력 등으로 에너지 자원을 바꾸려는 노력을 하고 있습니다.

406 화석을 '지구의 나이테'라고 부르는 까닭은?

아주 오랜 옛날에 죽은 동물의 시체나 식물의 흔적 등이 땅 속에 그대로 묻혀서 보존된 것을 화석이라고 합니다. 화석을 채취하여 잘 분석하면 지구의 역사를 알 수 있지요. 즉, 만약 어떤 지층에서 동물의 화석이 발견되면 그 동물이 언제 지구에 살았었는지를 알 수가 있게 되는 것입니다.

407 화석이 발견되는 바위

화석이란 동물이나 식물 등의 뼈나 몸체·발자국·똥 등이 바위에 보존된 것을 말합니다. 화석이 잘 보존되는 바위는 퇴적암인데, 퇴적암이란 모래가 쌓인 사암, 석회질이 굳어진 석회암, 진흙이 굳어진 셰일 등을 말합니다. 이렇게 퇴적암에 덮여진 생물은 살이나 약한 부분은 썩고 단단한 부분만 남게 되어 오늘날의 화석으로 발견되는 것입니다.

암모나이트

408 우리나라에서 발견된 화석

우리나라의 해남 우항리 퇴적암 층에서는 1992년과 1995년 세계에서 가장 오래된 '물갈퀴가 달린 새 화석'이 발견되어 국제적으로 인정을 받기도 했습니다. 그 밖에도 우리나라에서는 여수시 화정면, 보성 비봉리, 고성군 덕명리 등에서 공룡의 발자국·알 등 많은 공룡 화석들이 발견되었습니다.

409 러시아에서 발견된 매머드 화석

러시아의 탐험대에 의해 시베리아의 얼음 속에서 발견된 매머드 화석은 살아 있을 때와 같은 상태로 남아 있었다고 합니다. 이 매머드의 고기를 탐험대의 개에게 주었더니, 개는 그것을 마구 먹더라는 것입니다. 또, 이 매머드의 위 속에서는 냉이 등이 발견되어서, 무엇을 먹고 살았었는지를 알 수 있었다고 합니다.

410 지질 시대의 구분

지질 시대는 동물 화석의 변화에 따라 크게 고생대와 중생대, 신생대로 나뉩니다. 고생대는 그 중에서 가장 오래된 시기로, 지금으로부터 5억 8,000만 년 전부터 2억 2,500만 년 전까지를 말하며, 이것은 다시 캄브리아기·오르도비스기·실루리아기·데본기·석탄기·페름기로 나뉩니다.

411 고생대의 생물들

고생대 때에는 삼엽충 등의 무척추 동물이 크게 번성하였습니다. 오르도비스기에는 척추 동물의 시조인 원시 어류가 최초로 출현하였고, 실루리아기 후기에는 땅에서 자라는 식물이 처음 나타났습니다. 또 데본기에는 어류가 크게 번성하였으며, 석탄기에는 파충류가 최초로 출현했습니다.

삼엽충

412 공룡들이 살았던 중생대

중생대 때에는 기온이 비교적 따뜻한 편이었으며, 파충류 중에서도 특히 공룡들이 많이 나타나서 지구를 지배했기 때문에 '파충류의 시대'라고 부르기도 합니다. 이 때 등장했던 공룡들은 가장 사납기로 이름난 폭군룡(티라노사우루스)을 비롯해 약 300여 종에 이르렀다고 합니다. 그러나 공룡은 중생대 말기인 백악기 때 갑자기 멸종되었습니다.

413 인류가 출현한 신생대

신생대 초기에는 현재 지구상의 대륙과 해양이 점차 제 모습을 갖추기 시작하였으며, 포유류와 속씨식물이 갑자기 번성하여 지금과 같은 동식물을 이루게 되었지요. 또한 우리 인류가 출현한 것도 이 때의 일입니다. 신생대는 크게 제3기와 제4기로 나뉘며, 히말라야·알프스 등의 거대한 산맥들도 이 때 형성되었습니다.

네안데르탈인의 모습(상상도)

415 엘니뇨와 라니냐

엘니뇨 현상이란 태평양 바닷물의 온도가 평소보다 0.5℃ 이상 높은 상태가 6개월 이상 계속되는 것을 말하지요. 이와 반대로 바닷물의 온도가 평소보다 0.5℃ 이상 낮아지는 상태가 계속되는 것을 '라니냐 현상' 이라고 합니다. 엘니뇨와 반대로 라니냐는 스페인 어로 '여자 아이' 라는 뜻을 담고 있습니다.

416 기상 이변이 생기는 까닭

엘니뇨 현상이 계속되면 육지에서는 비가 너무 많이 내려 큰 피해를 입게 됩니다. 라니냐가 계속되면 동남아시아엔 심한 장마가, 중남미엔 가뭄이, 미국이나 극지방 등에는 엄청난 추위가 닥칩니다. 이처럼 평소와는 다른 날씨가 계속되는 것을 기상 이변이라고 하는데, 학자들은 그 까닭을 환경이 오염된 탓으로 보고 있습니다.

417 지구의 자정 능력

지구의 대기는 어느 정도 오염을 스스로 없앨 수 있는 능력을 가지고 있습니다. 이것을 자정 능력이라고 하지요. 즉, 대기중에 0.01mm 이상의 오염 물질이 있을 때는 자신의 무게 때문에 스스로 땅 위로 떨어집니다. 또 0.001mm 이하의 것은 서로 부딪혀서 큰 오염 물질이 되거나, 비나 눈에 달라붙어 땅 위로 떨어집니다.

418 자꾸만 뜨거워지는 지구

그러나 최근에는 바람으로 몇천 km나 퍼지는 방사능 재, 자동차와 공장에서 뿜어져 나오는 가스와 유황 알갱이 등이 방사능 비나 산성비가 되어 내리기도 합니다. 또한 프레온 가스가 지구의 오존층에 구멍을 내고, 이산화탄소로 인한 온실 효과로 해마다 지구의 온도가 높아지고 있습니다.

매연을 뿜어내는 공장

419 지구 온난화로 높아지는 해수면

지구의 온도가 높아지는 것을 '지구 온난화' 라고 합니다. 이 때문에 남극과 북극의 얼음이 녹아서 바닷물의 높이도 올라가지요. 실제로 지난 50년 동안 바닷물 온도는 2.5℃ 상승했다고 합니다.

414 환경은 왜 오염되고 있을까?

오늘날 우리는 땅이나 바닷속에 있는 석유·석탄·가스 등을 이용하여 편리하게 살아가고 있습니다. 하지만 이러한 화석 연료가 타고 난 뒤에는 이산화탄소나 아황산가스 등 갖가지 해로운 물질들이 나옵니다. 공해 물질들은 쉽게 사라지지 않고 오랫동안 지구의 대기와 흙, 물 속에 남아서 환경을 오염시키는 것입니다.

420 지구의 얼음이 다 녹으면?

지구상의 얼음은 남극에 88%, 북극인 그린란드에 11%가 있습니다. 그밖의 얼음은 알프스와 히말라야 등지에 있지요. 그런데 만약 지구 온난화로 이 얼음들이 다 녹으면 바닷물은 약 66cm가 높아진답니다. 그러면 63빌딩처럼 높은 건물도 겨우 머리만 내놓을 정도가 되어 버린답니다.

421 온실 효과

지구 주위를 둘러싸고 있는 기체가 마치 온실의 유리나 비닐과 같은 역할을 하여 지구의 온도가 올라가는 것을 '온실 효과'라고 합니다. 온실 효과는 이산화탄소·메탄가스·일산화탄소 등 갖가지 공해 물질 때문에 생깁니다.

422 열섬 현상이란?

인구가 밀집되어 있고 고층 건물이 빽빽하게 들어선 도시 중심지는 다른 지역에 비해 평균 기온이 0.3℃~1.2℃ 더 높은 기온 현상을 나타내는데, 이것을 바로 열섬 현상이라고 합니다. 열섬 현상은 고층 건물과 도로에서 나오는 열기와 하늘을 덮고 있는 오염층 등에 의해 발생합니다.

423  도시 하늘을 더럽히는 스모그

서울과 같은 큰 도시에서는 스모그가 많이 끼어 있는 것을 자주 볼 수 있습니다. 스모그란 자동차 등에서 나오는 물질이 자외선의 영향을 받아서 각종 화학 물질로 바뀌어 공기중에 떠다니는 현상입니다. 스모그는 땅 위 수백 m까지 안개와 섞여 떠다니면서 호흡 곤란 등 여러 가지 피해를 일으킵니다.

424 자외선을 막아 주는 오존층

오존은 보통의 온도에서 약간 푸른 색을 띤 기체로, 독특한 냄새를 지니고 있습니다. 자외선이 풍부한 높은 산이나 해안 등의 공기 중에도 오존이 있어서 상쾌한 느낌을 주는데, 오존이 너무 많을 때는 오히려 불쾌감을 느끼게 하지요. 하늘에는 약 20km 두께의 오존층이 있는데, 이것은 태양의 자외선을 막아 주는 역할을 하고 있습니다.

425 하늘 위에 뚫린 오존층 구멍

에어컨·냉장고 등에 사용되는 프레온 가스는 오존층을 파괴하는 역할을 하고 있습니다. 실제로 남극 오존홀(오존층에 뚫린 구멍)의 넓이가 아메리카 대륙의 절반 크기인 2,300만 km^2를 넘어섰다고 합니다. 오존층이 파괴되면 태양의 자외선이 그대로 쏟아지기 때문에 쉽게 피부암에 걸리거나 갖가지 생물들이 줄어들고, 이 때문에 식량이 부족해지는 등 엄청난 피해를 겪게 될 것입니다.

426 환경을 살리기 위한 노력

얼마 전 세계 여러 나라는 프레온 가스가 들어 있는 냉장고나 스프레이를 쓰지 못하도록 약속을 했습니다. 또한 오염 문제를 일으키지 않고 자원이 모자랄 염려가 없는 새로운 에너지를 개발하기 위해 노력하고 있답니다.

제3장
알면 알수록 더욱 신비한 인체

427 사람과 닮은 '원숭이 인간'

사람도 다른 생물들과 마찬가지로 까마득히 먼 옛날부터 조금씩 진화되어 왔는데, 그 유명한 오스트랄로피테쿠스는 인류라고는 할 수 없고, 지금의 원숭이 모습과 많이 닮은 '원인' 이었습니다. 오스트랄로피테쿠스는 원숭이와 달리 곧게 서서 걸어다녔으며, 간단한 도구와 불을 사용했을 것으로 짐작됩니다.

네.. 조상?

428 인류의 탄생

이와 같은 원인은 세계 여러 곳에서 발견되었으며, 그 후 네안데르탈인 등을 거쳐 약 3만 5천 년에서 3만 년 전쯤에 크로마뇽인이 나타나서 현재의 인간으로 진화되었습니다. 현재의 인류는 '호모 사피엔스' 로 불리고 있습니다.

429 최초의 생명은 어떻게 탄생했을까?

갓 태어난 지구는 뜨거운 불덩어리 같았지만, 아주 오랜 세월이 지나는 동안 점점 표면이 딱딱해졌으며, 여기에 비가 내리고 바다가 생겨 지금처럼 육지와 바다의 구분이 생겼습니다. 이러한 환경 속에서 약 10억 년 전에 최초의 생명이 탄생했습니다. 맨 처음 생겨난 것은 탄소와 수소의 화합물로, 이것이 기초가 되어 아미노산이 만들어졌으며, 마침내는 작은 단백질 덩어리가 되었습니다.

430 최초의 생명은 단백질 덩어리

그런데 이와 같은 단백질 덩어리가 밖으로부터 필요한 물질을 받아들이고, 필요없게 된 물질을 밖으로 버리게 되면, 그것은 더 이상 단백질 덩어리가 아닌 가장 원시적인 생물이 되는 것입니다. 이러한 원시적인 생물이 까마득한 세월을 지나는 동안 천천히 진화하여 지금의 수많은 생물로 발전한 것입니다.

431 몸 속에 남은 진화의 증거

진화의 증거는 화석뿐 아니라 현재 우리의 몸 속에도 남아 있습니다. 엉덩이 위쪽을 만져 보면 척추의 맨 아래에 약간 튀어나온 뼈를 확인할 수 있는데, 이것은 원래 꼬리가 붙어 있던 자리라고 합니다. 맹장에 붙어 있는 충수도 원래는 토끼와 같은 초식 동물에 있던 것으로, 사람이 지금처럼 진화하는 동안 필요없게 된 것입니다.

432 사람의 몸을 이루는 성분

사람의 몸에서 가장 많은 성분은 바로 물입니다. 보통 사람 몸무게의 약 60%는 물입니다. 그밖에 약 15%가 단백질, 약 14%가 지방, 약 5%가 무기 염류(무기질)이며, 탄수화물이나 비타민 등을 합쳐 약 1%가 있습니다. 사람 몸을 이루고 있는 이러한 성분을 화학적으로 분류해 보면 산소·탄소·수소·질소·인·칼슘·크롬 등 19가지에 이른다고 합니다.

433 몸 속의 물이 하는 일

우리 몸에서 가장 많은 것은 물입니다. 그만큼 맡은 역할도 중요하지요. 물은 영양소를 비롯해 여러 가지 물질을 융해시키거나, 노폐물을 밖으로 내보내거나, 영양소와 산소를 몸 구석구석까지 보내 줍니다. 또한 우리 몸의 체온을 조절하거나 체액의 농도를 유지시켜 주는 것도 물의 역할이랍니다.

434 사람을 '만물의 영장'이라 부르는 까닭

사람은 등뼈를 가진 척추 동물에 속하며, 또한 젖을 먹이는 포유류에 속합니다. 그러나 사람은 지구상에 살고 있는 대부분의 다른 동물들과 달리 두 다리로 서서 걸으며 불을 이용할 줄 아는 등 지능이 매우 발달해 있고, 가장 발달한 문화를 지니고 있습니다. 그래서 사람을 가장 뛰어난 고등 동물이라 하며, 만물의 영장이라고도 부릅니다.

435 우리 몸의 세포는 몇 개나 될까?

세포란 동물이나 식물의 몸을 이루고 있는 가장 작은 단위로, 현미경이 아니면 볼 수 없을 만큼 굉장히 작답니다. 우리 몸을 구성하고 있는 세포는 모두 크기가 다릅니다. 또한 모양도 육각형·방추형·원형·별 모양 등등 여러 가지이며, 제각각 다른 성질을 지니고 있습니다. 이런 여러 가지 세포들이 우리 몸에는 약 100조 개나 있답니다.

436 가장 큰 세포와 작은 세포는 무엇일까?

사람 몸을 구성하고 있는 세포의 크기는 보통 10~30μ 정도 됩니다. 여기서 μ은 1,000분의 1mm를 나타냅니다. 우리 몸을 이루는 세포들 중에서 가장 작은 것은 혈액 속에 있는 림프구(약 5μ)이며, 가장 큰 세포는 난자(약 200μ)라고 합니다.

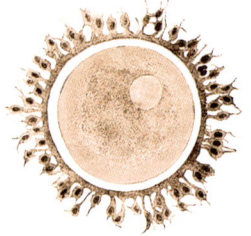

난자의 단면도

437 세포가 모여서 이루는 기관·기관계

우리 몸의 세포는 구조와 기능에 따라서 여러 가지 모양으로 조합되어 일정한 활동을 하게 되는데, 이것을 가리켜 기관이라고 합니다. 그리고 이러한 기관들이 모여서 비슷한 일을 공동으로 해내는 것을 기관계라고 하지요. 즉, 간세포가 모여서 간이라는 기관이 되고, 또한 간은 창자나 위 등과 함께 소화 작용을 하므로 소화 기관계에 속하는 것입니다.

438 우리 몸의 기관

사람의 몸에는 근육·골격 등의 운동 기관계, 입·목구멍·식도·위·창자·간·이자 등의 소화 기관계, 코·허파 등의 호흡 기관계, 심장·혈관 등의 순환 기관계, 뇌·신경·감각기 등의 신경 기관계, 콩팥·방광 등의 배설 기관계, 그밖에 내분비 기관계와 생식 기관계 등이 있습니다.

439 사람의 몸을 이루는 것들

사람의 몸은 크게 머리와 몸통, 팔다리로 나눌 수 있어요. 이들은 모두 살갗으로 덮여 있는데, 살갗 바로 밑에는 지방이나 근육이 있어서 뼈대를 감싸고 있지요. 또한 수많은 혈관과 신경이 온몸에 퍼져 있습니다.

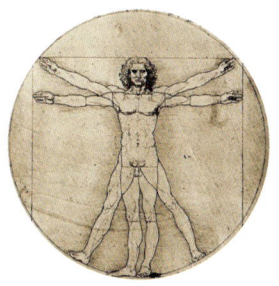

레오나르도 다빈치의 인체도

440 우리 몸의 겉과 속 – 머리

사람의 머리는 앞면의 얼굴과, 그 위에서 뒷면으로 이어지는 두개(골통)로 구별돼요. 머리의 겉은 살갗과 머리털로 덮여 있고, 눈·코·입·귀 등의 구멍(개구)이 있어요. 또 머릿속에는 뇌가 있으며, 이것은 단단한 머리뼈로 보호되고 있지요.

441 우리 몸의 겉과 속 – 몸통

몸통은 목과 가슴·배 등으로 이루어져 있어요. 가슴은 등뼈와 갈비뼈로 이루어진 부분으로, 이 속에는 심장과 허파, 그리고 목 밑에 있는 목밑샘(갑상선)과 같이 호르몬을 분비하는 곳도 있습니다. 가슴과 배 사이에는 가로막(횡경막)이라는 두꺼운 근육질 막이 있으며, 뱃속에는 위·작은창자·큰창자 등의 소화기관이 들어 있고, 이들 기관에 연결된 이자·간 등이 있습니다. 또 등쪽에는 지라(비장)와 콩팥(신장)이 있지요.

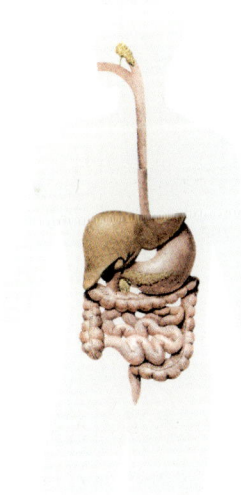

442 우리 몸이 항상 따뜻한 까닭

사람의 몸은 보통 약 36~37℃쯤 되며, 늘 이 정도의 온도를 유지하고 있답니다. 우리 몸 속에서는 체온을 일정하게 유지하기 위해서 땀을 흘리기도 하고, 혈관의 굵기를 바꾸기도 하는 등 여러 가지 조절 작용이 일어나고 있지요. 이렇게 체온이 일정해야만 몸 속에서 일어나는 화학 반응과 중요한 효소 작용이 일정한 속도로 진행되기 때문입니다.

443 남자와 여자는 뭐가 다를까?

우리는 사람의 뒷모습만 보아도 남자인지 여자인지를 어느 정도 알 수 있지요. 그것은 바로 몸의 형태를 이루는 뼈대와 근육이 서로 다르기 때문입니다. 어린 시절에는 별로 큰 차이가 나지 않지만, 어른이 되면 남자는 보통 어깨가 넓고 목소리가 굵직해지며, 여자는 가슴이 발달하게 됩니다.

444 우리 몸을 조절하는 호르몬

우리 몸의 각 기관이 잘 조절되어서 통일된 활동을 하는 것은 신경뿐 아니라 호르몬 때문이기도 합니다. 호르몬은 몸 속의 어떤 조직이나 기관(내분비선)에서 만들어져 혈액 속에 섞여서 온몸의 구석구석으로 운반됩니다. 그리하여 형태 또는 기능적으로 변화를 일으키도록 합니다.

445 남성 호르몬과 여성 호르몬

예를 들어, 남자는 정소에서 남성 호르몬이 나오기 때문에 수염이 나거나 목소리가 굵어지는 등 남자로서의 특징을 갖게 되는 것입니다. 반대로 여자는 난소에서 여성 호르몬이 나오므로, 여자다운 몸매와 행동 등이 나타납니다. 호르몬을 내는 내분비선에는 뇌하수체·갑상선·부갑상선·흉선·이자·부신·성선 등이 있습니다.

446 거인과 난쟁이를 만드는 뇌하수체 호르몬

뇌하수체는 간뇌의 밑에 붙어 있는 아주 작은 기관으로, 호르몬을 내는 내분비선의 작용을 모두 통합하는 역할을 합니다. 뇌하수체의 세 부분(전엽·중엽·후엽) 중 전엽에서는 특히 생장 호르몬이라는 것이 분비되는데, 이 호르몬이 너무 많이 나오면 거인이 되고, 너무 부족하면 난쟁이가 됩니다.

447 남자와 여자가 있는 까닭

까마득히 먼 옛날 지구상의 식물과 동물들은 아주 단순한 생물이었습니다. 그런데 점점 복잡하게 진화해 나가면서, 자손을 늘려 가기 위해서는 수컷과 암컷이 협력해서 그 종족의 새로운 생명을 만들어내는 것이 가장 좋은 방법이란 걸 깨닫게 된 것입니다. 즉, 남자와 여자가 따로 있는 것은 자손을 낳아 퍼뜨리고 진화해 가기 위한 방법입니다.

448 남자보다 추위에 강한 여자

같은 추위라도 여자는 남자보다 더 잘 견딜 수 있답니다. 그 까닭은 바로 피부 속에 있는 기름 성분인 지방 때문입니다. 이것을 '피하 지방'이라고 하는데, 대체로 남자보다는 여자에게, 바싹 마른 사람보다는 뚱뚱한 사람에게 많답니다. 특히 몸 중에서도 배와 엉덩이, 넓적다리, 그리고 여성들의 가슴 부분에 많지요.

449 정자가 만들어지는 고환(낭심)

우리 몸의 여러 급소들 중에는 '낭심'이라는 것이 있습니다. 이것은 남자의 몸에 달려 있는 작은 주머니 같은 것입니다. 이것을 '고환'이라고 하는데, 좀더 자라서 어른이 되면 이곳에서 정자가 만들어진답니다.

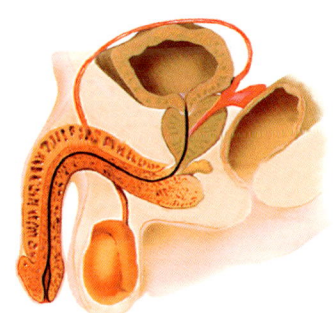

남성의 생식 기관

450 낭심이 아래로 처져 있는 까닭

정자는 마치 올챙이처럼 커다란 머리 하나에 가느다란 꼬리를 지니고 있는데, 난자를 만나러 가기 위해 힘차게 헤엄을 친답니다. 그런데 만약 고환의 온도가 지나치게 높으면 정자의 움직임이 둔해집니다. 그렇게 되면 아기를 만들 때 제대로 되지 않을 염려가 있습니다. 바로 이 때문에 남자들의 고환은 몸 밖으로 나와 아래로 처져 있는 것입니다.

452 여자 몸의 난자, 남자 몸의 정자

여자가 성숙하면 약 1개월에 한 번꼴로 난소에서 난자를 1개씩 만들어냅니다. 이렇게 만들어진 난자는 지름이 0.2~0.5mm로, 사람의 몸 속에서는 가장 큰 세포이지요. 정자는 고환이라고 하는 남자의 정소에서 만들어져요. 정자는 정액 속에 들어 있으며, 한 번 정액이 나올 때마다 수억 개나 배출되지요.

453 수정과 발생

이렇게 수많은 정자들이 여자의 몸 속으로 들어가면, 그 중에서 하나만이 난자와 합쳐지는데, 이것을 '수정'이라고 합니다. 수정된 난자(수정란)는 하나의 세포(생식 세포)로서, 이제부터 본격적으로 발생이 시작됩니다. 발생이란 하나의 세포가 여러 개로 나뉘어 발달하면서 코도 되고 귀도 되고 입도 되고, 그러는 동안 차차 몸의 여러 부분이 만들어지는 것입니다.

454 엄마 몸에서 영양을 빨아들이는 수정란

수정란은 점점 더 여러 개의 세포로 갈라지면서 공과 같은 모양이 됩니다. 이 수정란은 자궁으로 옮겨간 뒤 자궁벽에 붙은 채로 계속해서 성장해 갑니다. 이 때 수정란에서는 많은 돌기들이 나와 자궁의 안쪽 벽을 파고들고, 엄마의 몸으로부터 영양분과 산소를 빨아들이지요.

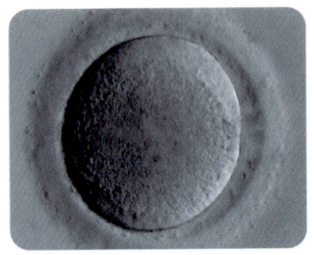
수정란

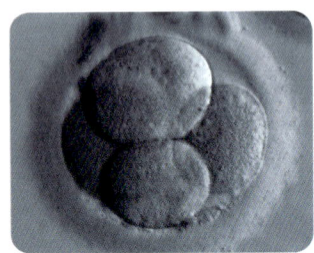
4세포기 수정란

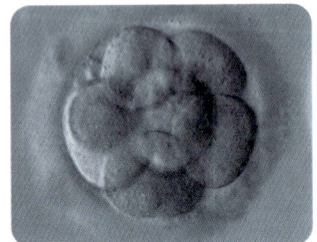
8세포기 수정란

455 엄마 몸과 연결된 태반

이렇게 얼마가 지나면 수정란의 돌기(융모)들은 굽은 원반 모양으로 변하는데, 이것이 바로 '태반'이랍니다. 태반은 엄마의 몸과 뱃속 아기(태아)의 몸을 연결하는 중요한 기관으로, 태아에게는 심장·허파·간·콩팥 등의 기능을 대신해 주는 것이랍니다.

451 생명은 어떻게 시작될까?

동물은 '알'이라는 하나의 세포에서 시작하여 점점 몸의 여러 부분이 만들어져 하나의 개체가 되는 것입니다. 수많은 세포들로 복잡하게 이루어진 사람도 마찬가지입니다. 처음엔 다른 동물들과 똑같이 단 1개의 세포에서 시작되지요. 즉, 남자의 정자가 여자의 몸 속에 있는 난자와 합쳐지면서부터 '발생'이 시작되는 것입니다.

456 10개월 동안 뱃속에서 자라는 태아

아기가 태어나지 않고 어머니의 뱃속에 있을 때를 '태아'라고 합니다. 태아는 약 10개월 동안 어머니의 뱃속에 있으면서, 사람의 일생 중에서 가장 빠른 속도로 성장합니다. 약 10개월 무렵(280일 정도)이 되면 태아의 키는 50cm 정도 되고 몸무게가 3kg쯤 되며, 이제 바깥으로 나와서 살 수 있는 모든 준비가 끝나게 됩니다.

457 배꼽은 탯줄을 자른 자리

태아는 약 10개월 동안 쑥쑥 자라나서 세상 밖으로 나오게 됩니다. 이렇게 갓 태어난 아기에게는 엄마의 몸과 이어져 있던 탯줄이 그대로 붙어 있는데, 이것을 잘 묶은 뒤 곧바로 잘라 주어 완전한 한 사람으로 독립시키는 것입니다. 바로 이 탯줄을 자른 자리가 우리의 배 한가운데에 있는 '배꼽'이랍니다.

458 우리 몸이 가장 빨리 자라는 시기

사람이 일생 동안 가장 빨리 자라나는 시기는 바로 엄마의 뱃속에 있는 10개월 동안이랍니다. 처음엔 눈에 잘 보이지도 않을 만큼 작았다가, 태어날 때에는 약 50cm의 키에 3.5kg 정도의 몸무게를 하고 있으니까요.

459 남자나 여자가 되는 것은 어떻게 결정될까?

아기는 난자와 정자가 결합하여 태어나지요. 이 유전자가 모인 세포핵 속에는 46개의 염색체가 들어 있습니다. 그 중 44개는 남자나 여자나 같은 모양을 하고 있지만, 나머지 2개는 다르답니다. 여기에는 큰 X염색체와 작은 Y염색체가 있어요. 그런데 만약 X만 있으면(XX) 여자가 되고, X와 Y가 있으면(XY) 남자가 되는 것입니다.

460 아기가 태어나는 과정

아기가 엄마 몸에서 나올 때 엄마는 엄청난 아픔을 느끼게 됩니다. 엄마의 자궁에서 바깥으로 나오는 길을 '자궁 경부'라 하는데, 이곳 근육이 규칙적으로 수축함으로써 아기가 바깥으로 나올 수 있도록 밀어 줍니다. 그러다가 아기를 둘러싸고 있던 물(양수)이 터져 밖으로 나오면서, 아기는 비로소 이 세상에 태어나는 것입니다.

461 갓 태어난 아기가 우는 까닭

아기는 엄마의 뱃속에서는 코나 입으로 숨을 쉬지 않기 때문에 폐에 공기가 전혀 없습니다. 그런데 세상 밖으로 나오면서 갑자기 몸 속으로 공기가 들어갑니다. 그러면 폐에 가득찼던 공기가 집중적으로 분출되면서 성대를 떨리게 하는 것입니다.

462 갓 태어난 아기의 모습

갓난아기의 몸은 온통 기름기 같은 것으로 덮여 있어 끈적끈적하며, 이것을 닦아 낸 뒤에도 매우 빨갛게 보입니다. 이것은 갓난아기의 피부가 전체적으로 얇은 데다가, 피 속에 보통 사람보다 많은 양의 적혈구가 있기 때문입니다.

463 　아반이 생기는 까닭

서양의 아기에게는 없지만 우리 같은 황인종에게는 몽고 반점, 즉 '아반'이 있는 경우가 많습니다. 아반이란 아기의 등이나 허리, 엉덩이 부분에 보이는 엷고 파란 색의 얼룩을 말합니다. 이것은 우리가 엄마 뱃속에서 인간의 모습을 갖춰 갈 때 피부색을 만드는 세포가 몸 전체에 흩어져 있던 흔적으로, 여러 달 후에는 자연스럽게 사라진답니다.

464 　수정란이 2개로 분리되는 '일란성 쌍둥이'

우리는 종종 생김새가 똑같은 쌍둥이 친구들을 볼 수 있습니다. 그런데 쌍둥이라고 해서 모두가 이처럼 꼭 닮은 것은 아니랍니다. 위에서 말한 것은 일란성 쌍둥이인데, 이 경우는 1개의 난자와 1개의 정자가 합쳐진 수정란이 분열하는 동안 2개로 분리되어 두 사람으로 태어나는 것입니다.

465 　일란성 쌍둥이와 이란성 쌍둥이

일란성 쌍둥이는 성별이나 생김새가 비슷합니다. 그런데 간혹 2개의 난자와 2개의 정자가 각각 수정되어 태어나기도 합니다. 이 경우에는 성별이나 생김새가 다른 경우가 많은데, 이것을 이란성 쌍둥이라고 한답니다.

일란성 쌍둥이

466 　아기가 자라나는 속도

엄마 몸에서 태어난 아기는 계속해서 자라납니다. 신생아 때에는 몸무게가 하루에 약 30g씩 늘어날 정도라고 합니다. 보통의 경우 1~11세 때에는 몸무게가 빠른 속도로 늘어나고, 5세 무렵부터 11~13세까지는 해마다 5~6cm씩 키가 자라납니다.

467 키는 몇 살까지 자라날까?

사람은 엄마 뱃속에서 세상에 나온 이후로 약 20년 동안 키가 3배 이상, 몸무게는 15~20배 정도로 자란답니다. 남자는 보통 20세까지, 여자는 보통 18세까지 자란다고 하지요. 그리하여 남자는 평균 키가 170cm 정도에 몸무게가 55~60kg쯤 되고, 여자는 키 160cm에 몸무게가 50~55kg쯤 된다고 합니다.

468 제1 생장기와 제2 생장기

사람은 보통 눈에 띄게 자라나는 때가 두 번 있답니다. 첫 번째는 태어나서부터 2년 사이로, 이 때를 제1 생장기라고 합니다. 이 무렵에는 키와 몸무게가 쑥쑥 늘어날 뿐 아니라 몸 속 내장의 형태와 기능도 놀라울 만큼 발달한답니다. 11세 무렵부터 16세 무렵까지를 제2 생장기라고 하는데, 이 시기에 우리는 어린이에서 어른으로 서서히 바뀌어 가지요.

469 남자와 여자의 성장

대개 9세 무렵까지는 남자가 여자보다 더 빨리 자란답니다. 하지만 10~13세 무렵부터는 갑자기 여자 쪽이 눈에 띄게 성장합니다. 이것은 여자가 남자보다 조금 더 일찍 제2 생장기를 맞이하기 때문입니다. 그러나 그 후로는 다시 남자가 여자보다 빨리 성장한답니다.

470 남자와 여자의 특징이 드러나는 '2차 성징'

12~24세 무렵이 되면 우리 몸에서는 생식샘이라는 게 발달하여 성 호르몬이 분비되기 시작합니다. 즉, 남성 호르몬은 고환에서 정자가 만들어지게 하고, 여성 호르몬은 난자가 만들어지게 하지요. 이 무렵이 되면 몸의 이곳저곳에서 털이 나기 시작하고, 남자들의 경우 사정을, 여자들의 경우 생리를 시작하게 됩니다.

471 '2차 성징'으로 달라지는 것들

보통의 경우 2차 성징이 시작되면 일단 남자의 목소리는 굵고 거칠게 변합니다. 그리고 코 밑에는 거뭇거뭇 수염이 나기 시작하고, 어깨가 넓어지고 체격이 늠름해지지요. 이에 반해 여자는 가슴이 커지고 피하 지방이 불어나며 월경이 시작됩니다. 겨드랑이와 음부에 털이 나고 여드름이 나는 것은 남자와 여자가 똑같답니다.

472 여자들이 생리를 하는 까닭

생리란 여자들의 몸에서 주기적으로 3~6일 정도 피와 분비물 등이 흘러나오는 것을 말합니다. 건강한 여성이라면 11~15세 무렵부터 누구나 하게 되는 자연스런 현상이지요. 생리를 하는 것은 우리의 몸이 아기를 가질 준비가 되었다는 것을 뜻한답니다.

473 생리를 하는 과정

성숙한 여성의 몸에서는 대략 28일마다 하나씩 난자가 만들어지는데, 일단 난자가 생겨나면 만약의 경우 생길 수 있는 아기를 맞이하기 위해 자궁의 안쪽 벽이 두꺼워집니다. 그런데 난자가 정자를 만나지 못해 수정되지 못하면, 두꺼워진 자궁의 내막은 피와 함께 몸 밖으로 나오게 됩니다. 만약 난자가 정자를 만나서 임신을 하게 되면, 임신한 동안에는 생리를 하지 않는답니다.

474 여드름이 많이 생기는 까닭

어린이에서 청년기로 바뀌는 시기를 사춘기라고 합니다. 이 무렵에는 몸뿐 아니라 마음에도 많은 변화가 생기는데, 그 중 골치 아픈 것이 바로 여드름입니다. 사춘기 때 여드름이 많이 생기는 까닭은 피부 속에 지방 성분이 많이 만들어져서 쌓이기 때문입니다. 여드름이 났을 때에는 얼굴을 자주 씻어 깨끗하게 하는 것이 좋답니다.

475 뇌에는 왜 주름이 많을까?

대뇌의 표면에는 꼬불꼬불 복잡하게 생긴 주름이 많이 있는데, 이것은 뇌의 겉 면적을 넓게 하기 위한 것이랍니다. 연구에 따르면 이 주름이 깊고 복잡할수록 그 사람의 지능도 뛰어나다고 합니다.

476 사람의 뇌세포는 몇 개일까?

사람의 뇌는 대뇌(큰골) · 소뇌(작은골) · 간뇌(사잇골) · 중뇌(가운뎃골) · 연수(숨골)로 나뉘며, 서로가 연락을 취하면서 각자 맡은 역할을 하고 있습니다. 그 중에서 대뇌는 가장 큰 뇌로서 두뇌의 대부분을 차지하는데, 보통 140억 개의 신경 세포로 이루어져 있습니다.

477 대뇌의 겉과 속

대뇌의 한가운데에는 세로로 고랑이 있어서 왼쪽(좌뇌)과 오른쪽(우뇌)으로 나뉩니다. 대뇌의 겉부분에는 신경 세포가 많이 모여 있으며 회색빛을 띠고 있습니다. 또한 구불구불한 주름이 많이 잡혀 있는데, 주름이 많을수록 지능이 높다고 합니다. 뇌의 속은 흰 빛을 띠고 있으며 수백만 개의 신경 섬유로 이루어져 있습니다.

478 대뇌가 하는 일

대뇌는 생명을 유지하는 데 직접적인 연관은 없지만, 신경계 중에서 중심이 되는 역할을 하고 있습니다. 대뇌는 감각과 감정 그리고 정신 작용이라는 가장 인간다운 고도의 신경 활동을 하고 있지요. 신경 활동이란 축구 경기에서의 감독, 또는 거대한 오케스트라의 지휘자와도 같은 역할입니다.

479 　우리 몸의 사령관, 뇌

두뇌란 한 마디로 우리 몸의 주인과 같은 것이어서, 몸 어느 곳에서든 어떤 일이 일어나면 즉시 그것을 판단하고 어떻게 행동해야 할지 명령을 내린답니다. 또한 우리 몸의 수많은 기관들이 조화를 이루며 그때 그때 가장 알맞게 작용하도록 하고 있지요.

480 　대뇌의 겉부분이 하는 일

대뇌의 겉부분을 '대뇌 피질'이라고 하는데, 각 부분에서 기억·추리·판단·의지·감정·표현·운동 등을 맡고 있지요. 특히 운동을 맡은 부분은 어떤 자극에 대해 어떻게 움직이라는 명령을 내리는 곳인데, 좌뇌 쪽에서는 몸의 오른쪽에서 일어나는 기능을, 우뇌 쪽에서는 몸의 왼쪽에서 일어나는 기능을 맡아 보고 있답니다.

481 　창조적인 생각을 하는 '오른쪽 뇌'

그 중에서도 오른쪽 뇌는 사물을 직감적으로 판단해서 기억하기 쉽도록 이미지나 사진을 만들고 창조적인 생각을 잘 한답니다. 또한 자신의 위치와 다른 물체와의 관계를 파악하는 것도 오른쪽 뇌가 맡은 일이랍니다.

나는 논리적인 왼쪽 뇌!!

나는 창조적인 오른쪽 뇌!!

482 　논리와 계산에 밝은 '왼쪽 뇌'

이에 반해 왼쪽 뇌는 이미 기억되어 있는 정보와 언어를 사용해서 논리적으로 생각하는 능력을 주로 발휘합니다. 그래서 읽기나 쓰기·말하기·듣기 등 언어와 관계된 일을 담당하고, 수학적인 계산도 왼쪽 뇌가 주로 맡아 한답니다.

483 　소뇌가 하는 일

사람의 소뇌는 대뇌 아래 뒤쪽에 있습니다. 소뇌가 하는 일은 우리 몸 전체에 있는 근육의 작용을 조절하여 몸의 균형을 유지하도록 해주는 것입니다. 또한 우리가 운동을 하거나 일을 할 수 있도록 해주지요. 예를 들어서 우리가 걸음을 걸을 때 왼발을 디딘 다음에 오른발을 딛고, 그러면서 오른팔을 내밀고 왼팔을 내미는 것은, 대뇌가 일일이 명령하지 않아도 소뇌가 맡아서 하고 있기 때문입니다.

484 중추 신경은 무엇으로 이루어져 있을까?

우리 몸의 사령부와도 같은 신경계. 그 중에서도 신경계의 가장 중심이 되는 것이 중추 신경입니다. 중추 신경은 두뇌(머릿골)와 척수(등골)로 이루어져 있으며, 주로 말초 신경에서 전해오는 신호를 받아서 종합적으로 정리하고 결정하여 명령하는 작용을 합니다.

485 말초 신경이 하는 일

말초 신경은 신경 활동의 중심인 두뇌나 척수에서 나와 몸의 각 부분에 분포되어 있는 많은 신경을 말합니다. 즉, 말초 신경은 눈이나 혀·피부 등 몸의 각 부분에서 발생한 외부의 자극을 접수하여 중추 신경에 전달하고, 두뇌나 척수의 명령을 근육이나 각 기관에 전하는 역할을 합니다.

486 저절로 움직이는 우리 몸

우리가 잠을 자고 있어도 뱃속의 음식물은 저절로 소화가 됩니다. 또, 우리가 더위를 느낄 때는 일부러 땀을 내려고 하지 않아도 저절로 땀이 나와서 체온을 유지해 주며, 그때 그때 심장을 뛰게 하지 않아도 저절로 박동합니다.

487 자율 신경이 하는 일

이처럼 우리가 일일이 신경쓰지 않아도 저절로 작용하는 것은 자율 신경 때문입니다. 즉, 대뇌의 명령을 받지 않고 갖가지 작용을 조절해 주는 것이지요. 자율 신경은 우리가 의식할 수 없을 뿐더러 마음대로 억제할 수도 없습니다.

488 여러 기관들의 조화와 조절

우리가 매일 건강하게 생활하며 자랄 수 있는 것은 몸을 구성하고 있는 여러 기관들이 서로 조화를 이뤄가며 힘을 합쳐 활동하기 때문입니다. 이처럼 인체의 여러 기관이 서로 힘을 합하여 활동하는 것을 '몸의 조절'이라고 해요. 조절을 맡은 여러 기관 중에서 제일 중요한 역할을 맡은 것이 바로 신경계와 호르몬이지요.

489 신경계는 우리 몸의 사령부

우리가 뜨거운 물에 손을 넣자마자 급히 빼내는 것이나 음악을 듣고 즐거움을 느끼는 것, 혹은 어떤 문제를 해결하기 위해 좋은 생각을 해내는 것도 모두 신경의 작용이랍니다. 신경계는 우리 몸 속에 무수하게 뻗어 있습니다. 그리하여 우리가 살아 있는 동안 몸 안팎의 정보들을 수집하고, 그 정보들을 정리하고 판단하며, 모든 전략을 세우는 사령부와 같은 역할을 하는 것입니다.

490 뉴런이 모여 이루어진 신경계

신경을 이루고 있는 바탕이 되는 것은 신경 세포예요. 신경 세포는 세포 본체와 하나의 가늘고 긴 실 같은 가지(신경 섬유), 그리고 몇 개의 짧은 가지들로 이루어져 있어요. 이렇게 구성되어 있는 하나의 단위를 '뉴런'이라고 하지요. 이런 뉴런들이 차례로 연결되어 가늘고 길게 늘어서 있는 것이 바로 신경계랍니다.

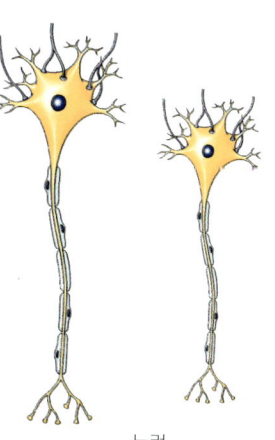

뉴런

491 자꾸자꾸 만들어지는 신경 세포

앞서 말한 것처럼 우리의 뇌는 약 140억 개의 신경 세포로 되어 있는데, 이 세포들은 쉴 새 없이 죽고 또 만들어지고 있답니다. 그래서 머리를 약간 부딪히는 정도로는 뇌에 아무 지장이 없답니다. 참고로, 어른의 경우 하루에 10만 개 정도의 뇌 세포가 죽는다고 합니다.

492 등에 있는 척수는 어떤 일을 할까?

척수(등골)는 연수(숨골)에 연결된 채 아래로 뻗은, 길이가 약 40~45cm쯤 되는 원기둥꼴로 되어 있습니다. 이것은 단단한 등뼈 속에 들어 있어 잘 보호되고 있지요. 척수는 대소변을 가리거나 무의식적인 반사 작용 등을 맡고 있습니다.

493 척수를 다치면 손발을 쓸 수 없는 까닭

그 밖에도 척수는 말초 신경에서 받은 자극을 중추 신경에 전하고, 중추 신경에서 받은 명령을 다시 말초 신경에 보내는 일을 맡고 있습니다. 따라서 척수를 다치게 되면 대뇌의 명령이 전달되지 않아 손발 따위가 움직여지지 않게 되는 것입니다.

494 저절로 움직이는 '반사 운동'

의자에 앉아 있을 때 고무 망치로 무릎을 가볍게 때리면 다리가 저절로 위로 올라갑니다. 이같은 현상을 '반사 운동'이라고 합니다. 갑자기 어떤 물건이 날아올 때 저절로 눈을 감거나 팔이 올라가는 것 등도 반사 운동에 속합니다.

495 조건 반사와 무조건 반사

반사에는 조건 반사와 무조건 반사가 있습니다. 앞에서 말한 것은 모두 무조건 반사에 속하며, 조건 반사는 세상에 태어난 뒤 경험을 통해서 새로 만들어지는 것입니다. 예를 들어, 맛있는 음식을 생각하거나 쳐다보면 그것을 먹지도 않았는데 저절로 입 안에 침이 고입니다. 이것은 전에 그 음식을 먹어 보았던 경험이 기억에 남아서 일어나는 반사 운동입니다.

496 종소리만 듣고도 침 흘리는 개

조건 반사의 실험을 최초로 했던 사람은 구소련의 파블로프입니다. 그는 개에게 먹이를 줄 때마다 먼저 종소리를 들려 주었습니다. 그러다가 나중에는 음식을 주지 않고 종소리만 들려 주었는데도, 그 개는 침을 흘렸습니다. 이와 같은 조건 반사는 기억을 되살릴 수 있는 대뇌 피질(대뇌의 표면에 있는 신경 세포의 엷은 층)과 관계가 깊습니다.

497 반사 작용이 일어나는 까닭

반사 작용은 위험으로부터 우리의 몸을 보호하는 효과적인 수단입니다. 반사 작용은 근육과 눈·코·귀 등의 감각 기관이 신경으로 연결되어 있기 때문에 일어납니다. 즉, 감각 기관이 자극을 받으면 그 자극이 신경망을 따라서 전달되어 반사 작용을 일으키는 것입니다. 반사 작용은 우리 뇌의 생각과는 관계없이 일어나는데, 뇌가 그 사실을 알았을 때에는 이미 늦기 때문입니다.

498 왼손잡이와 오른손잡이가 있는 까닭

막 태어난 아기를 관찰해 보면 대부분 오른손과 왼손을 모두 똑같이 사용할 수 있는 양손잡이랍니다. 하지만 점점 자라나면서 오른손잡이가 많아지는데, 그 까닭은 우리도 모르는 사이에 오른손을 많이 쓰도록 습관이 들기 때문이랍니다. 실제로 우리가 사용하는 대부분의 물건들은 오른손잡이에게 알맞도록 만들어져 있지요.

499 아픔을 느끼는 과정

우리 피부에는 섬세한 신경이 있고, 이것을 따라가다 보면 점점 두꺼운 신경이 된답니다. 그리고 마침내 등뼈 속에 있는 척수에 다다르지요. 이 척수는 다시 뇌까지 이어져 있습니다. 그래서 우리 몸에 아픔이나 가려움이 생기면 신경의 끝부분이 전기가 전선을 흐르듯 그 느낌을 뇌까지 전달하는 것입니다.

심장은 1분에 몇 번이나 콩닥거릴까?

우리의 왼쪽 가슴 속에 있는 심장은 규칙적으로 커졌다 작아졌다 하면서 피가 온몸을 돌도록 내보내는 일을 합니다. 이것을 박동이라고 하는데, 보통 어른 남자는 1분에 60~70번, 여자는 70~80번 박동을 하며, 어린이의 경우에는 80~90번 박동한다고 합니다.

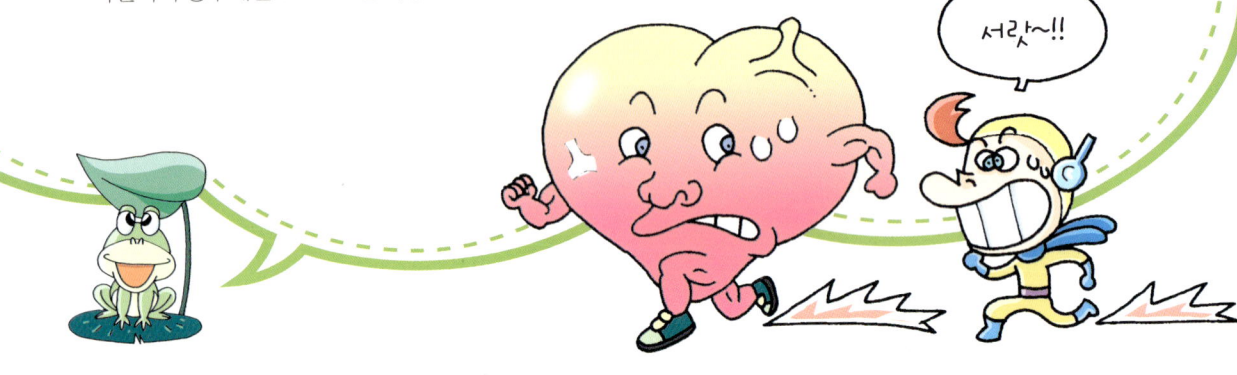

501 4개의 방으로 이루어진 심장

사람의 심장을 그릴 때 보통 하나의 하트 모양을 그리지요. 그러나 실제로 심장은 하나의 주머니로 된 것이 아니라, 여러 개의 방과 같이 나누어져 있습니다. 먼저 왼쪽과 오른쪽으로 나누어져 있으며, 이것은 다시 아래위로 나뉩니다. 그러므로 모두 4개의 방이 되는데, 이것을 각각 우심방·우심실·좌심방·좌심실이라고 부릅니다.

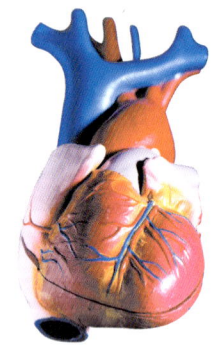

502 심실과 심방이 하는 일

위쪽 2개의 방을 '심방' 이라 하고, 아래쪽 2개의 방을 '심실' 이라 불러요. 심방은 혈액을 받아들이는 곳으로 얇은 벽으로 되어 있으며, 심실은 혈액을 내보내는 곳으로 두꺼운 벽으로 되어 있답니다. 이들 심방과 심실들은 번갈아 가며 오므라들었다 늘었다 하면서 온몸에 피를 돌게 하고 있지요.

503 심장의 크기와 모양

심장의 크기는 보통 자기 주먹만 하며, 무게는 어른의 경우 300g 정도 됩니다. 심장의 거죽은 두 겹으로 된 막으로 싸여 있으며, 그 겉에는 두껍고 튼튼한 근육이 붙어 있습니다.

504 긴장했을 때 심장이 두근거리는 까닭

우리가 잔뜩 긴장을 하거나 깜짝 놀랐을 때는 그것을 향해 주의를 집중하지 않으면 안 된다는 명령이 몸 전체에 골고루 전달됩니다. 물론 그 명령을 내리는 것은 뇌가 하는 일이지요. 그리고 일단 명령이 내려지면, 그에 필요한 행동을 할 수 있도록 몸 구석구석에 평소보다 많은 피를 운반하게 됩니다. 이 때문에 심장은 더 크고 빠르게 뛰는 것입니다.

505 운동 선수들의 '강한 심장'

운동을 하면 보통 때보다 심장의 박동이 빠르고 세집니다. 그러나 심한 운동을 해도 심장이 규칙적으로 힘있게 움직여서 충분히 혈액을 순환시키거나, 오랫동안 아주 격렬하게 운동을 해도 박동 수가 180을 넘지 않는다면 아주 강한 심장이라고 할 수 있습니다. 보통 사람의 맥박 수는 1분에 70~80번이지만 운동 선수는 40~70번 정도라고 합니다.

506 동맥과 정맥

혈액(피)을 실어 나르는 관을 혈관이라고 하는데, 혈관이 굵기는 심장 가까운 곳에서는 굵지만, 심장에서 멀어짐에 따라 점점 갈라져서 가늘어지지요. 그 중에서도 심장에서 내장이나 조직으로 혈액을 내보내는 혈관을 '동맥'이라 하고, 반대로 온 몸을 돌아서 심장 쪽으로 향하는 혈관을 '정맥'이라고 해요.

507 피가 온몸을 도는 과정

혈액은 하루 종일 두 가지 코스를 돌고 있는데, 한 코스는 온몸의 구석구석을 돌면서 영양과 산소를 실어다 주고, 한 코스는 그저 심장과 폐 사이만을 오가면서 산소만을 실어다 주지요. 앞에서 말한 긴 코스를 '대순환'이라 하고, 뒤에서 말한 짧은 코스를 '소순환'이라고 해요. 대순환은 간과 창자·콩팥 그리고 팔다리 끝까지 도는 아주 복잡한 코스이지만, 심장에서 나간 피가 다시 심장으로 돌아올 때까지 걸리는 시간은 겨우 1~2분이랍니다.

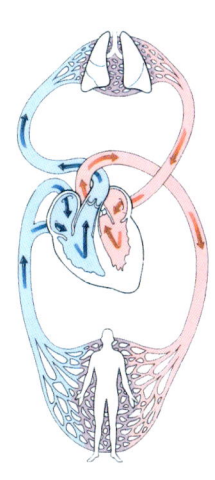

509 혈관의 길이는 얼마나 될까?

혈액은 사람 몸의 구석구석을 돌아다녀야 하기 때문에, 혈관도 당연히 온몸 구석구석에 퍼져 있습니다. 그 중에서 동맥은 심장에서 나온 깨끗한 피가 흐르는 혈관이며, 정맥은 몸의 각 부분에서 혈액을 모아 심장으로 보내는 혈관입니다. 그리고 동맥과 정맥 사이에는 현미경으로만 보일 정도로 아주 가느다란 혈관이 그물처럼 이어져 있는데, 이것을 모세 혈관이라고 합니다. 이 모든 혈관을 일직선으로 연결한다면 약 10만 km에 이르며, 이것은 지구를 두 바퀴 반 정도 도는 거리에 해당됩니다.

510 피의 90%는 혈장

혈액은 붉은 색을 띠고 있는 끈적끈적한 액체입니다. 현미경으로 혈액을 관찰하면 혈장이라는 투명한 액체 속에 적혈구와 백혈구·혈소판 등의 세포가 섞여 있다는 것을 알 수 있습니다. 혈장은 단백질·지방 등으로 이루어져 있으나 90%가 물입니다.

511 적혈구와 백혈구

적혈구는 도넛 모양의 붉은 색을 띤 세포로서 핵을 가지고 있지 않습니다. 적혈구는 몸 속에서 산소를 운반하는 역할을 하고 있습니다. 백혈구는 핵을 가지고 있는 무색의 세포로서 적혈구보다 큽니다. 백혈구가 하는 일은 몸 속으로 쳐들어온 나쁜 세균을 죽이는 것입니다.

적혈구(붉은색)와 백혈구(흰색)

512 혈액이 하는 일

혈액(피)은 우리 몸 전체에 퍼져 있는 혈관 속을 돌면서, 창자에서는 영양분을 흡수하고 허파에서는 산소를 흡수하여 몸의 각 부위에 골고루 나누어 주는 역할을 합니다. 또한 필요없는 것들을 모아서 콩팥이나 허파로 보내어 몸 밖으로 내보내도록 합니다.

508 노인이 되면 왜 혈압이 높아질까?

혈압은 정맥이나 동맥, 모세 혈관에 따라 차이가 있으며, 심장에서 멀어질수록 점점 낮아집니다. 어른의 혈압은 100~150mmHg가 정상이며, 어린이의 혈압은 120~130mmHg이 정상입니다. 이보다 높거나 낮은 경우를 고혈압 또는 저혈압이라고 부르는데, 노인이 되면 혈관이 노화되어서 딱딱해지므로 혈압이 높아지는 경우가 많습니다.

박사님~ 혹시 고혈압?

513 혈압, 혈관벽이 받는 압력

심장에서 센 힘으로 혈액을 밀어내면, 혈액에 가해진 압력과 거의 같은 크기의 압력이 주위의 혈관벽에도 작용되어 혈관벽을 넓힙니다. 이 때 혈관벽이 받는 압력을 혈압이라고 합니다. 혈압은 심실이 수축(오그라듦)했을 때 가장 높고, 이완(느슨해짐)되었을 때 가장 낮습니다.

514 혈액형의 종류

혈액은 사람마다 다른 성질을 지니고 있습니다. 혈액형은 여러 가지로 구분할 수 있지만, 가장 많이 쓰이는 것이 ABO식 혈액형입니다. 여기에 따르면 사람의 혈액은 A형·B형·O형·AB형으로 나뉩니다. 다른 사람에게 수혈을 해주거나 받을 때는 반드시 혈액형을 확인해야 합니다.

515 수혈할 수 있는 피, 수혈할 수 없는 피

A형은 크게 AA형과 AO형으로 나뉘어집니다. AA형을 가진 사람은 A형의 피를 수혈받을 수 있으며, AO형을 가진 사람은 A형이나 O형의 피를 수혈받을 수 있지요(B형은 A형의 경우와 같음). AB형은 AB형과 A형·B형·O형의 피를 모두 수혈받을 수 있습니다. 하지만 O형은 OO형이기 때문에 오직 O형의 피만 수혈받을 수 있습니다.

516 피는 왜 빨간색일까?

피가 붉은색으로 보이는 까닭은 적혈구라는 빨간 색의 세포 때문입니다. 적혈구 속에는 보통의 세포들이 가지고 있는 핵이 없습니다. 다만 '헤모글로빈'이라는 철분을 포함한 일종의 단백질을 가지고 있어요. 바로 이 헤모글로빈 때문에 적혈구가 빨간 색을 띠고 있는 것이지요.

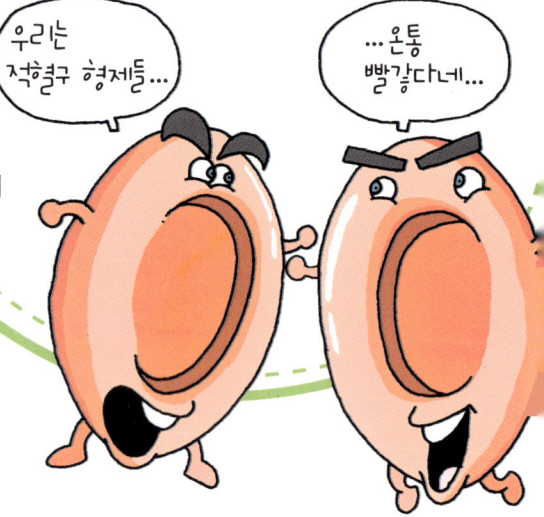

517 산소를 운반하는 적혈구

헤모글로빈은 산소와 쉽게 결합하는 성질이 있는데, 바로 이러한 작용으로 몸 안에서 산소를 운반하는 것입니다. 말하자면 피 속의 적혈구가 산소를 데리고 온몸 구석구석을 도는 것입니다.

518 적혈구보다 훨씬 적은 백혈구

백혈구는 핵이 있는 무색의 세포로, 크기는 적혈구보다 조금 더 커요. 대신 그 양은 적혈구보다 훨씬 적답니다. 어른 남자의 경우 적혈구가 보통 $1mm^3$ 속에 약 500만 개 들어 있다면, 백혈구는 5,000~8,000개쯤 들어 있거든요.

519 우리 몸을 지켜 주는 백혈구

백혈구는 우리 몸 안에 세균 따위가 들어왔을 때 그것을 잡아먹음으로써, 병으로부터 우리의 몸을 보호하는 구실을 합니다. 평소에는 적혈구처럼 유유히 혈관 속을 흐르고 있지만, 일단 세균이 침입하면 감염된 혈관벽을 뚫고서 백혈구들이 우르르 모여들어 세균을 먹어치우는 것이죠. 이 때 종종 상처에 고름이 생기는 것을 볼 수 있는데, 이것은 바로 세균과 싸우다 죽은 백혈구들의 시체랍니다.

520 피가 굳는 성질, 응고

우리의 피는 몸 밖으로 흘러나오면 곧 굳어 버리는 성질을 지니고 있습니다. 이것을 '응고'라고 합니다. 혈액이 응고하는 데 걸리는 시간은 5분 정도이며, 온도가 높을수록 응고되는 시간도 빠릅니다.

521 피를 굳게 하는 혈소판

피부가 찢어지거나 해서 혈관이 상처를 입으면 혈소판들이 그 자리에 모여 달라붙게 됩니다. 그 후 혈소판은 곧 파괴되지요. 하지만 혈소판 속에 있던 트롬보키나아제라는 물질이 나오는데, 바로 이것이 트롬빈이라는 특별한 효소를 만든답니다. 트롬빈은 혈장 안에 있던 물질들이 적혈구·백혈구 등과 엉겨붙게 만들어서 상처에 막을 씌우는 것입니다.

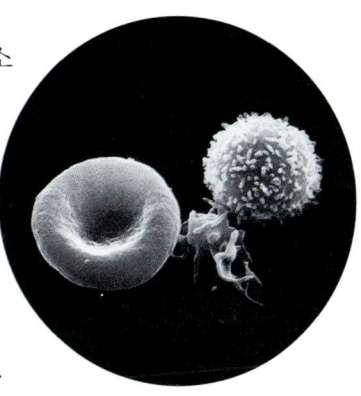

왼쪽부터 적혈구, 혈소판, 백혈구

522 적혈구가 만들어지는 곳

적혈구는 뼛속의 골수에서 만들어지며, 약 3~4개월이 지나면 간이나 지라·히피 등에서 파괴됩니다. 하지만 새로 만들어지는 숫자와 죽어서 없어지는 숫자가 비슷하기 때문에 거의 변함이 없지요.

523 줄어들고 늘어나는 백혈구의 수

백혈구도 뼛속의 골수에서 만들어지며, 몸 속에서 2~9일 동안 활동하다가 지라 또는 골수에서 파괴됩니다. 백혈구의 수는 이른 아침에 가장 적고, 식사를 하거나 운동을 하면 늘어나지요. 또 병에 걸렸을 때에도 늘어난답니다.

524 사람의 뼈는 몇 개나 될까?

우리 몸에 뼈가 없으면 아마 문어나 해파리처럼 몸이 흐물흐물하게 될 것입니다. 이처럼 우리 몸의 틀을 만들고 지탱해 주는 것이 바로 뼈(골격)입니다. 집을 짓기 위해서는 기둥이 있어야 하듯, 우리 몸도 크고 작은 206개의 뼈 덕분에 이처럼 틀을 이룰 수 있는 것입니다.

525 우리 몸을 지탱하는 5가지 뼈

뼈는 위치에 따라 크게 5가지로 나누어집니다. 첫째는 몸의 주축이 되는 척추, 둘째는 머리 부분을 이루는 두개골, 셋째는 가슴 부분을 이루는 흉곽, 넷째는 팔을 이루는 상지골(팔뼈), 다섯째는 다리를 이루는 하지골(다리뼈)입니다. 그리고 이 5가지의 뼈들은 또다시 여러 개의 뼈들로 이루어져 있습니다.

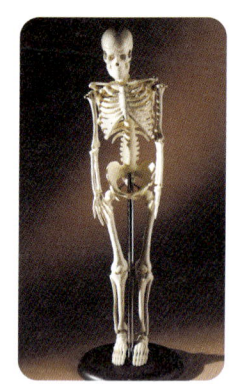

526 팔다리를 접었다 폈다 할 수 있는 까닭

무릎이나 팔꿈치 등에는 접었다 폈다 할 수 있도록 뼈와 뼈 사이에 연결된 부분이 있습니다. 이런 부분을 관절이라고 하지요. 관절로 연결되어 있는 부분은 한쪽이 불룩하고, 다른 한쪽은 오목하게 패여 있는 경우가 많습니다. 실제로 무릎의 앞쪽은 툭 튀어나와 있는데, 반대쪽은 움푹 들어가 있는 것을 쉽게 확인해 볼 수 있지요.

527 뼈의 마찰을 부드럽게 하는 활액

관절을 연결하는 뼈와 뼈 사이에는 약간의 빈 공간(강)이 있으며, 그 속에는 활액이라는 액체가 들어 있어서 뼈의 마찰을 부드럽게 하는 윤활유 같은 구실을 합니다.

528 26개의 뼈로 이루어진 등심대

등심대는 우리 몸 전체를 지탱해 주는 중심이 되는 뼈대로, 머리뼈의 밑에서부터 다리뼈의 위쪽 골반에까지 이어져 있어요. 이것을 몸통뼈 또는 등뼈라고도 하는데, 이것은 여러 개의 등뼈가 연결되어 이루어져 있지요. 즉, 목등뼈 7개, 가슴등뼈 12개, 허리등뼈 5개, 선골 1개, 꼬리뼈 1개, 이렇게 모두 26개랍니다.

529 S자 모양의 등뼈

등뼈는 몸의 앞뒤에서 보면 곧은 모양이지만, 몸의 옆에서 보면 활처럼 굽은 모양을 하고 있습니다. 이처럼 등뼈가 S자로 굽은 것은 두 다리로 서서 걸을 수 있는 우리 인간들만의 특징이랍니다.

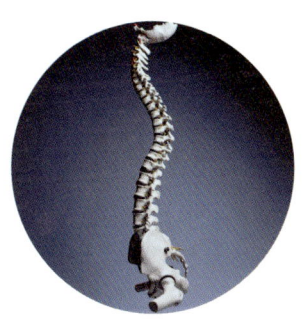

530 어른보다 훨씬 더 많은 어린이들의 뼈

사실 7세 이하의 어린이들은 약 300개 가까이 되는 뼈를 지니고 있지만, 어른들은 이보다 훨씬 적은 204~206개의 뼈를 지니고 있답니다. 어린이들의 몸에는 '연골'이라고 해서, 아직 단단한 뼈로 되어 있지 않은 부분이 있습니다. 이런 뼈들은 점점 성장할수록 2~3개씩 한데로 뭉쳐 하나가 되는 것입니다. 물론 뼈의 숫자는 사람에 따라 조금씩 차이가 있답니다.

531 뼈가 단단해지는 까닭

뼈를 불에 태우면 하얀 재가 남습니다. 이 때 남아 있는 재는 인산석회·탄산석회 등의 석회질로서 뼈를 단단하게 해 주는 물질이고, 타서 없어지는 부분은 뼈의 아교질이지요. 뼈가 단단하고 연한 것은 바로 이 석회질과 아교질의 많고 적음에 따라서 달라지며, 나이가 들수록 석회질의 양이 많아지기 때문에 뼈가 단단해집니다.

532 뼈만 보이는 X선

뼈는 이와 같이 단단하기 때문에 살갗이나 근육처럼 부드러운 부분과 달리 X선이 통과하기 어렵습니다. 그래서 X선을 찍으면 몸 속의 뼈는 그림자가 되어 또렷이 나타나 보이게 되는 것입니다.

 근육은 무엇으로 이루어져 있을까?

우리 몸의 세포 중에는 운동만을 전문으로 하는 특별한 것들이 있습니다. 이것을 일컬어 근세포 또는 근섬유라고 부르는데, 가느다랗고 긴 모양으로 되어 있으며, 이 세포들이 모여서 근육을 이루고 있는 것입니다.

534 근육의 종류

근육은 3가지 종류로 나누어집니다. 첫째는 손·발·가슴·배·등 따위의 피부 바로 밑에 있으면서 뼈와 뼈 사이에 붙어 있는 골격근이고, 둘째는 심장벽을 이루고 있는 심근입니다. 그리고 셋째는 위·방광 등의 벽을 이루고 있는 내장근입니다.

535 질기고 튼튼한 힘줄

근육의 모양이나 크기는 서로 다르지만 대체로 비슷한 구조를 하고 있습니다. 대개 근육의 겉은 막(근막)으로 싸여 있고, 가운데가 볼록하고 양쪽 끝은 점차 가늘어져서 질긴 끈 모양을 하고 있습니다. 이와 같은 끈 모양의 부분을 힘줄이라고 하지요. 힘줄은 결합 조직의 섬유가 모여서 된 것으로 매우 질기고 튼튼하답니다.

536 아킬레스 힘줄이란?

힘줄 중에서 발뒤꿈치뼈에 붙어 있는 힘줄을 아킬레스 힘줄이라고 합니다. 아킬레스라는 이름은 그리스 신화에 나오는 영웅 아킬레우스의 이름을 딴 것이지요. 발을 딛거나 뛸 때는 이 아킬레스 힘줄이 강하게 긴장하는데, 이 때 아주 갑작스레 부자연스러운 방향으로 운동이 미치면 힘줄이 끊어지는 수가 있답니다.

537 우리 몸의 근육은 650개

우리 몸의 근육들은 각각 저마다 맡은 일이 따로 있습니다. 예를 들어, 복근은 배에 힘을 줄 수 있게 하고, 이두근은 팔을 접었다 폈다 할 수 있게 합니다. 이런 식으로 헤아려 보면 우리 몸에는 약 200가지의 근육들이 모두 650여 개쯤 있답니다. 우리가 움직일 때마다 이처럼 수많은 근육들이 뇌의 명령을 받아서 오므라들었다 펴졌다 하고 있는 것입니다.

538 알통으로 불룩 나오는 가로무늬근

가로무늬근은 주로 우리 몸의 뼈대에 붙어 있는 근육으로, 우리가 마음먹은 대로 힘주어 수축시킬 수 있습니다. 이 때문에 '맘대로근'이라고도 합니다. 실 모양의 가느다란 근섬유가 옆으로 줄지어 있기 때문에 마치 가로무늬처럼 보입니다. 알통을 자랑하기 위해 팔을 굽혔을 때 불룩 나오는 것이 바로 가로무늬근입니다.

539 민무늬근과 심장근

민무늬근은 위나 창자 등 내장에 있는 근육으로, 우리 마음대로 수축시킬 수 없기 때문에 '제대로근'이라고도 부릅니다. 근섬유가 가로무늬근보다 훨씬 작고 가늘며 무늬도 없답니다. 한편 심장근은 심장에서만 볼 수 있는 독특한 구조로 되어 있습니다.

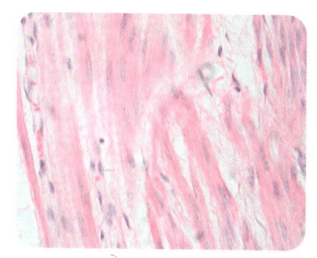

민무늬근

540 가끔씩 쥐가 나는 까닭

쥐가 나는 것은 근육에 경련이 일어나는 것을 말합니다. 갑작스럽게 근육을 많이 사용하거나 격렬하게 움직이면 이따금 근육이 뻣뻣해지면서 심한 통증을 느끼게 되지요. 이렇게 쥐가 났을 때에는 적절하게 마사지를 해서 뭉친 근육을 풀어 주는 것이 좋습니다.

541 사람의 피부색은 어째서 다를까?

사람의 피부색은 제각기 다릅니다. 특히 흑인이냐 백인이냐, 아니면 황인종이냐에 따라 피부색이 달라지는데, 그 까닭은 표피의 가장 깊숙한 곳에 있는 세포층의 멜라닌 색소 때문입니다. 멜라닌 색소는 태양 광선 속의 자외선을 흡수하는 작용을 하는데, 이 색소가 많을수록 피부가 검어지는 것입니다.

542 피부가 하는 일

몸의 거죽을 둘러싸고 있는 피부(살갗)는 근육이나 그밖의 여러 기관을 보호해 줍니다. 또한 더위·추위·아픔·가려움 등을 느끼고, 체온을 조절해 주며, 땀샘을 통하여 불필요한 노폐물을 내보내는 일을 하고 있습니다.

543 피부의 구성

사람의 피부는 맨 겉쪽에서부터 표피·진피·피하 조직으로 구성되어 있습니다. 표피는 단단한 각질로 된 세포들로 덮여 있으며, 각질층 바로 밑에는 다각형의 세포층이 있고, 가장 밑에는 표피의 세포를 만드는 발아층이 있습니다.

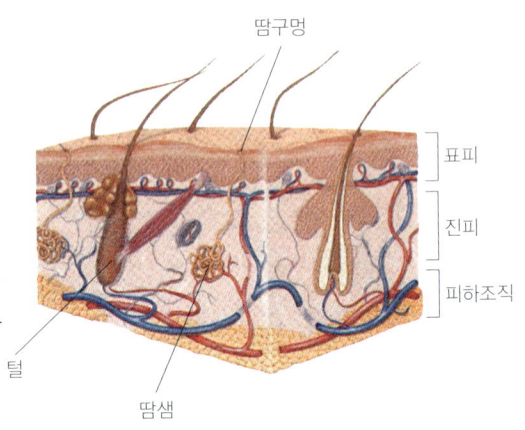

544 비듬이나 때가 생기는 까닭

발아층에서 만들어진 세포는 겉으로 나옴에 따라 핵을 잃고 각질이 되어 벗겨집니다. 예를 들어 비듬은 머리의 각질층이 벗겨져 떨어지는 것이고, 몸의 때는 각질층과 지방·땀·먼지 등이 섞여 엉긴 것이랍니다.

545 피부로 느끼는 감각들

우리가 피부를 통해 느끼는 것은 크게 4가지입니다. 즉, 아픔을 느끼는 통점, 물체에 닿는 것을 느끼는 압점, 따뜻한 것을 느끼는 온점, 차가운 것을 느끼는 냉점 등입니다. 이런 감각들은 우리의 살갗에 고루 흩어져 있어서 각각의 감각을 느끼고, 신경을 통해서 두뇌에 전달하고 있습니다.

546 땀이 나오는 까닭

피부 밑 땀샘은 둥그렇게 말려 있는 기다란 관으로 되어 있어서, 우리 몸 속에 생긴 노폐물을 걸러 바깥으로 내보내는 역할을 하고 있습니다. 땀은 거의 대부분이 물로 이루어져 있으며, 아주 적은 양의 염분과 요소가 섞여 있답니다. 운동을 하거나 더운 날에 땀을 흘리는 까닭은 우리 몸의 체온을 떨어뜨리기 위한 것입니다.

547 추울 때 소름이 돋는 까닭

우리 몸이 추위를 느끼면 솜털 아래쪽에 있는 작은 근육들이 수축하게 됩니다. 그러면서 솜털 하나하나가 모두 일어서고, 피부가 마치 닭살처럼 오톨도톨해지지요. 이런 상태가 되면 피부 속을 흐르는 혈액의 양이 줄어들어서 체온이 몸 밖으로 달아나는 것을 막을 수 있습니다. 즉, 체온을 항상 일정하게 유지하기 위해 피부가 저절로 자신의 면적을 줄이고 두께를 늘리는 것입니다.

548 점과 주근깨가 생기는 까닭

주근깨나 점은 멜라닌 색소를 가진 세포가 특정한 부위에 집중적으로 모여 있는 것입니다. 다만 주근깨는 다발로 나타나는 데 비해, 점은 한 개씩만 나타난다는 것이 다를 뿐입니다. 또한 주근깨는 멜라닌이 피부의 바깥층, 즉 상피에 있지만 점은 그보다 아래층에 있답니다.

549 물집이 생기는 까닭

뜨거운 것을 만진다든지 하면 우리 피부에는 물집이 잡힙니다. 물집의 물은 혈관 속에서 배어나온 액체입니다. 화상을 입어서 변화된 피부에는 혈관벽에서 액체가 새어나오기 쉬운 물질이 만들어지고, 이 때문에 액체가 고여서 점점 큰 물집이 되어 버리는 것입니다.

550 손가락에는 왜 지문이 있을까?

손가락 안쪽에 있는 지문은 사람마다 모양이 다를 뿐 아니라 평생 동안 변하지도 않는답니다. 이 때문에 범인을 잡거나 신분을 증명하는 데에 유용하게 쓰이지요. 이처럼 지문이 있는 까닭은 물건을 잡았을 때 잘 미끄러지지 않도록 하기 위한 것이랍니다.

지문은 나의 아이콘!!

551 손톱이 자라나는 속도

손톱이나 발톱은 각각 손가락과 발가락의 작용을 도울 뿐 아니라 안전하게 보호해 주는 역할을 맡고 있습니다. 하루 동안 손톱이 자라나는 길이는 보통 0.1mm 정도라고 합니다. 계산해 보면 1년에는 약 3.6cm가 넘게 자라는 셈이 되지요(0.1×365일).

552 손톱이 가장 빨리 자라는 때

손톱이 자라는 속도는 나이에 따라서 다르답니다. 어렸을 때는 천천히 자라다가 20세 무렵이면 가장 빠르게 자라고, 50세가 넘으면 다시 느려지지요. 또한 겨울보다 여름에 빨리 자라고, 건강하거나 손을 많이 쓰는 사람일수록 빠르다고 합니다. 같은 사람이라도 오른손이, 같은 손이라도 엄지·검지·중지·약지·새끼손가락 순으로 빠르답니다.

553 반달 모양 '조반월'의 정체

손톱은 반투명한 빛을 띠기 때문에 피의 색깔이 그대로 비쳐서 약간 분홍색으로 보입니다. 그런데 손톱 뿌리 쪽을 보면 반달 모양의 흰 부분이 있습니다. 이것을 '조반월'이라 부르는데, 조반월은 만들어진 지 얼마 되지 않은 부분이랍니다. 따라서 아직 충분히 단단해지지 않았기 때문에 하얀 색을 띠고 있는 것입니다.

554 피부가 변해서 만들어진 손톱

손톱은 딱딱하기 때문에 뼈와 같은 성분으로 되어 있을 거라고 생각하기 쉽지만, 사실은 피부의 각질층이 변해서 생긴 것이랍니다. 피부에 가려져 있어 보이진 않지만, 손톱은 뿌리 부분에서 마치 머리털이 자라듯 끊임없이 만들어져 바깥으로 밀고 올라오고 있답니다.

555 가장 발달한 엄지손가락

사람의 손은 지구상의 그 어떤 동물보다도 발달했답니다. 그 중에서도 가장 큰 특징은 엄지손가락입니다. 다른 네 손가락도 모두 중요한 역할을 하고 있지만, 사람에겐 다른 동물들보다 훨씬 발달한 엄지손가락이 있기 때문에 여러 가지 복잡한 일들을 할 수 있는 것입니다. 원숭이의 경우에도 엄지손가락이 사람에 비해 짧기 때문에 나머지 네 손가락에 많이 의존한답니다.

556 작은 압력도 잘 느끼는 검지손가락

사람의 손가락에는 그 어떤 곳보다도 아주 예민한 것까지 잘 느낄 수 있는 '파티니 소체'라는 장치가 있답니다. 이것은 우표보다도 작은 면적에 수천 개나 분포되어 있어서, 약간의 압력도 잘 느낄 수 있는 것입니다. 파티니 소체는 특히 검지에 많으며, 맹인들이 점자를 읽을 때 주로 검지를 많이 사용하는 것은 바로 이 때문입니다.

점자를 읽는 모습

557 겨울에 손이 까칠해지는 까닭

손의 표면은 주위의 수분에 영향을 받게 됩니다. 그래서 겨울에 기온이 낮고 날씨가 건조해지면 손과 발도 건조해집니다. 그래서 각질이 일어나거나 갈라지기도 하고, 피부가 당기는 듯한 느낌이 들기도 하지요. 이와 반대로 여름에는 온도와 습도가 높아지기 때문에 피부가 촉촉해지고, 거칠어지지도 않는 것입니다.

558 사람의 머리카락은 몇 개일까?

사람은 보통 약 10만 개의 머리카락을 갖고 있다고 합니다. 그리고 색이 옅으면 머리카락 수가 많고, 색이 짙으면 그보다 적다고 합니다. 그러니까 같은 서양 사람이라도 금발을 가진 사람이 검은 머리카락을 가진 사람보다 숱이 많겠지요.

559 머리카락이 자라는 속도

머리카락은 하루에 0.2~0.5mm씩 자란다고 합니다. 만약 0.5mm씩 자라는 머리카락을 1년 동안 자르지 않고 내버려 둔다면 182.5mm나 자라겠지요. 하지만 실제로는 저절로 닳아지거나 조금씩 끊어지기도 하기 때문에 이보다 짧답니다.

560 하루에 빠지는 머리카락은 70~80개

머리카락은 대체로 2~5년마다 완전히 바뀌어지며, 다른 곳에 나는 짧은 털들은 3~5개월마다 교체된다고 합니다. 수명을 다한 머리카락은 보통 하루에 70~80개 정도 빠진다고 합니다. 그런데 머리카락이 빠진 자리에 새 머리카락이 나오지 않는다면 대머리가 되는 것입니다.

561 우리 몸을 보호하는 털

머리뿐 아니라 눈 위나 겨드랑이 등 우리 몸 곳곳에는 털이 납니다. 또 온몸에는 가느다란 솜털이 나 있지요. 이런 털들은 우리 몸을 보호해 주는 역할을 하고 있습니다. 눈썹은 땀이 눈 속으로 들어가지 못하게 하고, 코털·귓털은 먼지를 막아 주지요. 다른 털들도 역시 살갗을 보호하거나 우리 몸에서 열이 빠져나가지 못하도록 막아 준답니다.

562 대머리와 새치는 유전

30~40세 무렵부터 머리숱이 없어지는 대머리는 남자들에게 주로 유전되는 현상입니다. 그러므로 만약 어떤 사람이 대머리라면 그 집안의 어른 중 누군가가 대머리였을 것입니다. 또 노인이 되면 누구나 흰머리가 나지만, 젊은 사람도 흰머리가 생기는 경우가 있습니다. 이것을 새치라고 하는데, 이것도 역시 부모로부터 물려받은 유전이랍니다.

563 털 색깔이 다른 까닭

털 세포가 만들어지는 곳을 '모낭' 이라고 합니다. 털 세포가 자라면서 이미 죽은 세포들을 피부 밖으로 밀어내는데, 이 때문에 우리 눈에 보이는 털은 이미 죽은 세포인 셈입니다. 한편 머리카락의 색깔이 인종마다 차이가 있는 것은 멜라닌 색소가 많고 적음에 따라 갈색·금색·은색·흑색 등 여러 가지 색으로 나타나기 때문입니다.

564 털을 이루는 케라틴 구조

손톱이나 발톱처럼 우리 몸의 털들은 피부가 바뀐 것이랍니다. 우리가 음식을 통해 섭취한 단백질은 위나 창자 등 소화 기관을 거치면서 다시 한 번 우리 몸에 필요한 형태의 단백질로 바뀌게 됩니다. 머리카락이나 손톱·발톱을 만드는 단백질은 케라틴이라고 하는 튼튼한 구조로 되어 있습니다.

565 털이 빨리 자라는 때

털은 밤보다는 낮에 더 빨리 자라는데, 오전 8시부터 10시 사이에는 밤보다 약 3배 정도나 잘 자란답니다. 또 계절적으로 보면 겨울보다 여름에 잘 자라지요. 날씨가 더울 때는 피부의 혈액 순환이 좋아져 모세포에 영양을 공급하고 성장을 자극하기 때문이랍니다.

567 허파가 하는 일

우리가 코나 입을 통해 공기를 들이마시면, 공기는 목구멍을 지나 기관(숨관)을 지나 기관지를 거쳐 허파로 들어가게 됩니다. 가슴의 양쪽에 위치한 허파(폐)는 호흡 기관 중에서 제일 중요한 곳입니다. 허파는 쉬지 않고 부풀었다 오므라들었다 하면서 산소를 받아들이고 이산화탄소를 내보내는 일을 합니다.

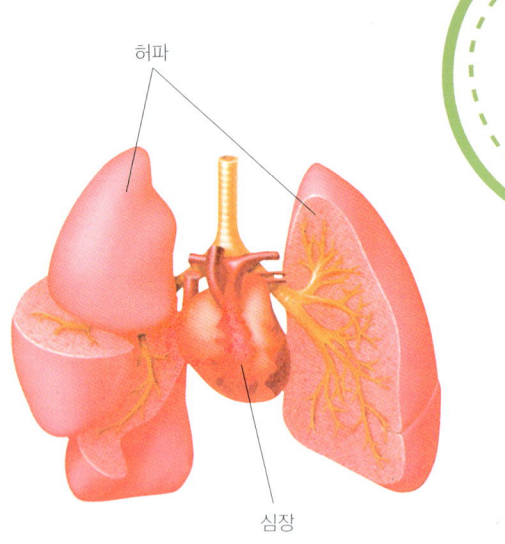

568 4억 5천만 개의 허파꽈리

허파 속에는 수많은 허파꽈리들이 있습니다. 허파꽈리는 지름이 0.1~0.3mm 크기의 작은 방과 같은 것으로, 벽이 아주 얇고 탄력있는 막으로 되어 있지요. 허파 전체에 있는 허파꽈리는 약 4억 5천만 개나 되며, 허파꽈리의 벽 넓이를 모두 합하면 약 90m^2에 이른다고 합니다. 산소를 받아들이고 이산화탄소를 내보내는 '가스 교환'은 바로 허파꽈리에서 이루어집니다.

569 기도와 호흡 기관

공기는 코를 통해 들어와서 목구멍을 지나 기관(숨관)과 기관지를 차례로 거치는데, 여기까지 이르는 길을 '기도(공기의 길)'라고 합니다. 그 후 공기는 허파에서 산소와 이산화탄소로 분해되고, 그 중 산소는 피를 따라 온몸을 돌지요. 이처럼 우리가 숨을 쉬는 데 꼭 필요한 코와 목구멍, 기관과 기관지, 허파 등을 통틀어 '호흡 기관'이라고 합니다.

570 흉식 호흡과 복식 호흡

호흡, 즉 숨을 쉬는 방식에는 흉식 호흡과 복식 호흡이 있습니다. 흉식 호흡이란 '가슴 숨쉬기'라고 하며, 가슴에 붙어 있는 근육(늑간근)이 움직이면서 갈비뼈가 몸의 앞뒤로 움직여지면서 숨쉬는 것을 말합니다. 복식 호흡이란 '배 숨쉬기'라고 하며, 배 위쪽의 가로막이 위로 올라갔다 내려갔다 하면서 배가 부풀어올랐다 좁아들었다 하는 숨쉬기를 말합니다.

566 사람은 왜 숨을 쉴까?

숨을 쉬는 것을 '호흡'이라고 합니다. 즉, 산소를 마시고 이산화 탄소를 내보내는 일이지요. 이처럼 호흡을 해서 생긴 에너지는 대부분 열이 되어 체온을 유지하는 데 쓰이고, 나머지는 몸의 여러 조직이 활동을 하는 데에 쓰입니다.

571 여자들이 흉식 호흡을 하는 까닭

아이를 낳는 능력이 있는 여자들은 보통 흉식 호흡을 하는데, 그 까닭은 아기가 뱃속에 있을 때 복식 호흡을 하면 아기에게 나쁜 영향을 주기 때문입니다. 남자들은 어릴 때에는 흉식 호흡을 하다가 어른이 되면서 조금씩 복식 호흡으로 바뀌게 됩니다.

572 1분 동안 숨쉬는 횟수

갓난아기들은 보통 1분에 40~50번 숨을 쉬고, 여러분 또래의 어린이들은 20~30회쯤 된답니다. 이에 비해 어른들은 횟수가 약간 적어서, 보통 15~20회쯤 됩니다. 나이가 어릴수록 한 번에 들이마시는 공기의 양이 적기 때문에 횟수를 늘려서 필요한 만큼의 산소를 공급하는 것입니다.

573 재채기가 나오는 까닭

우리가 재채기를 하는 것은 스스로 몸을 보호하기 위한 일종의 방어 작용입니다. 예를 들어 콧속에 고춧가루와 같이 자극적인 물질이 들어오면, 그것을 내보내기 위해 먼저 입으로 숨을 들이마셔서 아주 센 숨을 코로 내보내는 것이지요. 그 밖에도 갑자기 찬 공기를 맡거나 입 속의 음식물이 기관으로 잘못 들어갔을 때에도 재채기가 나옵니다.

574 음식물이 지나는 길은 얼마나 길까?

우리가 입에 넣은 음식물은 목구멍과 식도·위·창자 등을 거쳐 항문까지 이르게 됩니다. 그러므로 음식물이 지나가는 길은 하나의 긴 통로와 같다고 할 수 있습니다. 그 길이를 모두 펼쳐서 재 보면 약 9m쯤 된답니다.

575 에너지의 바탕이 되는 영양소

사람이 음식을 섭취하여 몸을 이루는 바탕으로 삼는다거나, 몸 속에서 에너지를 발생시켜 생명을 유지하는 것을 영양이라고 합니다. 이처럼 에너지의 바탕이 되는 단백질·탄수화물·지방·무기질·비타민을 5가지 영양소라고 하며, 그 중에서도 단백질·탄수화물·지방은 가장 중요한 3대 영양소라고 합니다.

576 흡수되기 좋게 하는 '소화'

음식물 속에 들어 있는 탄수화물·지방·단백질 등의 영양분은 대개 물에 잘 녹지 않고 분자 구조가 큰 것이 많아서 그대로는 몸 속에 흡수되지 않는답니다. 따라서 이것을 잘게 부수거나 걸쭉한 죽처럼 만들거나 해서 흡수되기 쉬운 것으로 만드는데, 바로 이것을 '소화'라고 합니다.

577 본격적으로 소화가 이루어지는 '위'

우리가 먹은 음식은 식도를 지나서 '위'에 모인 다음 본격적으로 소화가 이루어지기 시작합니다. 위는 약간 왼쪽으로 비스듬히 누워 있으며, 윗부분이 크고 아랫부분이 작은 자루 모양으로 되어 있습니다. 크기는 사람마다 다르고 음식이 들어 있을 때와 없을 때가 다르지만, 보통의 경우 1.5~2ℓ 정도의 음식물을 담을 수 있답니다.

578 영양소를 에너지로 바꾸는 '에너지 대사'

음식물을 소화하기 위해선 입이나 위·창자 등에서 소화액을 내는데, 이 소화액 속에는 음식물을 잘게 분해하는 물질이 들어 있습니다. 이것을 바로 '소화 효소'라고 합니다. 음식물이 이런 효소들과 만나게 되면 영양소가 에너지로 바뀌는데, 이러한 과정을 '에너지 대사'라고 하지요.

579 밥 속에 들어 있는 탄수화물

우리가 먹는 밥과 빵의 주요 성분은 탄수화물인데, 보통 사람들이 하루에 필요한 열량의 반 이상은 탄수화물에서 얻고 있습니다. 탄수화물에는 당분·녹말·셀룰로오스·글리코겐 등이 있으며, 대부분 식물 속에 함유되어 있습니다.

580 단백질이 많은 식품

여러 가지 영양분 중에서 단백질은 질소 성분이 포함되어 있는 것으로, 우리 몸이 활동하는 데 매우 중요한 역할을 하고 있습니다. 즉, 단백질은 열량의 바탕이 될 뿐만 아니라 몸을 이루는 요소가 되기도 합니다. 단백질이 많이 들어 있는 식품으로는 달걀·우유·생선·쌀·콩 등이 있습니다.

581 뼈와 혈액의 주요 성분

무기질은 단백질 등과 함께 우리 몸을 이루고 있는 중요한 성분 중 하나로서, 뼈와 이·혈액·내장 등에 들어 있습니다. 동물이나 식물을 태우면 하얀 재가 남게 되는데, 이것은 칼슘·철·인·나트륨·칼륨·마그네슘 등과 같은 무기질 때문입니다.

582 무기질이 많은 식품

무기질은 우리 몸 속에서 새롭게 만들어지는 것이 아니기 때문에, 음식을 섭취함으로써 얻는 수밖에 없습니다. 뼈와 이를 만드는 주요 성분인 칼슘과 인은 우유·멸치·미역·고기·달걀 등에 많이 들어 있으며, 혈액의 주요 성분인 철은 고기·생선·달걀 등에 많이 들어 있습니다.

583 음식을 먹으면 어떻게 소화가 될까?

입을 통해 들어온 음식물은 이로 씹는 동안 잘게 부수어집니다. 이 때 침이 나와서 음식의 소화를 도와주지요. 그 다음 식도를 통해 위로 들어간 음식물은 1~5시간 동안 그곳에 머물면서 위액과 잘 섞여 소화가 됩니다. 그 후 작은창자와 큰창자를 거치면서 음식물 속의 갖가지 영양분을 흡수하게 되지요.

584 소화가 되는 데 걸리는 시간

일단 위에 내려온 음식물은 대략 3~6시간쯤 소화된 뒤 작은창자로 내려갑니다. 그 후 작은창자에서는 음식물 속의 영양분이 우리 몸 속으로 흡수되는데, 이 때 약 4~5시간이 걸립니다. 이렇게 해서, 입으로 들어간 음식물이 찌꺼기만 남아 몸 밖으로 나오기까지는 약 9~16시간 정도 걸린답니다.

585 소화 기관을 이루는 근육

소화 기관을 이루고 있는 근육은 입을 제외하고는 모두가 민무늬근으로 되어 있으며, 제대로근에 속합니다. 즉, 팔다리처럼 마음먹지 않아도 저절로 움직여지지요. 그렇기 때문에 우리가 음식을 먹으면 스스로 소화·흡수하는 작용을 하는 것입니다.

586 위에서 '꼬르륵' 소리가 나는 까닭

주머니처럼 생긴 위는 늘어나기도 하고 수축하기도 하면서, 그 속에 든 음식물을 움직여서 소화액을 잘 섞은 후 작은창자로 보냅니다. 위 속에는 전에 먹었던 음식물이나 침과 함께 공기도 조금 남아 있는데, 이 공기가 좁은 출구를 지나 장으로 보내질 때 바로 '꼬르륵' 소리가 나는 것입니다.

587 생리 작용을 조절하는 비타민

비타민은 몸의 성분이 되거나 열량을 내는 에너지원은 아니지만, 우리 몸의 생리 작용을 조절하고 생장을 도우며 병을 막는 데 꼭 필요한 영양분입니다. 따라서 비타민이 부족하면 몸이 쉽게 피로해지고 활동하기가 불편하며 여러 가지 병에도 잘 걸리게 됩니다. 비타민이 많이 들어 있는 식품은 콩·팥·돼지고기·치즈·사과·당근·무·우유·버섯과 녹색 채소 등입니다.

588 열과 힘의 바탕이 되는 지방

우리가 지방을 섭취하면 몸 속의 지방 조직에 저장되기도 하지만, 탄수화물이나 단백질과 마찬가지로 열이나 힘의 바탕이 됩니다. 지방은 버터 등과 같이 보통 온도에서 고체로 되어 있는 것과, 참기름처럼 액체로 되어 있는 것이 있습니다.

589 독성 물질을 분해하는 '간'

간은 사람의 장기 중에서 가장 크며 무게는 보통 1~1.5kg에 이릅니다. 간에서는 음식물을 소화시키는 데 필요한 쓸개즙을 만들고, 단백질·지질·비타민류 등을 합성하거나 분해합니다. 또한 술이나 약처럼 독성 있는 물질이 몸 속으로 들어왔을 때 그것을 해독해 주며, 피를 만드는 일도 맡고 있습니다.

590 간을 통과하는 혈액은 210ℓ

간은 약 100만 개나 되는 간세포로 이루어져 있으며, 피를 머금고 있기 때문에 검붉은 색을 띠고 있습니다. 간은 우리 몸의 여러 기관들 중에서 가장 복잡한 일을 맡고 있어서 많은 혈액이 드나드는데, 어른의 경우 간을 통과하는 혈액의 양은 하루에 210ℓ 정도나 된답니다.

591 영양분을 흡수하는 작은창자

작은창자(소장)는 위와 대장 사이에 있는 소화관으로, 길이가 6~7m에 이릅니다. 음식물이 이 작은창자를 통과하는 동안 벽에서 분비되는 장액과 간에서 만들어지는 쓸개즙, 이자에서 나오는 이자액 등과 혼합되어 부드럽게 소화가 되며, 몸에 필요한 영양분이 흡수됩니다.

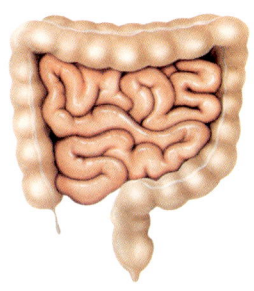

592 하루에 나오는 오줌의 양은 얼마나 될까?

우리가 배설하는 오줌은 대부분 물로 이루어져 있으며, 그밖에 요소·염류·요산 등이 섞여 있습니다. 하루에 배설되는 오줌의 양은 사람마다 차이가 있지만, 어른의 경우 보통 1.2~1.5ℓ에 이릅니다. 오줌뿐 아니라 땀에도 갖가지 노폐물이 섞여 나오며, 대변 속에는 칼슘이나 철분 등이 섞여서 배설됩니다.

593 결장·직장·맹장으로 이루어진 대장

큰창자(대장)는 작은창자보다 굵고 짧으며, 전체 길이는 약 1.5m쯤 됩니다. 큰창자는 결장·직장·맹장의 3부분으로 나누어집니다. 결장은 큰창자의 대부분을 차지하고 있으며, 직장은 큰창자의 맨 마지막 부분으로 항문과 연결되어 있습니다. 작은창자에서 소화가 끝난 음식물은 곧바로 결장으로 들어갑니다.

594 배설을 하는 까닭

우리 몸에 들어온 음식을 소화·흡수하는 과정에서는 이산화탄소나 암모니아 등 불필요하거나 해로운 물질들이 생깁니다. 이런 것들이 몸 속에 그대로 쌓여 있으면 생명에 지장을 주므로 몸 바깥으로 내보내야 하는데, 이러한 작용을 하는 곳을 배설 기관이라고 합니다. 콩팥이나 방광·요도 등이 이에 속하지요.

595 까만 콜라를 마셔도 오줌이 투명한 까닭

콜라를 마시면 그대로 몸에 흡수되는 것이 아니라, 소화된 다음에 위나 창자에서 흡수되지요. 그러면 더 이상 콜라의 성질을 가지고 있지 않게 됩니다. 우리 몸 안에 들어간 음식물 중에서 몸에 필요없는 수분은 콩팥에 걸러져 몸 밖으로 나오게 되는데, 이 때문에 콜라를 마시든 우유를 마시든 오줌의 색깔은 투명한 것입니다.

596 콩팥이 하는 일

콩팥은 배의 위쪽 창자 바로 뒤에 있는 기관으로, 좌우에 각각 하나씩 있습니다. 콩팥은 혈액 속에 들어 있는 불필요한 찌꺼기를 걸러내는 동시에 수분도 받아내어 오줌을 만들며, 우리 몸 속의 수분의 양을 조절하기도 합니다. 콩팥의 이러한 작용은 하나만으로도 두 사람 몫을 해낼 수 있기 때문에, 둘 중 어느 한 쪽을 수술하여 떼어내더라도 지장이 없답니다.

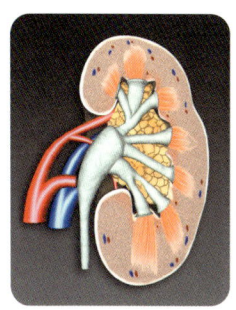

콩팥의 단면도

597 대변의 색깔을 만드는 담즙

음식물이 위와 창자를 지나가는 동안에는 여러 가지 소화액이 나옵니다. 그 소화액 중에는 간에서 만들어져 창자로 나오는 '담즙'이라는 황록색의 액체가 있는데, 바로 이 담즙이 대변의 누런 색깔을 만든답니다. 만약 담즙이 비정상적으로 많이 나오게 되면 황달이라는 병이 되는 것입니다.

598 추울 때 소변이 자주 마려운 까닭

추운 날에는 체온이 떨어지지 않게 하려고 우리 몸 속에서 영양분이 더욱 많이 연소됩니다. 그 결과 탄산가스와 물이 생겨나는데, 탄산가스는 폐에서 호흡을 통해 밖으로 나가고, 물은 방광에 저장되었다가 오줌으로 나오는 것입니다. 날씨가 추울 때는 땀이 나지 않으므로 오줌의 양은 더욱 많아지지요.

599 방귀의 70%는 입으로 마신 공기

이따금 냄새가 지독한 방귀를 뀌곤 하는데, 방귀의 70%는 입으로 들이마신 공기랍니다. 특히 음식을 급하게 먹으면 많은 공기가 함께 들어가게 되지요. 그리고 나머지 30%의 3분의 1은 음식물이 장에서 분해될 때 만들어진 가스입니다. 특히 단백질에서 생긴 가스가 나쁜 냄새를 내는 것입니다.

600 감각에는 어떤 것들이 있을까?

눈·코·귀·혀·살갗 등을 통해 받아들이는 느낌을 감각이라고 합니다. 그 중에서 눈으로 보는 것을 시각, 코로 냄새맡는 것을 후각, 귀로 듣는 것을 청각, 혀로 맛보는 것을 미각, 살갗으로 느끼는 것을 촉각이라고 합니다. 그리고 이 다섯 가지를 합쳐 오감(다섯 가지 감각)이라고 하지요.

601 그밖의 여러 가지 감각들

하지만 사람의 감각에는 오감 말고도 여러 가지가 있습니다. 온도가 뜨거워지는 것을 느끼는 온각, 온도가 차가워지는 것을 느끼는 냉각 등은 촉각처럼 피부로 느낄 수 있는 것들이며, 피부보다 더 깊숙한 곳에 있는 근육이나 힘줄로 느끼는 심부 감각, 평형 감각 등이 있습니다.

602 카메라와 비슷한 눈의 구조

눈은 빛을 받아서 사물을 보는 감각 기관으로, 눈꺼풀·눈물샘·눈알 등으로 이루어져 있습니다. 물론 이 중에서 가장 중요한 것은 눈알이지요. 눈알은 무게가 약 7g, 지름이 2~2.5cm 정도의 공 모양을 하고 있으며, 마치 사진기와 비슷한 구조를 하고 있습니다.

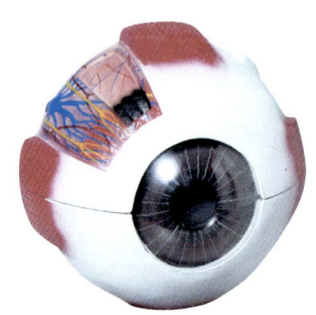

603 눈으로 사물을 보는 원리

눈동자를 통해 빛이 눈알 속으로 들어가면, 먼저 빛의 양이 홍채에 의해서 조절됩니다. 따라서 밝은 곳에서는 홍채가 오므라들고, 어두운 곳에서는 홍채가 활짝 열리지요. 또한 수정체는 눈알로 들어온 빛을 굴절시켜서 망막에 물체의 상을 비춥니다. 그러면 시신경이 이 모양을 뇌에 전달하여 알아볼 수 있게 되는 것입니다.

604 착시가 일어나는 까닭

실제와 다르게 느끼는 것을 착각이라고 하며, 특히 눈으로 보아서 다르게 느껴지는 것을 착시라고 합니다. 옆의 그림처럼 똑같은 길이의 선이 있을 때 한 선에는 양 끝에 바깥쪽으로 향한 화살표를 그리고, 다른 선에는 안쪽으로 향한 화살표를 그리면, 안으로 향한 화살표를 그린 쪽이 더 길어 보입니다. 그 까닭은 우리의 눈이 꼬리의 방향으로 혼동하게 되기 때문입니다.

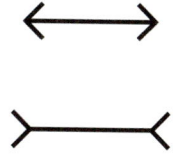

605 눈이 두 개인 까닭

우리의 눈은 사물과의 거리에 따라서 두 눈동자의 방향이 바뀝니다. 그래서 똑같은 물체라도 오른쪽 눈으로 보는 것과 왼쪽 눈으로 보는 것은 서로 모양이 조금 다르답니다. 그래서 만약 한 쪽 눈만 가지고 있다면 원근감이 사라져서 거리를 잘 가늠할 수가 없게 되는 것입니다.

606 간상체와 추상체

우리가 빛의 색깔을 느끼는 것은 망막에 있는 시세포 덕분입니다. 망막에는 막대 모양의 세포인 간상체와 원뿔 모양의 세포인 추상체(원추체)가 있지요. 간상체는 빛에 민감하여 어두운 곳에서도 작용을 잘 하지만, 색을 구별하는 능력은 없습니다. 그러나 원추체는 빛에 대한 감각은 뒤떨어지지만 색을 구별하는 능력이 있고, 또 빛이 밝을 때에는 작용을 잘 합니다.

607 근시와 원시의 다른 점

가까운 곳을 볼 때 우리 눈의 수정체는 두께가 두꺼워지고, 먼 곳을 볼 때에는 얇아집니다. 이런 작용으로 물체의 상이 정확하게 망막에 맺히게 되는 것입니다. 하지만 먼 곳을 볼 때 수정체가 얇아지지 않거나, 수정체와 망막의 거리가 멀어서 물체의 상이 망막의 앞쪽에 맺히면 물체가 똑똑하게 보이지 않게 됩니다. 이것을 바로 '근시'라고 합니다. 이와 반대로 '원시'란 가까운 곳을 볼 때 상이 망막의 뒤쪽에 맺히기 때문에 물체가 똑똑히 보이지 않는 것을 말합니다.

609 냄새를 느끼는 과정

우리가 숨을 들이쉬면 냄새 분자가 공기에 섞여 콧속으로 함께 들어오게 됩니다. 그것이 냄새를 느끼는 후세포를 자극하게 되는데, 그 자극이 후신경을 통해 대뇌까지 전달되면 비로소 우리는 냄새를 느끼게 되는 것입니다.

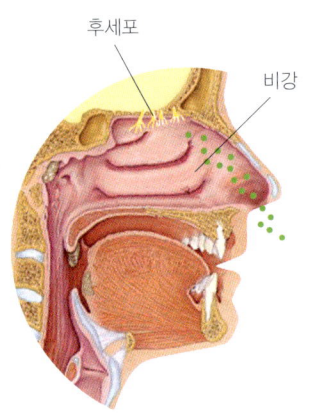

610 콧속의 구조

코는 숨을 쉴 때 공기가 들어오고 나가는 출입구이면서, 동시에 공기에 섞여 있는 냄새를 느끼는 역할도 하고 있습니다. 비강(콧속)은 왼쪽과 오른쪽의 2개로 나뉘어 있고, '비중격'이라는 벽이 경계를 이루고 있습니다. 그리고 비강의 입구 부분에는 코털이 나 있어서 공기에 섞인 먼지나 세균을 걸러 준답니다.

611 속으로 연결되어 있는 눈·코·입

사실 우리의 눈과 코와 입은 안쪽에서 서로 연결되어 있답니다. 그래서 눈물이 많이 나올 때면 콧물도 함께 나오기도 하고, 코뿐 아니라 입으로도 숨을 쉴 수가 있지요. 예를 들어, 오래돼서 더러워진 수분(눈물)은 깜빡이는 눈의 운동으로 눈의 위쪽에 있는 작은 구멍에 모여서, 코로 연결되어 있는 가느다란 관을 통해 콧속으로 흘러나오게 되어 있답니다.

612 감기에 걸리는 까닭

몸이 오실오실 추워지면서 열이 나거나 기침·콧물이 나는 증상을 감기라고 합니다. 이것은 코와 목구멍·기관지 등 호흡기관에 염증이 생겨서 일어나는 것으로, 증세별로 급성비염·급성인두염·급성후두염·급성편도염·기관지염 등등으로 불립니다. 감기에 걸리는 원인은 주로 바이러스나 세균이 옮아서, 혹은 추운 공기나 먼지에 의해서입니다.

독감 바이러스

608 코는 어떻게 냄새를 맡을까?

냄새를 느끼는 후각을 위한 수용기는 콧속 위쪽의 끈적끈적한 점막 부분에 있는데, 바로 이곳에 있는 여러 세포들 사이에 후세포가 섞여 있답니다. 후세포에는 털처럼 생긴 후모가 많이 나 있어서, 이 후모에 냄새 입자가 달라붙는 것입니다. 즉, 후모는 냄새를 알아내는 안테나 같은 역할을 하는 것입니다.

613 콧물이 나오는 까닭

바이러스가 콧속에 붙으면 그 부분이 빨갛게 부어오르는데, 이 때 그 부분의 점막에서 콧물이 나오는 것입니다. 콧물 속에는 피의 성분인 백혈구나 혈장이 섞여 있어서, 이것들이 바이러스를 죽이는 역할을 맡고 있습니다. 즉, 백혈구와 혈장, 그리고 코의 점막 세포들의 시체와 바이러스의 시체들을 한꺼번에 몸 밖으로 내보내는 것이 바로 콧물입니다.

614 쉽게 피로해지는 후각 신경

우리의 코는 똑같은 냄새를 오랫동안 계속 맡고 있으면 곧 그 냄새를 느끼지 못하게 된답니다. 이것은 냄새를 느끼는 부분이 피로해져서, 냄새를 분별해내는 힘이 약해졌기 때문입니다. 따라서 고약한 냄새라도 한참 동안 맡고 있으면 냄새를 알 수 없게 되고, 좋은 냄새인 경우에도 너무 짙으면 오히려 싫증이 나게 되는 것입니다.

615 코먹은 소리가 나는 까닭

한편 비강 둘레에는 움푹 들어간 구멍이 여러 개 있는데 이것을 '부비강'이라고 합니다. 우리가 코감기에 걸렸을 때 코먹은 소리가 나는 것은 바로 이 부비강이 막히기 때문이랍니다.

617 귀로는 어떻게 소리를 들을 수 있을까?

귀는 그저 머리 양옆에 구멍이 뚫린 것으로 보이지만, 그 속은 아주 복잡하게 되어 있습니다. 귀는 크게 겉귀·가운뎃귀·속귀로 나뉘며, 소리를 듣는 데 가장 중요한 역할을 하는 달팽이관은 속귀에 있습니다. 즉, 달팽이와 비슷한 모양을 하고 있는 달팽이관에는 림프액이라는 것이 가득 들어 있는데, 림프액의 진동을 느끼는 세포(감각 세포)가 있어서 소리의 자극을 받으면 듣기 신경(청신경)을 통해 대뇌로 전달하는 것입니다.

반고리관 / 고막 / 달팽이관

618 소리가 고막까지 오는 과정

먼저 바깥에서 난 소리는 귓바퀴와 귓구멍(겉귀길)을 통해 고막까지 들어오게 됩니다. 바깥을 향해 활짝 펼쳐진 귓바퀴는 소리를 모으는 구실을 하고, 귓구멍에는 털이 많이 나 있어서 먼지가 들어오는 것을 막아 주는 것입니다. 소리가 고막에 부딪히면 떨림 현상(진동)이 일어나는데, 이 진동은 다시 가운뎃귀의 청소골을 진동시켜 보다 큰 떨림음으로 바뀌어져 속귀로 전해지게 됩니다.

619 달팽이관 속의 림프액

소리가 속귀에 있는 달팽이관까지 전해지면 달팽이관 속의 림프액이 파동치게 되고, 이 파동은 다시 청세포를 자극합니다. 청세포에는 털이 나 있고, 그 털이 림프액이 들어 있는 막에 닿아 있지요. 그래서 림프액이 흔들림을 느끼게 되면, 그 곳에 분포되어 있는 청신경(듣기 신경)을 통해 그 자극이 대뇌까지 전달되어 비로소 소리를 느끼게 되는 것입니다.

620 들을 수 있는 소리는 20~2만 Hz

소리는 '공기의 진동'이라고 할 수 있습니다. 사람의 귀에 가장 편안하게 들리는 소리는 공기가 1초에 약 200번쯤 떨리는 정도인데, 이것을 단위로 나타내면 200Hz입니다. 그리고 우리가 들을 수 있는 가장 적은 진동수는 매초 20회(20Hz) 정도이고, 가장 많은 진동수는 매초 2만 회(2만Hz) 정도라고 합니다.

616 귀는 청각 기관이자 평형 기관

귀는 소리를 듣는 것뿐 아니라 우리 몸이 균형을 유지할 수 있도록 해줍니다. 그래서 귀는 청각 기관이자 평형 기관입니다. 귀는 그 생김새와 맡은 일에 따라서 겉귀(외이)·가운뎃귀(중이)· 속귀(내이)의 세 부분으로 나눌 수 있습니다. 겉귀와 가운뎃귀는 귀를 보호하면서 소리를 전하는 일에만 관계하고 있지만, 속귀에는 소리를 듣는 기관과 평형 감각을 느끼는 기관이 함께 들어 있답니다.

621 반고리관과 전정 기관의 역할

몸의 위치나 운동을 느끼는 감각을 '평형 감각'이라고 하는데, 우리 귓속의 반고리관과 전정 기관이 맡고 있답니다. 몸의 자세나 위치를 알려 주는 전정 기관은 2개의 주머니 모양을 하고 있는데, 하나는 반고리관 밑 부분에 붙어 있고, 다른 하나는 반고리관과 달팽이관 사이의 연결된 곳에 있습니다.

622 몸의 위치와 평형을 느끼는 과정

전정 기관의 속은 림프액으로 채워져 있고, 칼슘과 단백질로 이루어진 작은 돌 모양의 '평형석'이라는 것이 있습니다. 바로 이 평형석이 움직이는 것을 감지하여 몸의 자세와 위치, 기울기 등을 알 수 있는 것이지요. 또한 반고리관 속에 들어 있는 림프액의 움직임으로 우리 몸이 회전하거나 어떤 방향과 속도로 움직이는지를 느낄 수 있는 것입니다.

623 높은 산에서 귀가 먹먹해지는 까닭

얇은 막으로 되어 있는 고막의 안쪽과 바깥쪽에는 공기가 있습니다. 즉, 고막은 안팎으로 알맞게 압력(누르는 힘)을 받으면서 균형을 이루고 있는 거죠. 그런데 높은 산에서는 바깥쪽 공기의 압력이 낮아지면서 안쪽의 압력이 올라가게 되므로, 고막이 바깥으로 끌어당겨지는 모양이 됩니다. 이 때문에 먹먹해지는 느낌이 드는 것이죠.

624 맛을 느끼는 것은 무엇 때문일까?

혀의 표면을 보면 좁쌀만한 작은 돌기들이 많이 나 있는데, 그 돌기의 거죽을 덮고 있는 끈끈막 속에는 맛을 느끼는 미뢰가 있지요. 미뢰는 알갱이 모양이며, 그 끝에는 '미공'이라는 작은 구멍이 있습니다. 그 구멍 속에는 가느스름한 맛세포(미세포)와 지지 세포가 나란히 있어서 맛을 느끼게 되는 것입니다.

호호호... 눈 맛이 달라요

625 혀가 하는 일

혀는 음식의 맛을 느끼거나 음식을 침과 함께 뒤섞는 일을 합니다. 또한 음식을 목구멍 쪽으로 보내는 일을 하지요. 한편 우리가 말을 할 때에도 혀는 없어서는 안 될 중요한 기관이랍니다.

626 입이 하는 일

입은 '구강'이라고도 불리는데, 여기에는 이와 혀가 있고, 또 침샘에서는 침이 나옵니다. 이는 음식물을 잘게 부수고, 혀는 음식의 맛을 느낄 뿐 아니라 침과 잘 섞이도록 한 다음 음식물을 목구멍 쪽으로 보내 주지요.

627 침이 하는 일

우리가 입 안에 음식을 넣고 씹으면 입의 벽에 있는 여러 샘(침샘)에서 액체가 분비되는데, 이것이 바로 침(타액)입니다. 침 속에는 소화를 도와주는 아밀라아제라는 효소가 들어 있어서 음식물을 소화시키고 음식을 적셔 부드럽게 하거나 삼키기 쉽게 해 줍니다. 또한 음식 속의 맛깔이 있는 물질을 녹여 맛을 느끼게 해 줍니다.

628 하루에 나오는 침은 1~2ℓ

침에는 맛도 냄새도 색깔도 없습니다. 하지만 입 안의 끈끈막이 벗겨진 것과 단백질 효소 등이 섞여 있기 때문에 약간 흐려 보이지요. 보통 어른의 경우 침은 하루에 약 1~2ℓ가 나온다고 합니다.

629 혀에서 느끼는 여러 가지 맛

혀는 기본적으로 단맛, 짠맛, 신맛, 쓴맛을 느낄 수가 있습니다. 단맛은 주로 혀 끝에서 느끼게 되고, 쓴맛은 혀의 안쪽에서, 신맛은 혀의 양쪽 가장자리에서, 그리고 짠맛은 혀 전체에서 느낄 수 있습니다.

630 몸 전체로 느끼는 매운맛

한편 매운맛을 느끼는 곳은 혀뿐 아니라 우리 몸 전체랍니다. 엄밀히 말해서 매운맛은 위의 네 가지 맛과 달리 통증의 일종이라고 할 수 있답니다. 예를 들어 고추의 매운맛을 내는 캡사이신은 혀는 물론이고 몸의 다른 감각 기관에서도 느낄 수 있는 하나의 자극인 것입니다.

631 혀에 설태가 생기는 까닭

혀에는 이끼 같은 것이 끼는 경우가 있는데, 이것을 '설태'라고 합니다. 설태는 혀의 점막에 있는 올록볼록한 유두 세포가 부어서, 그곳에 음식물 찌꺼기가 달라붙거나 침 또는 세균 따위가 번식하여 생기는 것입니다. 설태는 특히 혀를 움직이지 않을 때 잘 생기는데, 아침에 설태를 많이 볼 수 있는 것은 바로 이 때문입니다.

632 목소리를 내는 성대

사람의 목 속에는 음식물이 지나는 길과 공기가 지나는 길이 따로 있는데, 이것을 각각 식도와 위도라고 부릅니다. 또 만약의 경우 위 속으로 들어가야 할 음식물이 허파 속으로 들어가지 않도록 하기 위해 '후두개'라는 것이 있답니다. 바로 이 후두개 밑에 '성대'라는 것이 있는데, 여기에서 목소리가 나오는 것입니다. 즉, 허파에서부터 압축된 공기가 밖으로 나오면서 성대를 진동시켜 소리를 내는 것입니다.

634   어린이는 젖니, 어른은 영구치

이는 태어난 지 6~7개월 무렵부터 나기 시작해서 보통 2세쯤이면 다 나옵니다. 이것을 젖니(유치)라고 합니다. 젖니에는 뒷어금니가 없기 때문에, 이 때의 이의 수는 모두 20개랍니다. 5~6세 무렵이 되면 젖니는 하나둘씩 차례차례 빠지고 새로 나는데, 이렇게 나온 이는 다시 갈지 않으므로 '영구치(간니)'라고 합니다. 18~25세 무렵에 가장 안쪽의 어금니(사랑니)까지 모두 나면, 어른의 이는 모두 32개가 됩니다.

635   앞니와 송곳니

앞니는 입을 벌렸을 때 한가운데에 보이는 이로, 위아래 4개씩 모두 8개가 있습니다. 끝이 칼날 같은 모양으로 되어 있어서 음식물을 자르기에 알맞지요. 송곳니는 말 그대로 뾰족한 송곳처럼 생긴 이로, 위아래 2개씩 모두 4개가 있으며, 음식물을 뜯거나 찢기에 알맞습니다.

636   앞어금니와 뒷어금니

앞어금니는 작은어금니라고도 하며, 송곳니의 안쪽 좌우에 2개씩 나 있습니다. 그리하여 아래위 모두 8개이지요. 앞어금니는 모양이 절구통처럼 생겨서, 음식물을 잘게 씹어 으깨는 데 알맞습니다. 뒷어금니(큰어금니)는 가장 안쪽에 나 있는 이로, 좌우에 3개씩 아래위 모두 12개입니다. 앞어금니와 생김새가 비슷하여 음식물을 잘게 부수는 데 알맞지만 어린이에게는 없답니다.

637   이의 구조

이는 이골무(치관)와 이뿌리(치근)로 나뉩니다. 잇몸 위로 나와서 하얗게 보이는 부분이 바로 이골무인데, 그 겉은 에나멜이라는 물질로 싸여 있습니다. 에나멜질은 우리 몸에서 가장 단단한 물질로, 이 속에 있는 조금 약한 상아질을 보호해 주고 있습니다. 잇몸에 파묻혀 있는 이뿌리는 시멘트질로 덮여 있습니다.

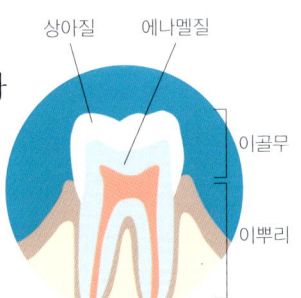

633 사람의 이는 몇 개나 될까?

우리의 이는 모두가 그 종류에 따라 모양도 다르고 하는 일도 다르답니다. 다 자란 어른의 경우에는 보통 32개의 이를 가지고 있는데, 그것은 크게 앞니와 송곳니, 어금니 등으로 나눌 수 있습니다.

638 신경·혈관과 연결된 잇속

이에서 가장 중요한 부분은 상아질입니다. 상아질 속에는 잇속(치수)이라는 것이 있는데, 여기에 신경과 혈관이 연결되어 있지요. 혈관은 이에 영양분을 날라 주고, 신경은 이의 감각을 맡고 있습니다.

639 충치가 생기는 까닭

충치가 생기는 까닭은 주로 음식물의 찌꺼기인 탄수화물이 입 속의 젖산균에 분해되어 생긴 질산 때문에 이골무가 녹기 때문이랍니다. 에나멜질은 질산에 녹기 쉽고, 겉의 에나멜질로부터 상아질 층까지 벌레가 파고들어 가면 잇속에서 뻗어온 신경이 있기 때문에 아픔을 느끼게 되지요. 이것을 그냥 놓아 두면 세균이 이뿌리까지 파고 들어가서 이를 아주 못 쓰게 만들어 버리고 마는 것입니다.

640 침 1㎖ 속의 세균은 7억 5천만 마리

보통 사람의 침 1㎖ 속에는 세균을 비롯한 미생물들이 무려 7억 5천만 마리나 살고 있답니다. 우리의 입 안에는 헤아릴 수 없을 만큼 많은 세균들이 우글거리고 있는 셈이지요. 한편 보통 우리가 음식물을 씹을 때의 힘은 50kg쯤 된다고 하며, 일생 동안 음식을 입 안에 넣고 씹는 횟수는 무려 2천3백만 번쯤 된다고 합니다.

641 병에는 어떤 것들이 있을까?

사람이 걸리는 병의 종류를 나누어 보면 혈우병이나 색맹·기형 등과 같이 태어날 때부터 부모에게서 물려받은 유전병, 천식·두드러기 등 체질 때문에 일어나는 알레르기성 병, 부상·동상 등 외부의 자극을 받아 일어나는 병, 야맹증·괴혈병·영양 실조처럼 영양이 너무 많거나 부족해서 일어나는 병 등이 있습니다.

642 병에 걸리는 까닭

우리가 병에 걸리는 까닭은 병을 일으키는 세균이나 바이러스·곰팡이·기생충 때문이기도 하고, 나이나 유전·면역·체질 때문이기도 합니다. 또한 농약이나 화학 약품 등과 날씨·환경·지리 또는 잘못된 습관 때문이기도 하지요. 그밖에도 병의 원인이 되는 것은 수없이 많으며, 아직 밝혀지지 않은 것들도 있답니다.

643 전염병의 종류

전염병에는 사람에게서 사람에게로 옮아가는 것과, 뇌염처럼 곤충으로부터 사람에게로 옮는 병 등이 있습니다. 전염병은 한번 유행했다 하면 수많은 사람들이 위험에 처할 수 있으므로 나라에서 몇 가지를 정하여 특별한 대책을 세우기도 하는데, 이것을 법정 전염병이라고 합니다. 법정 전염병에는 콜레라·장티푸스·뇌염 등 무서운 전염병들이 여럿 있습니다.

644 전염병을 예방하기 위한 습관

전염병에 걸리지 않기 위해서는 환경을 깨끗하게 관리하고, 전염병 환자와 접촉하지 않으며, 물을 끓여 마시거나 자신의 몸을 청결하게 유지하고, 병에 이길 수 있도록 건강한 체력을 지키는 것 등이 중요합니다. 물론 정기적으로 예방 접종을 하는 것도 중요하지요.

645 병을 일으키는 바이러스

우리 몸에 병을 일으키는 생물을 병원체라고 하며, 특히 전염병을 옮기는 병원체는 눈에 보이지 않을 만큼 작은 미생물들입니다. 이러한 미생물들로는 세균(박테리아)·바이러스 등이 있습니다. 세균은 보통 1~10μ(1μ은 1,000분의 1mm) 정도 되며, 바이러스는 그보다도 훨씬 작아서 0.01~0.4μ밖에 안 됩니다. 바이러스는 감기·홍역·소아마비·천연두·광견병 등을 일으키는 병원체입니다.

646 병원체를 죽이는 면역

병을 일으키는 병원체가 우리 몸 속으로 들어와도 대개는 병에 걸린 줄도 모르는 사이에 저절로 낫습니다. 이것은 몸 속에 들어온 병원체를 죽이거나, 갖가지 해독 작용을 하는 물질이 몸 속에서 만들어지기 때문이지요. 이것을 면역체(또는 항체)라고 합니다. 면역체는 병원체가 들어오면, 빠르면 1~2주일, 늦으면 3~4주일쯤에 피 속에서 만들어집니다.

647 예방 주사를 맞는 까닭

우리가 장티푸스나 뇌염 예방 주사를 맞는 것은 그러한 병을 일으키는 병원체에 대한 면역체를 만들어 주기 위해서입니다. 그렇게 하면 장티푸스나 뇌염 등을 이길 수 있는 힘이 생기게 되어 병을 미리 막을 수 있는 것입니다.

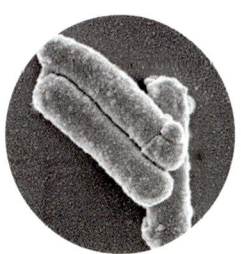

장티푸스 균

648 암을 치료하는 방법

폐암이나 위암·대장암·백혈병(혈액암) 등 갖가지 암은 암세포가 점점 퍼져서 목숨까지 위태롭게 하는 병입니다. 보통의 세포들은 자기 역할을 다한 후에는 반드시 죽게 마련인데, 암세포는 죽지 않고 자꾸만 퍼지는 성질을 지니고 있지요. 암을 치료하기 위해서는 암세포를 잘라내는 수술이나 레이저로 암세포를 태워 없애는 방법, 방사선 요법, 항생제를 투여하는 요법 등이 쓰이고 있습니다.

 아토피성 체질이란?

'아토피'라는 말은 원래 라틴 어로 '선천적으로 기묘한 반응을 일으키는 성질'이라는 뜻이랍니다. 흔히 아토피성 피부염이라고 해서 살갗에 나는 병인 줄 알고 있지만, 실은 아토피성 체질이 따로 있답니다. 아토피성 체질인 사람은 집안의 먼지 따위에도 숨쉬기 힘들어지거나 코가 간질간질하고 피부가 가려워지기도 한답니다.

650 몸의 작용이 둔해지는 노화 현상

사람은 태어나서 죽을 때까지 계속해서 그 모습이 바뀌어 갑니다. 변화가 가장 심한 시기는 갓난아기에서 어린이가 될 때(제1 생장기)와 어린이에서 어른이 될 때(제2 생장기)입니다. 이 때는 주로 키가 크거나 몸무게가 늘어나지요. 그러나 완전히 어른이 되고 난 다음부터는 키나 몸무게가 거의 변하지 않습니다. 그 후 계속해서 나이를 먹을수록 몸의 작용이 둔하거나 약해져서 나중에는 늙게 됩니다.

651 가장 빨리 노화되는 운동 기관

노화 현상의 여러 가지 변화로는 주름과 흰머리가 늘고, 등이 굽거나 이가 빠지며, 심장·허파의 기능이 약해지는 것 등을 들 수 있습니다. 가장 먼저 노화하는 것은 팔다리와 같은 운동 기관이며, 뇌와 같은 신경 계통은 그보다 늦게 노화된답니다.

652 주름이 생기는 까닭

우리의 피부 속에는 탄력의 근원이 되는 섬유가 마치 직물의 섬유처럼 많이 깔려 있습니다. 젊은 사람의 경우에는 이런 섬유 사이에 젤리와 같은 물질이 가득 차 있지요. 하지만 나이를 먹으면 이것들이 점점 약해지기도 하고 바삭바삭해져서 탄력을 잃게 됩니다. 노인들의 피부에 주름이 많이 생기는 까닭은 바로 이 때문입니다.

653 수정체의 탄력이 줄어드는 '노안'

우리의 눈은 가까운 곳을 볼 때에는 수정체의 두께가 두꺼워지고, 먼 곳을 볼 때에는 얇아져 물체의 상이 정확하게 망막에 맺히게 되어 있지요. 그런데 나이가 들면 수정체의 탄력이 없어져서 그 두께가 잘 변화하지 않습니다. 따라서 가까운 물체를 볼 때에도 수정체가 두꺼워지지 않아 잘 보이지 않게 되지요. 이런 현상은 노인들에게 많기 때문에 '노안' 이라고 합니다.

654 뇌사란 무엇일까?

우리 몸의 여러 기관들 중에서 산소를 가장 많이 필요로 하는 곳은 뇌입니다. 뇌는 단 20초 동안만 산소가 들어오지 않아도 죽고 말지요. 설령 그 20초 후에 다시 산소를 공급받는다 해도 뇌는 원래 상태로 돌아올 수 없게 된답니다. 간혹 어떤 사고를 당해 이처럼 뇌를 못 쓰게 되었는데도 심장이 뛰는 경우가 있는데, 이런 상태를 일컬어 '뇌사' 라고 합니다.

655 켈로이드 체질

보통의 경우라면 몸에 가벼운 상처가 났을 때 며칠 후면 곧 아물거나 조금 흔적만 남게 됩니다. 하지만 사람에 따라서는 상처난 곳이 주위의 피부보다 두드러지거나 딱딱하게 솟아오르는 경우가 있습니다. 바로 이것을 '켈로이드' 라고 하고, 상처가 아물면 반드시 이런 식으로 되는 사람을 가리켜 '켈로이드 체질' 이라고 합니다.

656 인공 장기의 종류

과학 기술이 크게 발전함에 따라, 이제는 사람의 장기 중에 몇 가지는 직접 만들 수도 있게 되었습니다. 이처럼 인공적으로 만든 장기를 가리켜 인공 장기라 하며, 대표적인 것으로는 인공 심장과 인공 신장·인공 심폐 장치·인공 혈관 등이 있습니다.

인공심장

657 돌연 변이란 무엇일까?

부모로부터 유전되는 것으로는 키·몸무게·얼굴 모양·피부 빛깔 등 매우 많습니다. 그러나 여기에는 수많은 유전자가 작용하기 때문에 매우 복잡하여, 때로는 부모를 닮지 않은 아이가 생겨나기도 합니다. 이런 현상을 가리켜 '돌연 변이'라고 합니다.

658 세포에는 모두 똑같은 유전자가 들어 있을까?

세포가 2개로 갈라져 늘어날 때, 세포 안에는 염색체라는 구조가 나타납니다. 이 때에는 세포의 핵이 잠깐 없어졌다가, 각각 갈라진 다음에 2개의 세포에 똑같은 수의 염색체가 들어가게 됩니다. 따라서 몸 속의 어느 세포라도 염색체는 모두 같으며, 생물의 종류에 따라서 그 수도 정해져 있습니다.

659 DNA의 길이

이 염색체에는 DNA(디옥시리보핵산)라는 유전자가 들어 있습니다. DNA는 마치 사다리를 꼬아 놓은 것 같은 모양을 하고 있는데, 양쪽에 평행한 2개의 선 사이에는 DNA에 들어 있는 염기라는 물질이 서로 마주보고 있습니다. 이 DNA의 길이는 대개 복잡한 생물일수록 길답니다.

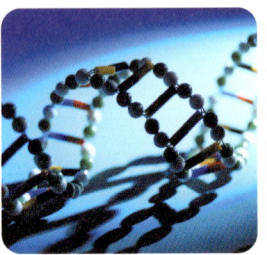

DNA구조 모형

660 유전자 속에 들어 있는 유전 정보

DNA의 가닥에는 수많은 유전 정보(유전자)가 들어 있어요. 이것들은 모두 생물이 해야 할 일을 통제하며, 그 중 DNA는 우리 몸의 갖가지 특징들을 하나하나 조절한답니다. 즉, 얼굴 생김새며 피부 색깔 등은 DNA 속에 들어 있는 하나하나의 유전자 때문에 결정되는 것입니다.

661 유전자의 발견

유전자를 처음 생각했던 사람은 오스트리아의 유전학자 멘델이었습니다. 그는 키가 큰 완두콩에는 키를 크게 하는 유전자가 있고, 키가 작은 완두콩에는 키를 작게 하는 유전자가 있다고 생각했지요. 그 후 과학자들은 이러한 유전자가 어디에 있는지를 연구하여 마침내 세포 속에 핵이 있고, 그 속에 가늘고 긴 실 모양의 염색체가 있는데, 그 속의 DNA(디옥시리보핵산)가 유전 정보를 전달한다는 것을 알게 되었습니다.

662 우리나라의 유전자 복제 기술

지난 1997년 영국에서는 암양의 유전자를 다른 양의 난자와 결합하여 최초의 복제양 '돌리'를 탄생시켰으며, 현재에도 전 세계적으로 꾸준히 유전자 복제 연구가 이루어지고 있습니다. 우리나라에서도 2005년 세계 최초의 복제개인 스너피를 만들고, 복제 돼지를 만들어 항암 치료 보조제를 얻는 데 성공하는 등 큰 성과를 이루고 있습니다.

복제양 '돌리'

663 유전자 복제로 할 수 있는 일

유전자 복제 기술은 인간의 생활에 매우 큰 도움이 될 수 있습니다. 예를 들어, 젖이 많이 나오고 좋은 고기가 나오는 소, 혹은 알이 굵은 감자 등을 복제한다면 똑같은 소나 감자를 얼마든지 싼 값으로 생산할 수 있답니다. 그리고 조금만 더 연구를 거치면 인간 세포의 복제도 가능하여, 병을 고치거나 예방하는 데 큰 도움이 될 것이라고 합니다. 그러나 생명 윤리의 중요성 때문에 매우 조심스럽게 다루어지고 있습니다.

664 부모와 유전적으로 똑같은 '클론'

유전자 복제 기술로 만들어진 또 하나의 똑같은 생명체를 일컬어 '클론' 이라고 합니다. 복제양 돌리도 클론이라고 할 수 있으며, 이런 기술로 태어나게 된 소나 개구리, 혹은 당근이나 감자 등도 모두 클론입니다. 즉, 동식물의 한 개체에서 암수의 수정을 거치지 않고, 무성 생식에 의해서 탄생한 개체를 말합니다. 따라서 클론은 부모와 유전적으로 똑같은 성질을 가지고 있습니다.

665 줄기세포로 어떻게 병을 치료할까?

줄기세포란 뼈나 혈액·심장 등으로 자라기 직전의 세포를 말합니다. 얼마 전까지만 해도 기술적인 어려움 때문에 어쩔 수 없이 줄기세포가 아닌 체세포(보통의 세포)를 사용해 왔지만 줄기세포를 직접 만들어 키우고(배양하고), 이것을 활용하여 인간의 장기를 만들면 부작용이 없기 때문에 그만큼 효과적이랍니다.

666 장기 이식이 성공하기 어려운 까닭

다른 사람(혹은 동물)의 장기를 환자의 장기와 바꾸는 것을 장기 이식이라고 합니다. 그러나 극히 일부의 경우를 제외하고는 사람과 어떤 동물로부터 다른 사람 또는 동물에게 장기를 이식했을 때, 이식된 장기가 정상적으로 살기는 매우 어렵습니다. 왜냐하면 하나의 생물은 그 세포 하나하나에 이르기까지 모두가 독자적인 성질을 가지고 있기 때문입니다.

667 최초의 장기 이식 수술

1967년 남아프리카 공화국의 의사인 바너드가 세계 최초로 심장을 이식 수술하는 데 성공했습니다. 비록 이식 수술을 한 환자는 18일 만에 숨을 거두고 말았지만, 그 후 여러 나라에서 심장을 비롯한 장기를 이식하는 데 성공하였습니다. 오늘날 가장 많이 행해지고 있는 이식 수술은 콩팥입니다.

668 까다로운 인간 복제

복제 동물이 탄생할 때마다 온 세상이 놀라는 까닭은 바로 이런 방법으로 인간을 복제할 수 있지 않을까 하는 염려 때문입니다. 실제로 2001년 캐나다의 한 종교 단체에서는 세계 최초의 복제 인간을 만들겠다고 말하기도 했지요. 만약 정말로 인간을 복제한다면 사회적으로나 윤리적으로 무척 복잡한 문제들이 발생할 것입니다.

제4장

알면 알수록 더욱 신비한 동식물

669 생물과 무생물은 어떻게 다를까?

동물이나 식물과 같이 생명이 있는 것을 '생물'이라 하고, 돌이나 쇠처럼 생명이 없는 것을 '무생물'이라고 합니다. 생물의 몸은 세포로 되어 있으며, 몸 밖으로부터 필요한 물질을 받아들여 영양분을 흡수합니다. 또한 호흡을 함으로써 양분을 분해하여 에너지를 얻지요. 생물은 몸 밖의 여러 가지 조건에 반응을 하며, 자신의 자손을 만들어서 늘려 갑니다.

난 생물 넌 무생물

…!!

670 단세포 생물과 다세포 생물

생물 중에는 단 하나의 세포만으로 이루어진 것(단세포 생물)과 여러 개의 세포로 이루어진 것(다세포 생물)이 있습니다. 나무·풀·버섯 등과 짐승·어류·곤충 등 대부분의 생물들은 많은 세포로 이루어져 있습니다. 그러나 박테리아·아메바·짚신벌레 등의 원생동물들은 단 하나의 세포로만 이루어져 있답니다.

671 동물과 식물의 차이

말 그대로 하면 동물은 '움직이는 물체'라는 뜻이고 식물은 '심어져 있는 물체'라는 뜻입니다. 지구에 생명이 처음 생겨날 때에는 스스로 양분을 만들 수 있는 것과, 스스로 만들지 못하여 다른 생물을 먹이로 삼는 것으로 나뉘어 있었지요. 다른 생물을 먹이로 삼는 것은 움직여서 돌아다닐 필요가 있었기 때문에 근육을 갖추게 되었고, 그 후 점점 복잡하게 발달하여 여러 기관을 갖추게 된 것입니다.

672 동물의 세포와 식물의 세포

동물과 식물의 세포 속에는 세포의 모든 활동을 지배하는 핵과, 물질 순환·분비 활동·호흡 활동을 하게 하는 여러 가지 물질들이 들어 있습니다. 그러나 광합성을 하게 하는 색소체(엽록체)는 식물 세포에만 있으며, 세포 분열을 할 때 중요한 구실을 하는 중심체는 동물 세포에만 있답니다.

673 세계 공통으로 사용하는 동식물의 이름

동식물의 이름은 나라마다 다릅니다. 예를 들어, 우리는 '개'라고 하지만 미국에서는 '도그', 일본에서는 '이누'라고 하지요. 하지만 이것은 연구상 불편하므로, 학문상의 이름을 세계 공통으로 정해 놓고 있습니다. 그것을 '학명'이라고 하는데, 학명을 붙이는 방법으로는 스웨덴의 동물학자 린네가 만든 '이명법'을 사용하고 있답니다.

674 린네가 만든 이명법

린네의 이명법은 동식물이 어떤 종인가를 알려 줄 뿐 아니라, 그 종이 생물의 세계에서 어느 부분에 속하는지를 보여 줍니다. 즉 속명과 종명을 쓰고, 그 뒤에 생물을 발견한 학자의 이름을 적는 것입니다. 예를 들어 고양이는 *Felis catus Linne*라고 쓰는데, 이것은 *Felis* 속에 포함되는 *catus*의 종류임을 나타내며 린네가 이름을 붙였다는 뜻입니다.

675 동물의 분류

전세계에는 약 100만~150만 종의 동물이 살고 있는 것으로 추정되고 있습니다. 동물은 종·속·과·목·강·문·계의 단계로 분류하는 것이 보통인데, 예를 들어 사람을 분류해 본다면 다음과 같이 나타낼 수 있습니다.
'동물계, 척추동물문, 포유강, 영장목, 유인원과, 호미니드속, 호모사피엔스종'

676 초식 동물과 육식 동물

과일이나 풀·나뭇잎 등을 먹고 사는 동물을 '초식 동물'이라 하고, 초식 동물이나 다른 동물들을 잡아먹고 사는 것을 '육식 동물'이라고 합니다. 보통 초식 동물들은 무리를 지어 생활하는 경우가 많으며, 적에게 위협을 주기 위해 뿔이나 상아 등을 가진 종도 많습니다. 쥐·다람쥐·토끼·사슴 등은 물론 얼룩말·코뿔소·하마·기린·코끼리처럼 큰 동물들도 초식 동물에 속합니다.

하마

677 동물들은 왜 점점 모습이 달라질까?

태어난 생물은 생존 경쟁에 유리한 것만이 살아남는데, 대를 거듭함에 따라 그 장소와 환경에 알맞는 다른 종류의 생물로 점점 변화해 갑니다. 예를 들어 최초의 코끼리는 신생대 제3기 초에 나타났으며, 고작해야 사슴 정도의 크기였답니다. 이 코끼리는 메리테륨이라고 불리며, 코도 짧아서 도저히 코끼리라고는 할 수 없었지요. 그러나 더욱 진화되어 나타난 마스토돈이나 스테고돈은 현재의 코끼리와 아주 비슷합니다.

678 일정한 방향으로 이루어지는 '정향 진화'

위와 같이 코끼리는 일정한 방향으로 진화하고 있는 것입니다. 즉, 하나의 이가 유난히 길어져 가는 것, 코가 길어져 가는 것, 몸이 커져 가는 것 등으로 말입니다. 이러한 진화의 경향을 '정향 진화'라고 합니다.

679 라마르크의 '용불용설'

1809년 프랑스의 라마르크는 "동물의 몸에서 자주 쓰이는 부분은 발달하고, 쓰지 않는 부분은 사라진다"는 '용불용설' 이론을 발표했습니다. 예를 들어 기린은 풀이 적은 초원에서 높은 나무의 잎사귀를 먹으며 살기 위해 목이 점점 길어지고, 이것이 자손에게 유전되어 지금처럼 목이 길게 되었다고 합니다.

680 갈라파고스의 독특한 동물들

남아메리카 해안에서 약 1,000km쯤 떨어진 갈라파고스 제도에는 세계 어디에서도 볼 수 없는 신기한 동식물이 많답니다. 엄청나게 큰 코끼리거북과 날지 못하는 새 가마우지, 헤엄칠 때 긴 꼬리를 이용하는 바다이구아나, 열대 지방에서 살 수 있는 갈라파고스펭귄 등. 이처럼 이 곳에만 독특한 야생 동물이 발달한 것은 13개의 작은 섬들로 이루어진 갈라파고스 제도가 다른 곳과 멀리 떨어져 있기 때문이랍니다.

681 진화의 증거

1830년대에 갈라파고스 제도를 탐험한 영국의 생물학자 다윈도 진화론을 주장했습니다. 그는 '짐승의 강'이라는 곳에서 여러 가지 화석을 발견하고, 옛날의 동물과 지금의 동물 모습은 조금씩 다르다는 것을 확인했습니다.

682 포유류의 탄생

지구상에는 약 4천~5천 종의 포유류가 있습니다. 젖으로 새끼를 키우는 포유류는 일반적으로 몸집이 크고 지능이 높아서 다른 생물에 큰 영향을 끼치고 있지요. 포유류는 어류·양서류·파충류·조류 등과 같은 척추 동물의 하나로, 약 2억 년 전 파충류에서 갈라져 나왔으며, 대개 일정한 장소에 살면서 먹이를 구하고 새끼를 기릅니다.

683 육식 동물의 특징

대표적인 육식 동물을 꼽는다면 사자·호랑이·표범·늑대 등을 들 수 있습니다. 이런 육식 동물들은 보통 몸이 날렵하고 튼튼하며, 날카로운 이빨과 발톱 등을 가진 경우가 많습니다. 또한 감각이 예민하고, 특히 동료들에게 냄새로 의사를 전달할 수 있을 만큼 뛰어난 후각을 지니고 있습니다.

684 몸의 온도가 일정한 '항온 동물'

'항온 동물'이란 체온을 일정하게 유지하는 동물이라는 뜻입니다. 새들과 포유류가 이에 속하는데, 예를 들어 고양이나 토끼는 39℃, 개는 38~39℃, 닭은 42℃ 그리고 사람은 36~37℃를 항상 유지하고 있습니다. 만약 체온이 이보다 낮거나 높으면 건강하지 못한 것이고, 심한 경우에는 죽을 수도 있답니다.

685 먹이 사슬이란 무엇일까?

식물은 땅 속의 물과 양분을 흡수해서 자라며, 초식 동물은 이런 식물들을 먹고 살아갑니다. 그런가 하면 초식 동물은 다시 육식 동물의 먹이가 되고, 이런 동물들이 죽으면 시체는 썩어서 다시 식물이 필요로 하는 양분이 되지요. 이처럼 서로 먹고 먹히는 것을 '먹이 사슬' 이라고 합니다.

686 천적으로 둘러싸인 동물의 세계

어떤 동물을 먹이로 삼는 동물을 '천적' 이라고 하지요. 예를 들어 산토끼에게는 늑대나 여우가 천적이고, 진딧물에게는 무당벌레가, 쥐에게는 고양이가, 모기에게는 잠자리가 천적이랍니다.

687 천적의 역할

미국의 카이바브 고원에서는 사슴을 잡아먹는 퓨마와 늑대를 모두 잡은 일이 있었습니다. 그 결과 사슴의 수가 무려 25배나 증가하여, 먹이가 되는 식물이 거의 사라져 버렸지요. 이 때문에 도리어 수많은 사슴이 굶어죽게 되었답니다. 이처럼 천적은 생물의 수를 조절하는 구실을 하기 때문에, 천적을 없애 버리면 자연 생태계에 큰 혼란이 생긴답니다.

688 언제나 균형을 이루는 자연

대개의 경우 천적은 먹이 상대가 되는 동물을 잡아먹긴 하지만, 그 동물을 완전히 전멸시키지는 못합니다. 예를 들어 늑대가 많아져서 토끼를 잡아먹으면, 토끼가 줄어서 늑대도 줄게 되지요. 그런가 하면 토끼는 새끼를 많이 낳기 때문에 천적에게 잡아먹히더라도 그 중 일부가 살아남아 대를 잇게 됩니다. 이런 까닭에 자연은 늘 평형을 이루고 있는 것입니다.

689 주행성 동물과 야행성 동물

하루 종일 쉬지 않고 움직이는 동물은 없습니다. 대개의 동물들은 하루 중에 일정한 시간에만 주로 활발하게 움직이면서 먹이를 찾거나 자신의 영역을 돌아다니지요. 주행성이란 사람과 같이 밤에는 휴식을 하고 낮에 활동하는 동물을 말하며, 야행성은 밤에 주로 활동하는 동물을 말합니다.

690 서로 돕는 동물들

서로 다른 두 생물이 서로 이익을 주거나 받으며 함께 생활하는 것을 '공생'이라고 합니다. 예를 들어 말미잘은 집게가 쓰고 있는 껍데기에 붙어서 이동하며, 집게는 말미잘을 이용해서 자신을 위장합니다. 또한 악어새는 악어의 이빨에 있는 찌꺼기를 얻어 먹지만, 악어에게는 입 안의 청소가 되므로 서로 돕는 관계이지요.

691 편리 공생과 상리 공생

말미잘과 흰동가리, 해삼과 숨이고기의 경우처럼 두 생물 중 한 쪽만 이익을 얻고 다른 쪽은 이익을 받지 않는 것을 '편리 공생'이라고 합니다. 이와 달리 집게와 말미잘의 경우처럼 서로가 이익을 얻으며 사는 것을 '상리 공생'이라고 하지요.

692 지진을 미리 아는 동물

쥐나 개미들은 지진이 일어나기 몇 시간 전에 미리 떼를 지어 도망간다고 합니다. 이처럼 동물들이 지진을 미리 알 수 있는 것은 지진이 일어나기 전에 땅 속에서는 엄청난 에너지가 생겨 지하수를 분해시키는데, 이 때 발생하는 에어로졸이라는 물질이 동물들을 심리적으로 불안하게 만들기 때문이랍니다.

694 가축을 기르는 까닭

사람이 기르는 개나 고양이·소·닭 등의 가축들은 까마득히 먼 옛날에는 모두가 야생의 동물이었습니다. 가축들을 기르게 된 것은 무엇인가에 도움을 얻기 위해서 였지요. 예를 들어 닭은 달걀과 고기를 얻기 위해서, 소는 고기와 우유를 얻기 위해서, 작은 새나 애완 동물은 보고 즐기기 위해서랍니다.

695 꿈을 꾸는 개와 고양이

사람은 꿈을 꾸다가 갑자기 깜짝 놀라서 깨어나는 경우가 있습니다. 그런데 개나 고양이들도 종종 자다가 놀라서 깨어나곤 한답니다. 동물학자들은 이 사실을 근거로 하여 개와 고양이의 맥박을 측정하고 호흡을 연구하고 표정과 운동 등을 관찰했답니다. 그 결과 개나 고양이도 사람처럼 꿈을 꾼다는 것으로 결론을 내렸지요.

696 개가 먹이를 땅 속에 묻는 까닭

동물에게는 먹이가 부족할 때를 대비해 비축해 두는 습관이 있습니다. 예를 들어 때까치는 가을이 되면 개구리나 도마뱀 등을 잡아서 나뭇가지에 걸어 두지요. 개도 이와 마찬가지입니다. 까마득히 먼 옛날 개는 야생에서 뛰어다니는 육식 동물이었는데, 사냥감이 없을 때를 대비하여 토끼 등을 잡아서 땅에 묻어 두는 버릇이 있었답니다. 이런 조상들의 습성이 오늘날에도 남아서 가끔 땅에 먹이를 묻곤 하는 것입니다.

697 개의 종류는 250~300가지

우리 주변에서 볼 수 있는 개들의 종류는 많아야 20~30가지일 것입니다. 그러나 사실 그 종류는 놀랄 만큼 많답니다. 학자들에 따르면 대략 250~300가지나 된다고 하지요. 그 중에서 큰 것은 2m가 훨씬 넘기도 하고, 작은 것은 겨우 20cm 정도밖에 되지 않는답니다. 그 외에도 개는 털이 많고 적음에 따라, 털의 색깔에 따라 혹은 꼬리나 귀의 모양에 따라 각양각색이랍니다.

불독

693 개는 언제부터 사람과 친했을까?

개는 수많은 동물 중에서도 사람과 가장 친한 동물입니다. 사람 가까이서 지내 온 역사도 그 어느 동물보다 길지요. 1492년 콜럼버스가 아메리카 대륙을 발견했을 때 이미 그 곳에는 사람과 개가 함께 살고 있었지요. 실제로 연구에 따르면 사람이 개를 기르기 시작한 것은 약 8천 년 전부터라고 합니다.

698 개가 전봇대에 소변을 보는 까닭

개가 길을 가다가 전봇대나 기둥, 벽 등에 오줌을 누는 것은 그 곳이 자신의 영역임을 표시하는 것이랍니다. 그래서 만약 어떤 개가 지나가면서 오줌을 누면, 그 다음에 온 녀석이 앞서 간 개보다 힘이 약할 때는 오줌을 누지 않고, 앞서 간 녀석보다 힘이 센 경우에는 반드시 오줌을 누지요.

699 자신의 영역을 표시하는 페로몬

개의 소변 속에는 자신만의 냄새가 있습니다. 이것을 '페로몬' 이라고 하는데, 개뿐 아니라 거의 모든 동물들은 이런 물질을 이용하여 자기 영역을 넓히고 그것을 과시한답니다. 페로몬은 일반적으로 농도가 몇백만 분의 1 정도이기 때문에 같은 동물들은 알지만 우리들은 잘 알 수 없답니다.

700 사람보다 1백 배나 더 좋은 후각

개는 코, 즉 후각이 발달되어, 사람에 비해 1백 배나 더 냄새를 잘 맡을 수 있습니다. 그래서 이런 후각을 이용하여 공항에서 숨겨 들어오는 마약을 찾아내기도 하고 경찰견으로 활약하기도 합니다. 개는 후각뿐 아니라 청각도 발달되어 있지만, 그밖의 감각은 그다지 좋지 않답니다.

701 고양이나 개는 정말 흑백으로 볼까?

개나 고양이들은 밤에도 눈이 잘 보인답니다. 물론 사자나 호랑이도 마찬가지지요. 실험에 따르면 이런 동물들은 대부분 색맹이라고 합니다. 그래서 텔레비전을 보아도 우리처럼 컬러로 보지 못하고 흑백으로 볼 뿐이지요.

702 촉각을 담당하는 고양이의 수염

사람과 달리 동물들의 수염은 생활에 꼭 필요한 것이랍니다. 즉, 동물들의 수염에는 예민한 신경이 연결되어 있어서, 촉각을 담당하고 있습니다. 수염으로 접촉해 봄으로써 위치나 장소를 판단할 수 있는 것이지요. 만약 고양이에게 수염이 없다면 자신의 위치와 쥐와의 거리를 알 수 없어서 번번이 쥐를 놓치고 말 것입니다.

703 양의 털을 깎는 이유

사람들은 해마다 양털을 깎아 옷감으로 사용합니다. 사람에게 쓸모가 있어서 깎는 것이긴 하지만 양은 스스로 털갈이를 하지 못한답니다. 양털에는 기름기가 많이 배어 있어서 땀의 증발을 막고, 이 때문에 만약 제때에 털을 안 깎아 주면 열사병에 걸린 것처럼 되어서 죽어 버린답니다.

704 자기가 빠는 젖꼭지를 기억하는 돼지

암돼지는 보통 한꺼번에 10마리가 넘는 새끼를 낳습니다. 새끼들은 한동안 어미의 젖을 빨아먹고 사는데, 그 많은 새끼돼지들은 태어난 뒤 얼마 안 되어 자기들의 젖꼭지를 정해 놓고 항상 그것만 빨아먹는답니다. 어미돼지가 아무리 다른 방향으로 누워도 자기 젖꼭지만은 꼭 찾아낸다고 하지요.

705 토끼 눈이 빨간 이유

보통 동물들의 눈은 검은색 계통입니다. 눈의 색깔이란 홍채 부분의 색소를 말하는 것인데, 이 색소는 강한 광선을 알맞게 조절하는 역할을 하지요. 이 색소는 주로 멜라닌이라는 물질로 되어 있는데, 토끼의 눈이 빨간 이유는 이 멜라닌 색소가 없기 때문입니다. 그래서 눈에 있는 혈관 속의 피가 그대로 내비치는 것입니다.

706 소의 위는 4개

소는 항상 입 속에 있는 뭔가를 우물우물 씹고 있는데, 이것을 '되새김질'이라고 합니다. '되새김질'은 위가 많은 동물들이 흔히 하는 행동인데, 처음 위 안에 넣어 둔 음식을 다시 꺼내 먹는 것입니다. 초식 동물은 항상 육식 동물을 조심해야 하기 때문에 먹을 수 있을 때 잔뜩 먹어 두어야 하지요. 소의 위는 사람과 달리 4개나 된답니다.

707 소가 침을 흘리는 까닭

소는 잎니가 없기 때문에 풀을 가늘게 잘라낼 수 없답니다. 그래서 풀을 뜯어 입 안으로 넣고는 어금니로 잘게 으깬 뒤 침을 섞어 위로 보냅니다. 그것을 다시 입으로 보내어 되새김질을 하는데, 되새김질에는 많은 시간이 필요합니다. 또 여기에 침을 많이 섞게 되다 보니, 그 침이 흘러서 밖으로 나오는 것이지요.

708 선 채로 잠자는 말

말은 새끼를 낳거나 심하게 아플 때가 아니면 항상 서 있습니다. 물론 잠을 잘 때에도 서서 잡니다. 만약 누워서 자면 몸 속의 기관들이 자신의 몸무게를 견디지 못해서 자칫하면 죽게 된다고 합니다.

709 오리너구리는 포유류인데 왜 알을 낳을까?

포유류의 선조는 파충류랍니다. 파충류는 알을 낳는데, 살무사의 경우 새끼살무사는 어미의 몸에서 나오지요. 하지만 어미의 몸 속에서 알이 부화되어 나오는 것이므로 진정한 태생은 아닙니다. 이것을 난태생이라고 합니다. 오리너구리가 알을 낳는 것은 파충류에서 포유류로 진화하는 중간 형태여서 아직은 파충류 때의 습성이 남아 있기 때문입니다.

710 오리너구리의 독특한 생태

오리너구리는 알을 낳기는 하지만, 젖을 먹여 새끼를 키우기 때문에 엄연히 포유류로 정의하고 있습니다. 오리너구리는 현재 남아 있는 포유류 중에서는 바늘두더지와 함께 가장 원시적인 동물에 해당되지요. 그 밖에도 오리너구리는 주둥이가 오리처럼 넓고 평평하며, 발에는 물갈퀴가 달려 있고, 특히 수컷 뒷발의 독샘에서는 독을 뿜는답니다.

711 동물의 꼬리

오리너구리와 같이 캥거루나 코알라 등은 오스트레일리아에 주로 살고 있습니다. 특히 캥거루를 보면 꼬리가 잘 발달되어 있는데, 이들의 꼬리는 몸을 지탱하는 역할을 합니다. 한편 곰쥐의 꼬리가 긴 것은 높은 곳으로 뛰어오르거나 몸의 균형을 잡기 위해서이며, 새들의 꼬리는 날아가는 방향을 바꿀 때 꼭 필요하답니다.

712 털이 변화하여 만들어진 코뿔소의 뿔

코뿔소의 뿔은 사슴의 뿔처럼 떨어져 나가는 일이 없으며, 상대와 맞서 싸울 때에는 무기가 됩니다. 코뿔소의 뿔은 피부, 특히 털이 변화한 것이랍니다. 그래서 그 속에는 골수가 없지요. 코뿔소는 아프리카와 아시아에 다섯 종류가 살고 있는데 모두가 2개의 뿔을 가지고 있으며, 아시아의 자바코뿔소만은 1개의 뿔을 가지고 있습니다.

713 가장 빨리 달리는 동물

땅 위에서 가장 빨리 달리는 동물은 치타입니다. 치타는 아프리카, 이란, 아프가니스탄 등의 평원에서 사는 육식 동물이지요. 치타는 평평한 곳에서 최대 시속 110km까지 달릴 수 있다고 합니다. 이 밖에 중거리를 가장 빨리 달리는 포유동물로는 뿔 달린 영양을 들 수 있습니다.

714 기린의 목뼈는 7개

기린은 갓 태어난 새끼만 해도 2m나 되고, 다 큰 기린은 무려 5.5m 정도까지 이릅니다. 기린의 긴 목은 아프리카의 초원 지대에서 살기에 적당하게 진화되었답니다. 하지만 목뼈의 숫자는 사람과 마찬가지로 7개이지요. 모든 척추 동물은 목뼈가 7개이기 때문입니다. 한편 기린의 무리 속에서 서열을 결정하는 것은 긴 목을 휘두르며 싸우는 '목싸움'이랍니다.

715 박쥐가 거꾸로 매달리는 까닭

박쥐는 발이 아주 작고 힘이 약해서 사람이나 다른 동물처럼 똑바로 서서 자신의 몸무게를 지탱할 수 없답니다. 무릎 밑이 사람의 발과는 반대쪽으로 180° 휘어져 있기 때문에, 날지 않을 때에는 대부분 거꾸로 매달려 있어야만 하지요. 대신 발톱이 크고 둥그렇게 휘어져 있으며 힘도 굉장히 세답니다.

716 겨울잠을 자는 동물들

포유류 중에서 겨울잠을 자는 대표적인 동물이 곰입니다. 곰이 약 3개월 동안이나 겨울잠을 자는 이유는 추운 겨울 동안에 먹이를 구하기가 어려워서랍니다. 곰 외에도 양서류인 개구리나 파충류인 뱀도 겨울잠을 자는데, 이들은 마치 죽은 것처럼 잠을 자지만, 곰은 호흡 수를 줄이고 체온을 낮춘 채 꾸벅꾸벅 조는 정도라고 합니다.

717 낙타의 혹에는 무엇이 들어 있을까?

낙타의 등에 있는 혹에는 물이 가득 든 게 아니라 지방(기름)이 들어 있는데, 낙타는 다른 동물들과 달리 가죽 밑에 지방이 없으며, 모든 지방을 등에 담고 다닌답니다. 며칠 동안 아무것도 먹지 않고도 살 수 있는 것은 이 지방을 분해하여 몸 속에 필요한 영양분과 물을 공급하기 때문입니다.

718 쌍봉 낙타와 단봉 낙타

사막에서 중요한 교통 수단으로 많이 이용되는 낙타는 여러 날 동안 물과 먹이를 전혀 먹지 않고도 살 수가 있답니다. 낙타 중에서 혹이 한 개 달려 있는 것을 '단봉 낙타', 혹이 두 개 달려 있는 것을 '쌍봉 낙타'라고 하는데, 아시아에는 주로 단봉 낙타가 살고 있고, 아프리카에는 쌍봉 낙타가 살고 있습니다.

719 코브라를 물리치는 몽구스

사막에 많이 살고 있는 몽구스는 '고양이족제비'라고도 하며, 주로 바위틈이나 나무의 빈 구멍, 땅 구멍에 살고 있습니다. 특히 인도에서는 몽구스를 코브라 퇴치용으로 이용하기도 하는데, 물론 몽구스도 코브라에게 물리면 죽고 맙니다. 하지만 몽구스는 매우 빠른 동작으로 코브라가 물기 전에 먼저 공격해서 이기는 것입니다.

720 사막의 동물들

사막이나 초원에는 물이 적으므로 낙타·영양 등과 같이 며칠 동안 물을 마시지 않고도 견디는 동물과 사자·치타 등의 맹수, 얼룩말·타조 등이 삽니다. 이러한 지역은 거의 나무가 없고 전망이 밝아서, 얼룩말·영양·타조 등의 무리는 습격을 피하기 위해 발이 빠르며, 늘 떼를 지어 생활하는 것입니다.

721 남극의 펭귄, 북극의 북극곰

남극이나 북극 모두 춥고 얼음으로 뒤덮여 있는데, 왜 펭귄은 남극에만 살고 북극곰은 북극에만 살까? 그것은 바로 먹이 때문이랍니다. 만약 펭귄이 북극에 살게 되면, 북극은 남극과는 달리 대부분의 지역이 얼음으로 뒤덮여 있어서 물고기를 잡기 어렵답니다. 북극의 물고기는 남극보다 바다 속 깊은 곳에서 생활하기 때문에 펭귄이 먹이를 잡기가 어렵지요.

722 펭귄이 동상에 걸리지 않는 까닭

펭귄이 추운 남극에서도 잘 살 수 있는 까닭은 피하 지방이 다른 조류들에 비해 매우 두꺼운 편이기 때문이랍니다. 또한 발에는 동맥의 주위를 정맥이 빽빽이 둘러싸고 있으므로 체온을 잃어버리는 법이 없으며 혈액 순환도 순조로워서 동상에 걸릴 염려가 없는 것입니다.

723 북극곰의 물범 사냥

북극곰의 두꺼운 털과 지방층은 바람이나 차가운 물로부터 몸을 보호하며, 귀가 짧은 것도 추위에 적응하기 위해서입니다. 북극곰은 바다표범이나 바다코끼리, 돌고래 따위를 사냥해서 먹지만 때로는 조류나 알, 식물 등을 먹기도 합니다. 북극곰은 특히 물범을 좋아하는데, 얼음 구멍을 지키고 있다가 숨쉬기 위해 고개를 내미는 물범을 잡거나, 얼음 위에 누워 있는 물범을 덮치기도 하지요.

724 남극의 동물들

남극은 기온이 최저 -88℃까지 내려갈 정도로 지구에서 가장 추운 곳입니다. 그러나 이곳에는 펭귄을 비롯하여 여러 종류의 갈매기들과 바다제비 등이 살고 있습니다. 또 바닷물 속에는 3~4종류의 바다표범과 고래가 살고 있지요.

726 피를 빨아먹는 모기는 암컷

모기 중에서 사람을 무는 것은 암컷 모기뿐이랍니다. 수컷 모기는 과일이나 식물의 체액을 빨아먹고 살지요. 암모기가 사람이나 다른 동물의 피를 빨아먹는 것은 알을 낳을 때 필요한 양분과 힘을 얻기 위한 것이랍니다. 한편 모기는 연약한 곤충이지만 무려 35시간이 넘도록 쉬지 않고 날갯짓을 할 수 있답니다.

727 반딧불이의 빛을 내는 물질

반딧불이는 지구상에 약 2,000여 종이 살고 있으며, 일명 개똥벌레라고도 부릅니다. 반딧불이는 알에서 유충을 거쳐 번데기가 된 다음 6월 중순에서 7월 중순 사이에 어른벌레가 되어 활동하며 약 15일 정도 살다 죽습니다. 반딧불이가 빛을 내는 것은, 꽁무니에 있는 발광 세포에서 나오는 루시페린이라는 물질이 호흡에 의해 들어온 산소를 태워서 파란 빛이 나오기 때문입니다.

728 개미가 길을 잃지 않는 까닭

개미는 전 세계적으로 5,000여 종이 살고 있으며, 땅 속이나 썩은 나무 속에 집을 짓고 무리를 이루어 삽니다. 개미의 배끝에는 분비물이 나오는 샘이 있어서 먹이를 구하러 멀리 갈 때 자신의 냄새를 땅에 표시한답니다. 그래서 멀리 갔더라도 돌아올 때 그 냄새를 맡고 오면 되지요. 또 개미들이 서로 더듬이를 비비는 것은 더듬이로 냄새를 맡아 친구와 적을 구분하는 것이랍니다.

729 춤으로 의사 소통을 하는 벌

일벌은 태어나서 20일이 지나면 꿀이나 꽃가루를 모으는 일을 합니다. 먼저 탐색벌이 맛 좋은 꽃가루와 꿀이 잔뜩 담겨 있는 꽃들을 발견하면 혼자서 다 가져갈 수 없으므로 다른 동료를 부르러 갑니다. 탐색벌이 집으로 돌아오면 곧 동료 일벌들이 탐색벌을 빙 둘러싸는데, 탐색벌은 꿀을 뱉은 다음 갑자기 춤을 추기 시작합니다. 그것은 바로 꿀을 발견했다는 뜻입니다.

725 파리는 왜 앞발을 비빌까?

파리는 세계적으로 약 4,000여 종이나 있는 곤충이랍니다. 이들은 세균, 바이러스 등의 매개체나 중간 숙주 역할을 하는데, 파리가 앞발을 비비는 것은 앞발에 있는 빨판을 청소하는 것입니다. 빨판에 이물질이 묻어 있으면 다른 곳에 달라붙어 앉기가 힘들기 때문입니다. 또한 파리는 다리 앞부분으로 맛을 느낀다고 합니다.

730 상대방을 잡아먹는 사마귀

두 팔을 가슴에 모으고 풀 위에 가만히 앉아 있는 사마귀를 보면 마치 기도라도 하는 것 같지요. 하지만 사마귀는 실제로는 무시무시한 사냥꾼이랍니다. 그런 자세로 가만히 있다가 먹이가 다가오면 낫처럼 생긴 앞다리를 재빨리 뻗어서 잔인하게 잡아먹지요. 자기보다 훨씬 큰 상대에게도 공격을 하기도 하며, 암컷은 짝짓기를 한 상대까지 잡아먹는답니다.

731 하루살이의 수명은 2~3일

하루살이는 화석에서도 발견할 수 있을 만큼 아주 오래 전부터 지구에서 살아 왔습니다. 하루살이는 애벌레로 물 속에서 2년 정도를 보내고 어른벌레가 되며, 보통은 2~3일 정도 산다고 합니다. 수명이 아주 짧은 것은 한 시간밖에 못 사는 것도 있지만, 오래 사는 경우는 3주일 정도를 살기도 합니다.

732 거미와 전갈은 절지 동물

거미나 전갈은 곤충처럼 생겼지만 사실은 곤충이 아니랍니다. 곤충은 몸이 머리·가슴·배의 세 부분으로 나뉘어 있고 다리는 각각 3쌍인데, 거미·전갈 등은 4쌍의 다리를 갖고 있지요. 이같은 동물은 보다 큰 분류인 '절지 동물' 로 구분합니다.

733 뱀이 혀를 날름거리는 까닭은?

뱀은 눈꺼풀은 없지만 눈도 있고, 고막이 없어서 듣지는 못하지만 피부 밑에 귀도 있답니다. 그리고 코 끝의 양 옆에는 '페트'라는 구멍이 있어서 온도의 변화를 느낄 수 있지요. 뱀은 혀를 날름거려서 냄새를 맡고 페트로 사냥감의 체온을 느낀 다음 커다란 입으로 먹이를 삼키는 것입니다.

734 잘려진 도마뱀 꼬리는 왜 계속 움직일까?

도마뱀의 꼬리를 자르면, 떨어져 나간 꼬리가 한동안 움직입니다. 뱀도 이와 마찬가지이지요. 도마뱀이나 뱀은 다 같이 척추 동물이지만 그다지 진화된 동물은 아닙니다. 이런 동물들은 몸의 구조가 완전하지 않아서 뇌의 지배를 받지 않고 자율적으로 움직이는 부분들이 있습니다.

735 세포를 재생하는 능력

이들 동물들은 또한 세포 재생 능력이 있어서, 위험에 처했을 때 도망치기 위해 몸의 일부를 잘라내더라도 금방 다시 생겨난답니다. 이렇게 세포를 재생하는 능력은 하등 동물일수록 더 왕성하답니다.

736 독을 지닌 뱀들

대부분의 뱀은 육식이며, 남극 대륙을 제외하고 모든 대륙에 약 3,500종이 살고 있답니다. 뱀 중에는 무서운 독을 가진 독사들이 많습니다. 방울뱀, 살무사 그리고 코끼리도 물리면 3~4시간 안에 죽는다는 킹코브라 등 뱀의 독은 매우 치명적입니다. 코브라의 독은 같은 코브라끼리 물려도 곧 숨이 막히고 신경이 마비된답니다.

737 독이 있는 뱀과 없는 뱀의 차이

대체로 보면 독이 있는 뱀은 작은 편이고, 독이 없는 것은 큰 편입니다. 그리고 독이 있는 뱀은 머리가 세모꼴인 경우가 많습니다. 작은 뱀이 독을 지닌 까닭은 먹이로 잡은 큰 동물이 달아나는 것을 막기 위해서랍니다. 이에 비해 커다란 뱀들은 주로 힘이 세기 때문에 상대에게 달려들어 몸을 휘감아 죽입니다.

738 뱀의 독이 만들어지는 독샘

독사의 독은 머리 부분의 독샘에서 만들어집니다. 이 독샘에는 근육이 붙어 있기 때문에, 독이 필요할 때는 근육을 수축시켜 독을 짜내서 송곳니로 나오게 하지요. 뱀의 독에는 신경을 마비시키는 것과 근육을 썩게 하는 것, 두 종류가 있답니다.

739 적을 위협하는 방울뱀의 소리

살무사과에 속하는 독사인 방울뱀은 남북아메리카에 주로 살고 있으며, 그 종류는 60여 종 이상 됩니다. 방울뱀의 꼬리 끝에는 여러 개의 각질 고리가 연결되어 있답니다. 이 고리는 속이 텅 비어서 그것을 흔들 때마다 서로 부딪쳐 소리를 내지요. 이 고리는 껍질을 벗을 때마다 한 개씩 늘어난답니다.

740 카멜레온의 보호색의 비밀

동물들 중에는 위험으로부터 자신을 보호하기 위해서 몸의 색깔을 주위 환경이나 색깔과 비슷하게 변화시키는 것이 있는데, 이것을 '보호색'이라고 합니다. 특히 카멜레온의 가죽 속에는 3개의 층으로 나뉜 색소 세포가 있어서 주위의 환경이나 변화에 따라 몸의 색깔이 변하는데, 화를 내거나 긴장을 하는 등 감정에 따라서도 색깔이 변한답니다.

나 여기 없~~다.

741 공룡의 이름엔 무슨 뜻이 담겨 있을까?

브라키오사우루스, 알로사우루스, 티라노사우루스…. 대부분 공룡의 이름들에는 '사우루스'라는 말이 붙습니다. '공룡'을 뜻하는 영어 단어인 '디노사우루스'는 영국의 학자인 리처드 오웬이 붙였다고 하지요. 여기서 '디노스'는 '무서운'이라는 뜻이고 '사우루스'는 도마뱀이니까 '무서울 만큼 큰 도마뱀' 정도로 해석됩니다.

742 가장 큰 공룡, 세이스모사우루스

공룡 중에 가장 큰 것을 꼽는다면 몸 길이가 39~52m, 몸무게가 50~150톤이나 되는 세이스모사우루스를 들 수 있습니다. 세이스모사우루스란 '지진 공룡'이라는 뜻인데, 몸집이 워낙 커서 걸어다닐 때 마치 지진이 일어나는 것처럼 땅이 쿵쿵 울렸기 때문이지요.

743 가장 작은 공룡, 콤프소그나투스

공룡이라고 해서 모두가 큰 것은 아닙니다. '귀여운 턱'이라는 뜻의 이름을 가진 콤프소그나투스는 크기가 겨우 60cm 정도에 지나지 않았다고 합니다. 1861년 독일에서 화석이 발견된 이 공룡은 시조새와 닮은 모습이며, 몸무게는 겨우 3kg 정도로 추측됩니다.

744 공룡들의 시대는 1억 6천만 년

흔히 '공룡 시대'라 불리는 중생대는 다시 3개의 기로 나뉘어집니다. 중생대 전기인 트라이아이스기(2억 2천5백만 년 전~1억 9천만 년 전)를 거쳐, 중기인 쥐라기(1억 9천만 년 전~1억 3천6백만 년 전) 때에 공룡들이 가장 활발하게 활동했으며, 말기인 백악기(1억 3천6백만 년 전~6천5백만 년 전) 무렵에는 큰 공룡들이 멸종하고, 대신 각룡이나 오리너구리공룡 등이 나타났답니다.

745 공룡을 복원하는 방법

우리가 공룡에 대해서 알 수 있는 것은 화석 때문입니다. 공룡뼈 화석을 캐내어 이리저리 짜맞춘 다음에는 근육까지 만들어 붙일 수가 있습니다. 이 근육 위에 살갗을 덮어씌우면 공룡의 모습이 드러나게 되는 것이지요. 또 공룡의 이빨 모양이나 발톱 모양, 발자국 화석, 공룡 똥 화석 등을 보면 그 공룡의 생태를 짐작할 수 있습니다.

공룡뼈 화석

746 공룡의 생태

공룡은 다른 파충류와 마찬가지로 알을 낳는데, 지금까지 발견된 것 중 가장 큰 것은 힙셀로사우루스(등룡)의 것으로 달걀의 5배쯤 된다고 합니다. 대개의 어미공룡은 지금의 조류처럼 둥지를 짓고 새끼를 길렀으며, 초식 공룡들은 풀이나 나뭇잎을 즐겨 먹고, 육식 공룡은 다른 공룡은 물론 곤충·도마뱀 등을 잡아먹었습니다.

747 우리나라의 공룡 화석

우리나라의 경북 의성군과 고성군, 창원군의 바닷가 등에서는 많은 발자국이 발견되있습니다. 또한 세계에서 제일 큰 공룡으로 밝혀진 울트라사우루스(탑리한외룡)의 화석도 나왔고, 세계에서 제일 큰 육식 공룡(코리아노사우루스)의 이빨 화석도 발견된 바 있습니다.

748 공룡이 멸종된 까닭

지구를 지배하던 공룡들은 6천5백만 년 전 거의 한꺼번에 멸종하고 말았답니다. 다만 뱀, 악어처럼 몸집이 작은 파충류들만 살아 남았지요. 공룡이 멸종한 까닭은 아마도 지구에 엄청난 운석이 떨어졌기 때문일 것으로 추측되고 있습니다.

티라노사우루스의 얼굴뼈

749 새는 어떻게 하늘을 날까?

조류는 뼛속이 비어 있고, 몸 안에는 '기낭' 이라는 공기 주머니가 퍼져 있습니다. 또 방광이 없어서 오줌이나 똥을 뱃속에 모아 두지 못하고 곧바로 배설해 버립니다. 이 때문에 조류의 몸은 크기에 비해 가벼운 편이지요. 또한 조류의 가슴은 앞으로 튀어나와 있고 잘 발달된 근육이 있기 때문에, 이 근육이 날개를 움직이는 것입니다. 새의 날개는 공기를 가르며 나는 데 적합한 구조로 되어 있습니다.

750 뒤로도 날 수 있는 벌새

작은 새일수록 날개의 퍼덕임이 매우 빠릅니다. 새 중에서 벌새는 가장 작은데, 1초에 무려 50~70번이나 날갯짓을 할 수 있답니다. 그러나 벌새는 배의 노를 젓는 것과 같이 어깻죽지부터 날개를 움직이며 회전하지요. 무엇보다도 특이한 것은, 벌새는 뒤로도 날 수 있는 유일한 새라는 점입니다.

751 제비가 낮게 나는 까닭

제비는 우리나라에서 흔히 볼 수 있는 여름 철새로, 둥지의 재료를 얻기 위해 땅에 내려앉는 것 외에는 거의 땅에 내리지 않습니다. 또한 제비는 파리나 모기 등의 해충을 잡아먹는 유익한 새이지요. 비가 오기 전에 작은 곤충들은 비를 맞지 않으려고 땅에 낮게 날면서 숨을 곳을 찾게 되는데, 이 때 제비는 이런 곤충들을 잡아먹기 위해서 낮게 나는 것이랍니다.

752 공작새가 날개를 펼치는 까닭

생물에 따라 다르긴 하지만 대체로 봄은 번식을 하는 계절입니다. 낮시간이 길어지고 기온이 높아져서 호르몬을 자극하기 때문이지요. 이런 때에 새들의 수컷은 저마다 독특한 방법으로 암컷을 부릅니다. 공작새는 암컷을 만나면 큰 날개를 펼쳐서 자신의 모습을 과시하는 것입니다.

753 대머리독수리의 머리가 벗겨진 까닭

독수리나 콘도르는 먹이를 구하기 쉬운 넓은 초원에 살고 있습니다. 이들은 주로 죽은 짐승이나 사자 혹은 다른 맹수들이 먹다 남은 고기를 뜯어먹고 사는데, 이 때 죽은 짐승의 살을 파먹기 쉽도록 머리의 털이 다 벗겨져 있답니다. 독수리나 콘도르뿐 아니라 대머리큰기러기, 대머리공작새, 대머리잉꼬, 이집트독수리 등도 머리가 벗겨져 있습니다.

콘도르

754 오줌과 똥이 함께 섞인 배설물

보통의 동물들은 액체 배설물과 고체 배설물을 따로 배설하지요. 액체 배설물은 오줌의 형태로, 고체 배설물은 똥의 형태로 나옵니다. 하지만 곤충이나 파충류, 조류의 경우에는 오줌에서 물이 모두 제거되고 남은 찌꺼기가 고체 배설물과 함께 배설된답니다.

755 밤에는 약한 새의 눈

동물이 빛을 볼 수 있는 것은 눈 안쪽의 망막에 있는 시세포 덕분이지요. 시세포에는 밝은 빛만을 받는 추상 세포와 어두운 빛을 잘 느끼는 간상 세포가 있습니다. 그런데 새의 눈에는 간상 세포가 아주 적답니다. 이 때문에 날이 어두우면 전혀 앞을 볼 수가 없지요. 단, 밤에 활동하는 새들에게는 간상 세포가 많답니다.

756 올빼미와 부엉이의 구별

올빼미든 부엉이든 동물학적으로는 모두 올빼미과에 속합니다. 우리 나라에는 모두 11종류가 있는데, 이것을 크게 분류하면 앞이마의 양쪽으로 귀 같은 깃털이 달려 있는 것과 없는 것이 있지요. 보통 이런 깃털이 있는 것을 부엉이, 없는 것을 올빼미라고 부릅니다.

757 바닷속 물고기는 모두 몇 종류나 될까?

어류는 등뼈를 가진 척추 동물이고 물 속에 살며 아가미로 숨을 쉽니다. 대부분의 어류는 몸이 비늘로 덮여 있으며, 지느러미를 이용해 헤엄을 치지요. 지금까지 알려진 어류의 종류는 약 20,000여 종입니다.

758 물고기들의 호흡

물고기는 머리 양옆에 있는 아가미를 이용해 호흡을 합니다. 즉, 물고기가 입을 열고 산소가 들어 있는 물을 빨아들이면, 그 물은 아가미를 지나서 아가미 뚜껑 뒤에 있는 작은 방에까지 끌어올려집니다. 그러면 이곳에서는 사람의 폐와 마찬가지로 산소를 빨아들이게 되고, 물은 아가미 뚜껑 뒤에 있는 구멍을 통해 밖으로 빠져 나가는 것입니다.

759 물고기들의 잠

물고기들도 잠을 잔답니다. 다만 눈꺼풀이 없기 때문에 잘 때에도 눈을 감지 못하는 것뿐이지요. 물고기들은 밤이나 낮에 잠을 자며, 정어리나 다랑어 등은 계속 헤엄 치면서 잠깐씩 잠을 잔답니다. 간혹 복어처럼 눈꺼풀이 있는 물고기도 있는데, 이것은 눈을 보호하기 위한 것 뿐입니다.

760 연골 어류와 경골 어류

어류는 뼈의 단단한 정도에 따라 단단한 경골 어류와 물렁뼈로 된 연골 어류로 나눌 수 있습니다. 흔히 보는 고등어·가자미·참치 등은 경골 어류에 속하고 상어·가오리 등은 연골 어류에 속합니다. 한편 무악류는 턱이 없는 물고기 종류로 칠성장어나 먹장어 등이 이에 속합니다.

761 성을 전환하는 물고기

암컷이 수컷이 되고 수컷이 암컷이 되는 것을 성전환이라고 하지요. 물고기 중에는 이처럼 수컷이 암컷이 되어도 아무렇지도 않게 새끼를 가질 수 있는 고기가 많답니다. 놀래기나 흰동가리 등을 포함하여 약 400종이 성전환을 할 수 있답니다.

762 바닷속 200m 아래의 심해어

심해어란 바닷속 깊이 200m 이상의, 빛이 전혀 들어오지 않는 곳에 사는 물고기를 말합니다. 심해어들이 사는 곳은 물의 압력(누르는 힘)이 무척 세고 주변이 어두워서 먹이를 구하기가 어렵지요. 이 때문에 이들은 대부분 밝은 색을 띠고 있으며, 어떤 물고기들은 눈이 아주 크거나 혹은 눈이 불필요해서 아예 없어져 버린 경우도 있답니다.

763 바다 물고기들의 염분 조절

바닷속 어류의 몸 속에 있는 염류(소금기)는 바닷물의 농도보다 낮답니다. 이 때문에 몸 속의 염분 농도를 바닷물보다 낮게 유지하기 위하여, 아가미에 있는 염세포를 통해 염류를 배출합니다. 그리고 콩팥에서 소량의 짙은 오줌을 배출함으로써 항상 일정하게 몸 속의 염분 농도를 조절하지요.

764 고래의 놀라운 잠수 능력

고래는 물고기들과 달리 허파로 숨을 쉬며 새끼를 낳아 젖을 먹여 기르는 포유 동물이랍니다. 고래는 오랜 시간 동안을 물 속에서 생활하며, 한 번 잠수하면 한 시간이 넘게 물 속에서 나오지 않고 견딘답니다. 고래 중에서 가장 오랫동안 잠수를 하는 고래는 향유고래인데, 무려 70분 동안이나 잠수를 하며, 바닷속 1,900m의 깊이까지 들어갈 수 있다고 합니다.

766 뿌리가 하는 일

식물의 몸은 크게 뿌리·줄기·잎 등으로 나눌 수 있는데, 이것은 동물의 다리·몸통·머리에 해당된다고 할 수 있습니다. 그 중에서도 뿌리는 땅 위의 몸을 지탱해 줄 뿐 아니라 흙 속에서 양분이 녹아 있는 물을 빨아들여 몸의 각 부분의 세포로 전달하는 일을 합니다. 보통 뿌리 끝 가까이에 뿌리털이라 불리는 가는 털이 많이 나 있는 까닭은 그만큼 양분이나 물에 닿는 면적을 크게 하기 위해서입니다.

767 줄기가 하는 일

풀 따위의 줄기를 자르면, 잘라진 면에서 즙이 나옵니다. 이것은 뿌리에서 빨아들인 수분이나 양분과, 잎에서 만들어진 양분이 포함된 액체이지요. 줄기는 이들이 몸의 여러 곳으로 운반될 때 통과하는 길이 되는 것입니다. 줄기 속의 체관은 잎에서 생긴 양분이 지나는 길이며, 물관은 물이 지나는 길입니다.

768 잎이 하는 일

식물의 잎은 광합성을 하여 녹말과 같은 양분을 만들기도 하고, 숨을 쉬기도 하며, 몸의 수분을 조절하는 등 중요한 일을 하고 있습니다. 대부분의 경우 잎의 뒤쪽에는 군데군데 기공이라는 구멍이 뚫려 있어서 산소나 이산화탄소가 드나들고, 몸의 수분을 수증기로 만들어 내보내기도 합니다.

769 광합성과 엽록체

녹색 식물이 빛의 에너지를 이용하여 양분을 만들어내는 것을 '광합성'이라고 합니다. 식물의 세포 속에는 엽록체라는 것이 있는데, 바로 이 엽록체가 하는 일이 광합성입니다. 식물의 잎이 녹색으로 보이는 것은 잎 세포 속에 엽록체 알갱이가 많이 있고, 그 속에 녹색의 색소가 포함되어 있기 때문이지요.

765 식물도 호흡을 할까?

모든 생물은 살아 있는 한 호흡을 합니다. 생물이 성장하거나 운동 또는 여러 가지 생리 작용을 하기 위해서는 에너지가 필요하기 때문입니다. 비록 동물처럼 움직이지는 않지만, 식물도 마찬가지로 호흡을 합니다. 식물은 잎의 기공(공기 구멍)을 통해 호흡을 하지만, 뿌리와 줄기로도 호흡을 한답니다. 화분 밑에 구멍이 뚫려 있는 것은 바로 그 때문입니다.

770 꽃이 하는 일

꽃은 원래 잎이 변해서 된 것으로, 씨를 맺는 종자 식물에서만 볼 수 있답니다. 보통의 경우 꽃이 핀 뒤에 열매가 생기고, 그 열매 속에서 종자(씨)가 만들어지지요. 씨는 어린 식물의 눈에 해당하는 씨눈(배아)을 둘러싸고 있습니다. 따라서 꽃은 자손을 남기기 위해 씨를 만드는 중요한 기관입니다.

771 속씨 식물이 씨를 만드는 방법

씨는 암술의 밑씨 속에 있는 알세포와 꽃가루관 속에서 생긴 정핵이 수정해서 생깁니다. 꽃을 피워 씨를 만드는 식물은 다시 '속씨 식물'과 '겉씨 식물'로 나뉩니다. 속씨 식물의 꽃에는 암술과 수술이 있어서, 수술에서 만들어진 꽃가루가 암술머리에 붙으면 수정이 이루어지는 것입니다. 한편 암술에 있는 씨방은 나중에 열매가 됩니다.

772 겉씨 식물이 씨를 만드는 방법

한편 겉씨 식물에는 꽃에 씨방이나 암술머리가 없고 밑씨가 드러나 있습니다. 소나무와 은행나무 등이 이에 속하는데, 소나무에는 암꽃과 수꽃이 따로 피고, 은행나무에는 암꽃과 수꽃이 각기 다른 나무에서 피지요. 이들은 수꽃에서 만들어진 꽃가루가 암꽃으로 날아가 씨를 만들게 됩니다.

773 가을이 되면 왜 나뭇잎 색깔이 변할까?

가을이 되면 잎사귀의 색깔은 갈색이나 붉은색 등으로 변하게 됩니다. 그것은 바로 엽록소가 분해되기 때문입니다. 그 중에서도 어떤 나뭇잎이 갈색으로 변하는 것은 페놀류라고 불리는 성분이 산화되기 때문이며, 붉게 되는 것은 안토시안, 노랗게 되는 것은 카로티노이드라는 색소 때문이랍니다.

774 소나무가 항상 푸른 이유

사철나무나 전나무, 소나무 등은 추운 겨울에도 푸른 잎을 달고 있습니다. 이런 나무들은 잎을 싸고 있는 물질의 면적이 좁아지고, 세포의 농도가 짙어지기 때문에 추위에도 견딜 수 있는 것입니다.

775 늘푸른나무의 생장점

늘푸른나무인 상록수는 새 잎이 나면 먼저 있던 잎이 떨어집니다. 가시나무는 다음 해에 떨어지고, 소나무의 잎은 2년, 그리고 어떤 종류는 10년 이상 달려 있는 것도 있습니다. 이들이 가지고 있는 겨울눈에는 생장점이 있어서 이듬해에 잎, 가지, 꽃으로 발달합니다. 이 나무들은 대부분 생장점을 보호하기 위해 겉이 솜털이나 비늘 조각 같은 것으로 싸여 있는 것을 볼 수가 있습니다.

776 소나무잎이 불에 잘 타는 까닭

소나무나 곰솔 등의 침엽수의 줄기나 잎에는 '진'이나 '기름' 같은 물질이 많이 들어 있습니다. 이 기름은 동물에게서 볼 수 있는 지방과는 달라서 석유에 가깝습니다. 이 때문에 불에 잘 타는 것이지요. 소나무 줄기에 상처를 내어 채취하는 송진은 연고제나 구두약, 살충제 등을 만드는 데 쓰입니다.

777 나이를 담고 있는 나이테

나무의 줄기를 자르면 가운데에서부터 점점 크게 동그라미가 그려져 있는 것을 볼 수 있습니다. 이처럼 나이테가 생기는 까닭은 계절에 따라 기후가 달라서 생장 속도가 달라지기 때문입니다. 즉, 색이 옅은 부분은 봄·여름에 한창 생장한 곳이며, 색이 짙은 부분은 여름이 지나면서 생장이 느려진 후에 생긴 곳입니다.

778 나뭇가지를 보고 방향을 알 수 있는 까닭

식물은 빛이 강한 쪽을 향해 잘 뻗어나가기 마련입니다. 북반구에서는 일반적으로 빛이 많이 비치는 쪽은 남쪽인데, 이 때문에 남쪽의 잎이 북쪽보다 무성하지요. 잎이 많아지면 양분 또한 많이 만들어지기 때문에 더욱 잘 생장할 수 있는 것입니다. 따라서 한 그루의 나무라도 북쪽보다는 남쪽의 줄기가 더 굵거나 길게 자랍니다.

779 100m가 넘는 나무

나무는 종류에 따라서 키와 수명이 대체로 정해져 있습니다. 그 이유는 확실하지 않지만, 아마도 줄기가 낡아질수록 변화가 생겨서 더 이상 살아갈 수 없는 것으로 여겨지고 있습니다. 높이도 나이를 먹을수록 생장이 느려지고, 끝없이 자라지는 않지요. 세계에서 가장 큰 나무는 '레드우드'로 100m가 넘는답니다.

780 종이를 만드는 나무의 섬유질

나무는 종이를 만드는 데 쓰이기도 합니다. 종이를 만드는 섬유질은 식물 속에 있는 셀룰로오스에서 나오는데, 이것을 추출하기 위해서는 짙은 알칼리를 대량으로 사용해야 합니다. 종이를 만든 후에는 여러 가지 화학 성분들을 그대로 강물에 버려서 심각한 환경 오염을 일으키기도 하지요.

781 백일홍은 왜 백일홍이라고 할까?

백일홍은 국화과에 딸린 한해살이풀로, 7~10월에 줄기 끝이나 잎 겨드랑이에서 꽃줄기가 나와서 꽃이 핍니다. 꽃 색깔도 빨강·노랑·보라·흰색 등으로 다양하고 번식력도 강하지요. 백일홍이란 이름은 꽃이 1백 일 동안 계속 피어 있다고 해서 붙여진 이름이지만, 조건에 따라서 그보다 일찍 시들거나 더 오래 피어 있기도 하답니다.

782 꽃의 색깔을 만드는 색소

꽃이 여러 가지 색깔로 피어나는 까닭은 저마다 다른 색소를 지니고 있기 때문입니다. 이 색소는 크게 3가지로 나눌 수 있는데, 붉은색·주황색·노랑색의 카로티노이드와 붉은색·파랑색·보라색의 안토시안, 그리고 노랑색의 플라본입니다. 각각의 색소는 또다시 여러 종류로 나뉘고, 식물의 사소한 조건의 차이 때문에 여러 가지 색깔의 꽃이 생기는 것입니다.

783 암술과 수술을 구별하는 법

보통 꽃의 암술은 뿌리 쪽에 나중에 열매가 되는 씨방이 있기 때문에 부풀어 있습니다. 그리고 수술은 앞부분에 꽃밥이 있어서 노란 꽃가루가 나오는 것을 볼 수 있지요. 또 수술과 암술을 모두 가지고 있는 경우는 가운데에 암술이 있고, 그 둘레를 수술이 에워싸고 있습니다.

784 외떡잎식물과 쌍떡잎식물

속씨 식물의 꽃에는 암술과 수술이 함께 달려 있지요. 그 중에서도 암술의 밑씨(수정한 뒤에 씨가 될 부분)가 1장의 떡잎을 가진 것을 '외떡잎식물' 이라 하고, 2장의 떡잎을 가진 것을 '쌍떡잎식물' 이라고 합니다. 외떡잎식물에는 벼·보리·옥수수·백합 등이 있고, 쌍떡잎식물에는 감·밤·완두·봉선화 등이 있습니다.

785 꽃이 해를 향해 피는 까닭

대부분의 식물은 빛이 비추어지는 쪽으로 향하는 성질을 지니고 있습니다. 이것을 '주광성'이라고 하는데, 생물이 빛을 따라 움직이거나 이동하는 것을 말하지요. 만약 그늘과 같이 빛이 약한 곳에 있다면 식물은 더욱 더 빛을 원하는 상태가 되고, 한층 더 빛이 있는 방향으로 향하게 됩니다.

786 장일 식물과 단일 식물의 꽃

꽃에는 일정 시간 이상 빛을 쬐지 않는 것이 필요한 '단일 식물'과 일정 시간 이상 빛을 쬐어야만 하는 '장일 식물'이 있으며, 빛과는 아무 상관 없이 꽃이 피는 식물도 있습니다. 단일 식물인 국화는 빛을 차단하고 밤을 길게 하면 일찍 피고, 장일 식물인 유채는 봄에 씨를 뿌리면 얼마 자라기도 전에 꽃이 핍니다.

787 벌레를 잡아먹는 식물

파리지옥, 끈끈이주걱, 코브라릴리 등은 모두 벌레잡이 식물입니다. 이들은 동물성 단백질을 소화시켜 아미노산으로 바꿔서 살아가지요. 파리지옥의 경우 잎사귀는 중심 부분이 돌쩌귀처럼 되어 있고, 실 같은 발사 장치가 덫을 움직이도록 되어 있습니다. 벌레가 발사 장치에 닿는 순간 이 덫은 닫히고, 식물의 소화액이 나와 벌레를 삭이기 시작하는 것입니다.

파리지옥

788 나무와 풀의 다른 점

나무와 풀의 가장 큰 차이점은 '부피 생장'입니다. 즉, 나무는 줄기의 겉껍질과 목질부 사이에 부름켜가 있어서 부피 생장을 하는데, 이 때문에 점점 굵어지면서 나이테도 생깁니다. 그러나 풀은 부피 생장을 하지 않기 때문에 나이테도 없습니다. 예를 들어 대나무는 매우 크게 자라서 나무처럼 보이지만, 사실은 벼과에 속하는 풀이랍니다.

789 감자 싹엔 정말 독이 있을까?

감자의 싹에는 솔라닌이라는 알칼로이드가 포함되어 있습니다. 알칼로이드는 사람에게 해를 주는 성분이지만 싹이 나 있을 때만 독성이 있습니다. 그래서 싹을 잘라내면 아무런 해가 없답니다. 감자는 가지과에 속하는 여러해살이풀로, 여름에 흰색 또는 자주색 꽃을 피웁니다.

790 고구마와 감자의 차이

우리가 흔히 즐겨 먹는 고구마와 감자에는 전분(녹말)이 많이 들어 있습니다. 하지만 고구마는 뿌리가 변해서 생긴 것이고, 감자는 줄기가 변해서 생긴 것이랍니다. 그래서 고구마는 '덩이 뿌리'라 하고, 감자는 '덩이 줄기'라고 하지요. 그리고 고구마는 따뜻한 지방에서, 감자는 추운 지방에서 잘 자란답니다.

791 여러 가지 뿌리

식물의 뿌리는 각각의 작용이나 모양 등에 따라서 여러 가지로 나뉩니다. 땅 속에 묻혀 있으며 뿌리가 굵고 커져 양분을 저장하고 있는 것을 '저장 뿌리'라 하고, 땅 위의 줄기나 잎, 또는 땅 속의 뿌리가 땅 위로 뚫고 나오는 것을 '공기 뿌리'라고 합니다. 무·당근·고구마 등은 저장 뿌리에 속하며, 옥수수·담쟁이덩굴·겨우살이 등은 공기 뿌리를 가지고 있습니다.

792 바나나에 씨가 없는 까닭

우리가 흔히 볼 수 있는 과일 중 하나인 바나나는 원래 열대 지방에서 자란답니다. 그런데 아무리 찾아봐도 다른 과일들과 달리 씨를 볼 수가 없지요. 그 까닭은 사람이 품종을 개량하여 씨 없는 바나나를 만들었기 때문입니다. 귤에도 원래는 씨가 많았지만 오랜 세월에 걸쳐 씨 없는 귤을 만들었고, 그것만을 심게 된 것입니다.

793 휘묻이와 꺾꽂이

인공적으로 식물을 번식시키는 방법에는 휘묻이 · 꺾꽂이 등이 있습니다. 휘묻이란 나무의 가지를 휘어서 가운데 부분을 땅 속에 묻은 다음, 그 부분에서 뿌리가 내리면 본디의 가지 쪽을 잘라 새 그루를 만드는 것을 말합니다. 또 식물의 줄기나 가지 · 뿌리 · 잎 따위를 자르거나 꺾어서 땅에 꽂아 새 그루를 만드는 것을 꺾꽂이라고 합니다.

794 접붙이기를 하는 까닭

휘묻이나 꺾꽂이를 하는 것은 식물이 줄기 · 잎 · 뿌리에서 싹이 트는 성질을 이용한 것입니다. 이런 방법으로는 부모와 같은 유전자가 그대로 전달되므로 부모와 똑같은 성질을 갖게 되지요. 그런데 접붙이기는 식물의 줄기나 가지를 다른 식물에 붙여서 기르는 것으로, 보다 나은 품종을 만들기 위한 방법이랍니다.

795 레몬의 신맛을 내는 성분

레몬이 신맛을 내는 것은 구연산이라는 산 성분을 많이 함유하고 있기 때문입니다. 식물에는 그 밖에도 사과에 많은 사과산, 포도에 많은 주석산 등 여러 가지 산이 있습니다. 이런 성분들은 생물이 살아가는 데 아주 중요한 작용을 하고 있지요. 특히 이 산들은 우리 몸 안에 쌓인 피로 물질을 제거하는 구실을 해 준답니다.

796 독버섯을 구분하는 방법

버섯은 언뜻 보면 식물 같지만, 엄밀히 따져서 동물도 식물도 아닌 '균류'에 속한답니다. 그리고 그 종류는 너무나 많아서 아직도 반 정도는 이름이 없다고 하지요. 느타리 · 송이 · 목이 · 팽이 · 표고버섯 등은 우리 식탁에서도 자주 볼 수 있지만, 대개 색깔이 화려한 것들 중에는 독버섯도 많다고 합니다. 그러나 독버섯인지 먹을 수 있는 버섯인지 확실하게 구분할 수 있는 방법은 없습니다.

797 자꾸만 줄어드는 숲

나무와 풀이 많은 숲은 공기를 맑게 할 뿐 아니라 여러 동물들이 살 수 있게 하는 등 큰 역할을 하고 있습니다. 그러나 인류는 불을 피우거나 가구·종이 등을 만들기 위해 나무를 베어 냈습니다. 또한 길을 내거나 집·공장 등을 짓기 위해 산을 통째로 깎기도 했지요. 이 때문에 세계의 삼림은 오늘날에도 매우 심각한 속도로 사라지고 있답니다.

내 영토가 점점…

798 식물은 어떻게 산소를 만들어낼까?

식물 속에 있는 엽록소는 광합성을 하면서 공기 속의 이산화탄소로 자신에게 필요한 양분을 만들지요. 그리고 남은 산소를 몸 밖으로 내보냅니다. 이 때문에 식물이 많이 자라는 곳에는 산소량이 많아서 공기가 맑게 느껴지는 것입니다. 같은 면적이라도 숲에서는 밭에서보다 몇 배나 많은 광합성이 이루어진답니다.

799 삼림을 해치는 공해 물질

삼림이 줄어드는 것은 공해 물질 때문이기도 합니다. 대기 오염 물질이 나뭇잎의 기공을 통과하면 기공에 상처가 나게 되고, 이 때문에 식물은 제대로 호흡할 수가 없게 되어 피해를 입지요. 또한 자동차나 공장에서 나오는 배기가스와 대기 오염 물질이 섞여 만들어진 산성비는 삼림에 더 큰 피해를 가져다 준답니다.

800 삼림을 보호하기 위한 노력

현재 지구 곳곳에는 사막화되는 지역이 심각할 정도로 많답니다. 전 세계적으로 경작 가능한 토지의 3분의 1이 이미 모래 바람에 파묻혔으며, '지구의 허파'라 불리는 아마존 유역 일부도 사상 최악의 가뭄에 시달리고 있습니다. 더 이상의 피해를 막기 위해 현재 전 세계적으로 삼림을 보호하고 새로운 대체 에너지를 개발하는 등의 노력을 기울이고 있습니다.

간추린 **과학 용어사전**

801 가속도
기울어진 평면 위에서 공을 굴리면, 공은 시간이 지날수록 더 빠른 속도로 굴러가게 됩니다. 이처럼 시간이 지날수록 점점 더 빠른 속도로 움직이게 되는 것을 가속도라고 합니다.

802 가수분해
물의 분자가 작용하여 일어나는 분해. 즉, 유기화합물(홑원소 물질인 탄소, 산화탄소, 금속의 탄산염, 시안화물·탄화물 등을 제외한 탄소화합물)이 물과 반응하여 알코올과 유기산으로 분해되는 것을 말합니다.

803 가스성운
주로 빛을 내는 기체로 이루어진 은하계 내의 성운을 통틀어 말하며, 오리온 성운이나 거문고자리의 고리 성운 등이 이에 속합니다.

804 가시광선
사람의 눈으로 볼 수 있는 모든 빛을 말합니다. 무지개의 빨·주·노·초·파·남·보는 눈에 보이는 가시광선이지만, 빨강색 바깥의 '적외선'이나 보라색 바깥의 '자외선'은 눈에 보이지 않습니다.

805 가연성
물질이 타기 쉬운 성질을 말합니다. 가연성이 높은 물질로는 수소·메탄·알코올·셀룰로이드 등을 꼽을 수 있습니다.

806 각속도
바퀴나 팽이 등의 물체가 회전할 때, 그 회전 속도를 가리켜 '각속도'라고 합니다.

807 간빙기
빙하 시대라고 해서 늘 얼음에 뒤덮여 있었던 것은 아니며 때때로 날씨가 따뜻해져서 얼음이 녹아내렸습니다. 이처럼 빙하 시대 중에서 날씨가 따뜻해진 때를 '간빙기'라고 합니다.

808 간조
바닷물이 빠져서 갯벌이 드러나 있을 때를 말합니다. 또한 만조에서 간조로 물의 높이가 낮아지면서 바닷물이 빠져나가는 것을 '썰물'이라고 합니다. ↔ 만조

809 감마선
방사성 원소가 붕괴되면 방사성 물질에서 여러 가지 방사선이 나오는데, 그 중 하나가 감마선입니다. X선과 비슷한 빛의 한 종류이지만 보다 에너지가 크고 파장이 짧습니다.

810 거성
태양과 같은 붙박이별을 항성이라고 하는데, 항성 중에서도 빛의 밝기가 태양보다 10~1,000배, 반지름이 10~100배나 큰 별을 '거성'이라고 합니다.

811 경도
위도와 함께 지구상의 위치를 나타내는 좌표입니다. 지구상의 한 지점을 지나는 자오선과 런던의 그리니치 천문대를 지나는 본초 자오선의 각도를 그 지점의 경도라 하며, 경도 15°는 1시간, 15′은 1분, 15″는 1초에 해당합니다. ↔ 위도

812 계절풍
겨울에는 대륙에서 대양 쪽으로 불고, 여름에는 대양에서 대륙 쪽으로 불어서, 약 6개월마다 방향이 바뀌는 바람을 말합니다. 이처럼 바람의 방향이 바뀌는 것은 대륙과 해양의 온도 차이 때문이며, 그 지역의 기후에 큰 영향을 미칩니다.

813 관성
움직이던 물체는 계속 움직이려고 하고, 멈춰 있던 물체는 계속 멈춰 있으려고 하는 성질을 말합니다. 달려가다 갑자기 제자리에 설 수 없는 것은 바로 관성 때문입니다.

814 광년
빛이 1년 동안 지나가는 거리를 1광년이라고 합니다. 아주 먼 별 사이의 거리는 너무나 엄청난 것이어서 광년으로 계산합니다.

815 광도
빛의 세기. 형광등이나 전구 등의 밝기를 나타내는 단위는 촉(또는 촉광)이나 칸델라(cd)를 사용하며, 별의 밝기는 '등급' 이라는 단위로 나타냅니다.

816 광물
금이나 철·석탄과 같이 땅 속에 섞여 있는 천연적인 무기물을 통틀어 일컫는 말입니다. 광물은 보통 질이 고르고 화학 성분이 일정하며, 지금까지 알려져 있는 광물의 종류는 약 2,400종에 이릅니다.

817 광속
빛의 빠르기를 말합니다. 우주에서 빛이 날아가는 속도는 1초에 약 30만 km입니다.

818 구상 성단
별들이 빽빽하게 모여 공 모양을 이루고 있는 성단을 말합니다. 은하계 내에는 모두 500개 정도가 있는 것으로 추정되고 있습니다.

819 구심력
어떤 물체가 일정한 속도로 동그랗게 원 운동을 하고 있을 때, 그 물체가 중심을 향해 가려고 하는 힘을 말합니다. ↔ 원심력

820 구심점

구심력 때문에 물체가 돌아갈 때, 물체가 가고자 하는 중심점을 구심점이라고 합니다.

821 국지풍

각 지방의 지형 때문에 어떤 특정한 지역(수십 km 내)에서만 부는 바람을 말합니다. 대표적인 국지풍으로는 우리나라의 높새바람, 아드리아 해의 보라, 알프스의 푄, 지중해의 시로코 등을 꼽을 수 있습니다.

822 굴절

빛은 한 물체를 통과한 다음 다른 물체를 지날 때는 속도가 달라지는데, 속도가 바뀌면 빛이 통과하는 방향도 바뀌게 됩니다. 유리컵 속에 젓가락을 넣으면 젓가락이 꺾여진 것처럼 보이는데, 이것은 바로 '빛의 굴절 현상' 때문입니다.

823 극기후

북극이나 남극에 가까운 고위도 지방의 기후를 일컫는 말입니다. 온도가 낮기 때문에 풀과 나무가 거의 자랄 수 없습니다. 겨울에는 낮이 없으며, 여름에는 해가 지지 않아서 얼음이나 눈의 표면이 녹기도 합니다.

824 근일점

행성은 태양을 중심으로 타원형을 그리며 돌고 있기 때문에, 태양과 가까워지기도 하고 멀어지기도 합니다. 태양과 가장 가까워져 있을 때를 '근일점'이라고 합니다. ↔ 원일점

825 기단

수평 방향으로 기온·습도 등의 대기 상태가 거의 같은 성질을 가진 공기 덩어리를 말합니다. 보통 대륙에서 발생한 기단은 건조하고, 해상에서 발생한 기단은 습한 성질을 가집니다.

826 기류
공기의 흐름을 말합니다. 바람은 수평 방향의 흐름을 말하지만, 기류에는 수직 방향의 흐름까지도 포함됩니다. 구름이나 비와 함께 날씨의 변화를 일으킵니다.

827 기상
지구를 둘러싸고 있는 공기를 대기라고 하며, 대기중에서는 바람이 불고 눈과 비가 내리거나 무지개가 생기는 등 갖가지 현상이 일어납니다. 이런 현상들을 모두 일컬어 '기상' 이라고 합니다.

828 기생
어떤 생물이 다른 생물의 몸(혹은 몸 속)에 붙어서 양분을 취하며 생활하는 것을 말합니다.

829 기압
지구를 둘러싸고 있는 공기(대기)는 압력(누르는 힘)을 가지고 있습니다. 이러한 대기의 압력을 대기압이라고 합니다. 예를 들어, 잔잔한 호수의 물이 위로 솟구쳐 올라오지 않는 것은 공기가 호수의 수면을 누르고 있기 때문입니다.

830 기온
대기의 온도를 말하며, 기온은 지면으로부터 약 10km 정도까지는 높이가 증가함에 따라 100m마다 약 0.5~0.6℃씩 낮아집니다.

831 기화
물과 같은 액체를 가열하면 기체로 변하는 현상을 말합니다.

832 난생

물고기나 새와 같이 알에서 새끼가 나오는 동물을 말합니다. ↔ 태생

833 남극

지구의 자전축의 남쪽 끝(남위 90°)을 남극점이라고 하며, 그 주변의 지방을 가리켜 남극이라고 합니다. 남극 대륙과 주변의 섬 등을 합친 면적은 약 1,400만 km^2에 이르며, 자원을 개발하거나 기초 과학 연구를 위해 우리나라의 세종기지를 비롯하여 여러 나라의 기지가 세워져 있습니다. ↔ 북극

834 남회귀선

남위 23° 27'의 위선을 말합니다. 동짓날 태양이 이 선의 바로 위에 오며, 남반구에서는 열대와 온대를 구분하는 경계선입니다. ↔ 북회귀선

835 녹는점

고체인 얼음이 녹으면 액체인 물이 되는데, 이처럼 고체가 녹아서 액체가 되기 시작하는 온도를 '녹는점'이라고 합니다. 얼음의 녹는점은 0℃입니다.

836 뇌파

사람의 뇌에는 약 140억 개의 신경 세포가 모여 있는데, 이 세포들이 작용을 할 때는 약한 전류가 흐릅니다. 이 전류를 끌어내어 기계로 기록한 것을 '뇌파'라고 합니다. 뇌파를 살펴보면 그 사람의 신경에 이상이 있는지 등을 알 수 있습니다.

837 단층

지진 등의 지각 변동이 있은 뒤에는 지구의 겉껍질인 지각 사이에 틈이 생기는데, 이 틈을 따라서 지층이 아래위로 어긋나서 층을 이루고 있는 것을 '단층' 이라고 합니다. 단층면 양쪽의 땅덩어리(지괴)가 어떻게 어긋나느냐에 따라 정단층·역단층·주향 이동 단층 등으로 구분됩니다.

838 대장균

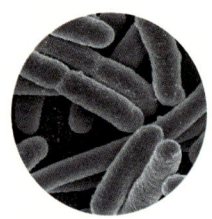

우리의 몸 속, 특히 대장 속에 많이 있는 세균입니다. 보통은 병을 일으키지 않지만 장 이외의 다른 곳에 들어가면 방광염·신우염·복막염·패혈증 등의 병을 일으키기도 합니다.

839 데시벨

소리의 크고 작음을 나타내는 데 쓰는 수치입니다. 사람이 들을 수 있는 최소 소리를 '0' 으로 하여, 소리가 클수록 수치가 커집니다.

840 동소체

같은 원소로 이루어진 물질을 말합니다. 예를 들어 오존(O_3)은 산소(O_2)와 같은 원소로 이루어진 동소체입니다.

841 동위원소

화학적으로 구별할 수 없을 정도로 똑같은 원소이지만, 서로 질량이 다른 원소를 말합니다. 그 중에서도 특히 방사능을 지닌 것을 방사성 동위원소라고 합니다.

842 드라이아이스

기체인 이산화탄소를 압축하여 고체 상태로 만든 것입니다. 즉, 기체 상태의 이산화탄소를 압축하여 액체로 만든 후에 작은 구멍으로 나오게 하여 갑자기 팽창시킵니다. 그러면 눈과 같은 결정이 되어 나오는데, 이것을 압축시킨 것이 바로 드라이아이스입니다. 드라이아이스는 온도가 매우 낮으며(-78~-80℃), 냉동 식품을 보관하는 등의 용도로 쓰입니다.

843 리트머스 종이

리트머스이끼 등에서 얻은 용액을 여과지에 침투시켜 건조시킨 종이로, 어떤 용액이 산성인지 알칼리성인지를 판성하는 데 쓰입니다. 청색과 적색의 두 종류가 있는데, 적색인 것을 용액 속에 담가 청색이 되면 그 용액은 알칼리성이고, 청색인 것을 용액에 담가 적색이 되면 그 용액은 산성입니다.

844 림프

몸을 이루고 있는 세포나 조직에는 수많은 모세 혈관이 통과하거나 퍼져 있는데, 그들의 틈을 채우고 있는 투명한 액체를 림프(또는 임파)라고 합니다. 주로 세포나 조직에 영양을 공급하고, 그 세포나 조직에 생긴 쓸데없는 것들을 실어 나르는 역할을 합니다.

845 마찰
움직이는(또는 움직이려는) 물체에 다른 물체가 닿아서 그 움직임을 멈추게 하려는 현상을 말합니다. 자전거의 브레이크 손잡이를 잡으면, 바퀴와 브레이크가 마찰을 일으키면서 멈추게 되는 것입니다.

846 만년설
아주 추운 지역에서는 겨울에 눈이 많이 내리는 것에 비해 여름에 녹는 양이 얼마 안 되기 때문에 1년 내내 눈이 남아 있는데, 이것을 '만년설'이라고 합니다. 해발 5,000~6,000m나 되는 티베트 고원이나 알프스, 남아메리카의 안데스 산맥 등에는 산꼭대기에 흰 눈이 녹지 않은 채 1년 내내 있는 것을 볼 수 있습니다.

847 만유 인력의 법칙
뉴턴이 발견한 법칙으로, 모든 물체 사이에는 서로 끌어당기는 힘(인력)이 있다는 것입니다.

848 만조
바닷물이 가득 차올랐을 때를 말합니다. 또한 간조에서 만조로 물의 높이가 높아지면서 바닷물이 들어오는 것을 '밀물'이라고 합니다. ↔ 간조

849 모세관 현상
물컵 속에 가느다란 유리관을 똑바로 세워놓으면, 유리관 속으로 바깥의 수면 높이보다 더 높게 물이 차오르는데, 이러한 현상을 바로 모세관 현상이라고 합니다. 모세관이란 '아주 가느다란 관'이라는 뜻입니다.

850 무게중심

접시 돌리기를 할 때처럼 어떤 물체의 중심점을 받쳐 주면 수평으로 평형을 이루는데, 이 중심점을 바로 '무게중심' 이라고 합니다.

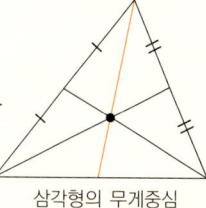
삼각형의 무게중심

851 무기물

돌이나 쇠처럼 생활 기능을 갖고 있지 않은 물질, 또는 그것을 원료로 하여 인공적으로 만든 물질을 통틀어 이르는 말입니다.

852 물질 대사

사람이 생명을 유지하기 위해서는 필요한 음식을 섭취하고 불필요한 것을 배설해야 하는데, 이러한 일을 통틀어 물질 대사라고 합니다. 이것을 에너지의 변화를 중심으로 볼 때는 에너지 대사가 되고, 새로운 물질로 바뀐다는 의미에서 신진 대사 등으로 불립니다.

853 밀도

어느 만큼의 부피 속에 있는 물질의 질량, 즉 '빽빽한 정도'를 나타냅니다. 물질 속의 원자나 분자 배열, 합금이나 혼합물 속의 성분 비율 등을 알아내는 데 이용됩니다.

854 박리 작용

암석이 풍화를 받음으로써 겉표면이 양파 껍질 벗겨지듯 잇따라 뜯겨지는 현상을 말합니다.

855 반사
거울로 햇빛을 받으면 그늘진 곳에도 햇빛을 비출 수 있듯이, 빛이나 전파 등이 어떤 물체에 부딪혀서 되돌아오는 현상을 말합니다.

856 발암 물질
사람 몸 속에 들어갔을 때 암을 잘 발생시키는 물질을 말합니다. 예를 들어, 불에 탄 고기 등을 먹지 말라고 하는 것은 그 속에 암을 발생시킬 수 있는 발암 물질이 들어 있기 때문입니다.

857 발전기
기계적인 에너지를 전기적인 에너지로 바꾸는 장치로서, 수력이나 화력·원자력 등의 에너지를 전기 에너지로 바꾸어 줍니다.

858 발화점
공기중에서 물질을 가열할 때 불을 내며 타거나 폭발을 일으키는 최저 온도를 말합니다.

859 방사능
불안정한 원소의 원자핵이 스스로 붕괴하면서 방사선을 방출하는 현상을 말합니다. 이런 현상은 원자력 발전 등에 쓰입니다.

860 방사성
방사선을 방출하는 핵을 지닌 물질을 '방사성 물질'이라고 하며, 라듐·우라늄·폴로늄 등이 있습니다.

861 백신
우리 몸에 예방 주사를 놓으면 어떤 병에 걸리지 않도록 하는 면역이 생기게 되는데, 이때 주사에 쓰이는 것을 백신(또는 왁친)이라고 합니다. 나쁜 균을 죽이는 사균 백신(장티푸스·일본뇌염 등에 사용)과 좋은 균을 살리는 생균 백신(BCG·소아마비 등에 사용)이 있습니다.

862 범람원
홍수 때문에 하천이 넘쳐흐르면 하천 주변에 흙이 쌓여 평야가 생기게 되는데, 이것을 바로 범람원이라고 합니다. 하천 양쪽에 펼쳐진 낮은 땅으로, 보통 토지가 비옥하여 농경지로 이용됩니다.

863 별의 등급
별의 밝기를 말합니다. 기원전 150년 무렵 그리스의 히파르코스는 가장 밝은 20여 개의 항성을 1등성, 가장 어두운 별을 6등성으로 하여 나누었으며, 오늘날에는 천구의 북극 근처에 있는 몇 개의 별을 기준으로 삼아서 다른 별들의 밝기를 비교하고 계산합니다.

864 보일의 법칙
압력이 2배로 커지면 부피는 1/2로 줄어들고, 부피가 2배로 커지면 압력이 1/2로 줄어든다는 이론입니다.

865 복사
서로 떨어져 있는 물체 사이에서 광선 등에 의해 열이 이동하는 것을 말합니다. 햇볕을 받아 뜨거워지는 현상도 복사라고 할 수 있습니다.

866 부도체
유리나 자기처럼 열이나 전기를 전달하기 어려운 물체를 말합니다. ↔ 전도체

867 부력
기체나 액체 속에 있는 물체가 기체나 액체로부터 받는, 중력과 반대되는 힘을 말합니다. 커다란 배가 물 위에 뜰 수 있는 것은 물(액체)이 배를 위로 들어올리려는 부력 때문입니다.

868 부피
어떤 물체가 공간 속에서 차지하는 크기를 말하며, 직육면체의 부피는 가로·세로·높이의 곱으로 표시됩니다.

869 부화
동물이 알의 난막이나 난각을 깨뜨리고 바깥으로 나오는 일을 말합니다.

870 북극
지구의 자전축의 북쪽 끝(북위 90°)을 북극점이라고 하며, 그 주변의 지방을 가리켜 북극 또는 북극 지방이라고 합니다. 북극 지방의 면적은 약 2,500만~3,000만 km^2에 달하며, 현재 석탄과 석유 · 천연가스 · 인회석 · 구리 · 납 · 금 등의 지하 자원이 개발되고 있습니다. ↔ 남극

871 북회귀선
북위 23° 27′의 위도선을 말합니다. 하지 때 태양이 이 선의 바로 위에 오며, 북반구에서의 열대와 온대를 구분하는 경계선이기도 합니다. 사하라 사막을 지나 인도의 콜카타, 중국의 광저우[廣州] 북쪽, 타이완 중앙부 등을 거쳐 멕시코를 지나 쿠바 북쪽을 통과하고 있습니다. ↔ 남회귀선

872 분자
여러 가지 물질을 이루고 있는 가장 작은 알갱이를 '분자(물질의 입자)'라 하고, 물질의 입자를 이루고 있는 더욱 작은 입자를 '원자'라고 합니다.

873 분해
어떤 화합물이 보다 간단한 몇 개의 화합물 또는 홑원소 물질로 나뉘는 현상을 말합니다. 예를 들어, 물(H_2O)은 산소(O)와 수소(H)로 분해될 수 있습니다. ↔ 합성

874 불쾌지수
기온이나 습도 등이 인체에 주는 쾌감 · 불쾌감의 정도를 수치로 나타낸 것으로, 이 지수가 70이면 상쾌, 80 이상이면 불쾌, 86 이상이면 참기 어려운 불쾌감을 느낀다고 합니다.

875 비금속
금속의 성질을 가지고 있지 않은 모든 물질을 일컫는 말입니다. 비금속 원소는 전기나 열을 전달하는 정도가 낮으며, 수소 · 붕소 · 탄소 · 규소 · 질소 · 인 등이 이에 속합니다.

876 비중

밀도와 비슷한 의미로, 물에 비해 얼마나 더 무거운지를 나타내는 것입니다. 비중이 크면 물보다 무거워 가라앉고, 비중이 작으면 물보다 가벼워 물에 뜨게 됩니다.

877 빙기

빙하 시대 중에서 얼음이 뒤덮였던 때를 '빙기' 라고 합니다. ↔ 간빙기

878 빙하 시대

까마득히 오랜 옛날 인류가 탄생하던 무렵, 지구 전체가 매우 추워지고 많은 지역이 차가운 얼음으로 뒤덮인 적이 있었는데, 이 때를 가리켜 빙하 시대(지질 시대 말기의 제4기 홍적세)라고 합니다.

879 산개 성단

별들이 무질서하게 흩어져 있는 성단을 말합니다. 지금까지 1,039개의 산개 성단이 알려져 있습니다.

880 산성

수용액에서 신맛을 가지며, 청색 리트머스 종이를 빨간색으로 변하게 하는 성질을 말합니다. 식초는 우리가 흔히 볼 수 있는 산성 물질입니다. ↔ 알칼리성

881 산소
맛·냄새·빛깔이 없는 기체 원소로, 화학 기호로는 O_2로 표시합니다. 사람뿐 아니라 거의 모든 동식물이 생명을 유지하는 데 꼭 필요하며, 산소 용접이나 절단 등 실생활에도 유용하게 쓰이고 있습니다.

882 삼각주
하천이 호수나 바다로 흘러 들어가는 하구에 하천을 따라 운반되어 온 흙이 쌓이고 쌓여서 이루어진 평야를 말합니다. 우리나라에서는 낙동강 하류의 김해평야를 비롯해 전남 해남군의 독천 선상지, 함남 정평군의 광포강과 함주군의 성천강 하구 등에 형성되어 있습니다.

883 상대성 원리
아인슈타인이 제시한 원리로, 시간과 길이 등은 상대적으로 달라질 수 있다는 이론입니다. 이 이론에 의하면 빛과 똑같은 속도로 우주를 40년 동안 여행하고 돌아오면, 지구에서는 약 6만 년이나 지난 뒤라고 합니다.

884 섭씨
온도를 나타내는 단위로, ℃로 표시합니다. 얼음의 녹는점(0℃)과 물의 끓는점(100℃) 사이를 100등분하여, 한 눈금의 차이를 1℃로 정한 것입니다.

885 성간 물질
우주의 별과 별 사이 캄캄한 공간에 있는 여러 가지 물질들을 일컫는 말입니다. 주로 성간 가스(대부분 수소와 헬륨)와 성간 티끌로 되어 있으며, 이러한 성간 물질들로 인해 새로운 별들이 만들어지기도 합니다.

886 성단
수백 개에서 수십만 개의 별로 이루어진 별들의 무리로, 은하보다는 작은 규모를 말합니다.

887 성운설
우주에는 처음에 구름과 같은 기체 덩어리만 있었으며, 먼지 구름 같은 것들이 소용돌이치는 동안 뭉쳐져서 태양과 지구 등 여러 별들이 만들어졌다는 이론입니다.

888 소립자
물질의 가장 기본적인 구성 요소로서, 광자·전자·양자·중성자·중간자 등의 입자를 통틀어 '소립자'라고 합니다. 물질을 작게 작게 쪼개나가다 보면 분자·원자·원자핵 등의 과정을 거쳐 마침내 소립자에 이르게 됩니다.

889 수용액
물이 용매(녹이는 물질)로 쓰인 경우, 그 용액을 수용액이라고 합니다.

890 수축
물체가 쪼그라드는 현상을 말합니다. 우리가 흔히 쓰는 온도계는 유리관 속의 수은이 온도에 따라 쉽게 팽창하고 수축되는 원리를 이용하여 만든 것입니다. ↔ 팽창

891 스펙트럼
햇빛이 내리쪼이는 곳에 프리즘을 비추면, 햇빛이 프리즘을 통과하면서 여러 갈래의 빛으로 나누어집니다. 이 때 나타나는 무지개와 같은 빛깔의 띠를 '스펙트럼'이라고 합니다.

892 승화
드라이아이스 등의 고체를 상온(보통의 온도)에 두면 모두 날아가서 기체가 되는데, 이런 현상을 가리켜 '승화'라고 합니다.

893 알칼리성
붉은 리트머스 종이를 푸르게 하고, 산을 중화하여 염이 되게 하는 성질입니다. 물에 녹는 염기성 물질(수산화나트륨·수산화칼륨·수산화칼슘 등)이 이러한 성질을 지니고 있습니다. ↔ 산성

894 압력
어떤 물체가 다른 물체를 누르는 힘을 말합니다. 압력이 작용하면 물체의 크기가 바뀌게 되는데, 빵을 꾹꾹 누르면 납작하고 작게 되는 것과 같습니다.

895 양력
비행기가 하늘을 날 때에는 날개 위쪽의 바람 흐름이 아래쪽보다 빠릅니다. 이 때문에 날개의 위와 아래에는 공기의 압력 차이가 생겨나고, 아래쪽 공기가 위를 향해 떠오르려고 하지요. 이처럼 위로 떠오르게 하는 힘을 '양력'이라고 합니다.

896 양성자
원자의 핵을 이루고 있는 핵자의 하나로서, 보통 p 또는 H+로 표시합니다.

897 어는점
액체인 물이 얼면 고체인 얼음이 되는데, 이처럼 액체가 얼어서 고체가 되기 시작하는 온도를 '어는점'이라고 합니다. 물의 어는점은 0℃입니다.

898 에너지
어떤 물체가 지니고 있는 '일할 수 있는 능력'을 말합니다. 예를 들어, 높은 곳에 있는 물은 아래로 떨어졌을 때 더 큰 힘으로 바닥을 두드릴 수 있기 때문에, 낮은 곳에 있는 물보다 큰 에너지를 지니고 있는 것입니다.

899 에너지 보존의 법칙
전기·자기·빛·열 등의 에너지는 각각 다른 에너지로 바뀔 수 있고, 물체에서 물체로 옮겨 갈 수도 있으나, 그 에너지의 전체 양은 변함이 없다는 법칙입니다.

900 엑스선
빛의 일종이지만, 보통의 빛과는 달리 사람의 살갗뿐 아니라 얇은 나무판과 헝겊 등을 뚫고 지나가는 성질을 가진 것입니다. = 엑스레이

901 연소
물질이 불에 타는 것을 말합니다. 보통은 촛불이 타는 경우처럼 공기 또는 산소 속에서 물질이 산화되어 빛과 열을 내는 현상을 말합니다.

902 연해
대륙 가까운 곳에서 섬이나 반도에 의해 대양과 나뉘어진 바다를 말합니다. 우리나라의 동해는 연해에 속합니다.

903 열대야
야간(밤)의 최저 기온이 25℃ 이상의 무더운 밤을 말합니다. 특히 대도시 지역에서는 공장·자동차·에어컨 등에서 나오는 열기 때문에 열대야 현상이 빚어지고 있습니다.

904 열량
열의 크기(물체를 태우는 힘)를 말하며 칼로리(cal)로 표시합니다. 1cal는 순수한 물 1g의 온도를 1℃만큼 올리는 데 필요한 열입니다.

905 열전도
온도가 높은 곳에서 낮은 곳으로 열이 전달되어 가는 현상을 말합니다. 예를 들어 뜨거운 냄비에 숟가락을 담가 두면, 숟가락에 열이 전달되어 뜨거워지는 경우 등입니다.

906 열팽창
보통 물체에 열을 가하면 고체·기체·액체 모두 부피가 늘어나는 것을 볼 수 있는데, 이런 현상을 가리켜 '열팽창' 이라고 합니다.

907 염기성
대체로 쓴맛을 가지며, 붉은 리트머스 종이를 푸르게 변화시키는 성질이 있습니다. 침이나 비눗물 등이 이에 속합니다.

908 영구 자석
한 번 자석의 성질을 띠게 되면 오랫동안 자력을 지니게 되는 자석을 말합니다. 철·크롬·코발트 등의 합금으로 모양을 만든 다음 자석으로 변화시켜 만듭니다. 이와 반대로 전자석 등과 같이 일시적으로 자성을 띠는 것을 '일시 자석' 이라고 합니다.

909 오존
보통의 온도에서 약간 푸른 색을 띤 기체로, 독특한 냄새를 지니고 있습니다. 하늘에는 약 20km 두께의 오존층이 있는데, 오존층은 태양의 자외선을 막아 주는 역할을 하고 있습니다.

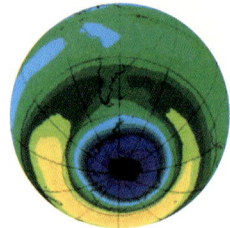
오존층 분포도

910 왜성
항성 중에서 빛의 밝기가 비교적 작고 크기도 작은 편에 속하는 것을 말합니다. 태양은 항성이지만, 다른 것들에 비하면 작은 항성이어서 왜성에 속합니다.

911 용매·용질
용액을 이루는 성분 중 '물질을 녹이는 액체'를 용매라 하고, 나머지 성분을 용질이라고 합니다. 예를 들어 커피를 탈 때 물은 용매이며, 커피·설탕 등은 용질입니다.

912 용액
두 가지 이상의 물질이 섞여서 하나가 된 액체를 말합니다. 예를 들어, 설탕과 물이 섞여서 된 설탕물이나, 메틸알코올·에틸알코올 등의 혼합물은 모두 다 용액입니다.

913 용해

기체·액체·고체인 물질이 다른 기체·액체·고체와 혼합하여 똑같은 상태로 되는 일을 말합니다. 특히 액체에 기체나 고체가 혼합하여 액체로 되는 것을 말하며, 액체에 액체가 용해하는 것을 혼합이라고 합니다.

914 우산 효과

대기중의 오염 물질이 우산과 같이 햇빛을 차단하여 지표의 온도 상승을 방해하는 현상을 말합니다.

915 우주 진화론

우주가 처음 만들어질 때부터 시작하여 지금까지, 그리고 미래에는 어떻게 변화해 나아갈지를 연구하는 학문입니다.

916 운동

시간이 지남에 따라 물체가 위치를 바꾸는 현상을 말합니다. 물체가 운동을 할 수 있는 것은 힘 때문이며, 힘이 작용하지 않는 한 물체의 상태는 변하지 않습니다.

917 운동 법칙

뉴턴이 정리한 것으로, 물체의 운동에 관한 기본적인 법칙을 말합니다. 제1법칙(관성의 법칙), 제2법칙(가속도의 법칙), 제3법칙(작용·반작용의 법칙)으로 이루어져 있습니다.

918 원심력

어떤 물체가 동그랗게 원 운동을 하고 있을 때 그 물체가 바깥을 향해 튀어나가려는 힘을 말합니다. 자동차가 커브를 돌 때 차 안에 탄 사람들의 몸이 바깥쪽으로 기울어지는 것은 바로 원심력 때문입니다. ↔ 구심력

919 원일점

행성은 태양을 중심으로 타원형을 그리며 돌고 있기 때문에, 태양과 가까워지기도 하고 멀어지기도 합니다. 태양과 가장 멀리 떨어져 있는 시점을 '원일점'이라고 합니다. ↔ 근일점

920 원자
여러 가지 물질을 이루고 있는 가장 작은 알갱이를 '분자(물질의 입자)'라 하고, 물질의 입자를 이루고 있는 더욱 작은 입자를 '원자'라고 합니다.

921 원자력
원자가 핵분열을 일으킬 때 나오는 에너지를 말하며, 이것을 전기 에너지로 바꾸어 이용하는 것을 '원자력 발전'이라고 합니다.

922 월면도
달에는 물이 없지만 편의상 달표면의 밝은 부분을 '육지'라 하고, 어두운 부분을 '바다'라고 합니다. 이것을 지도로 나타낸 것을 '월면도'라고 합니다.

923 위도
경도와 함께 지구 위의 지점을 나타내기 위해 만든 좌표입니다. 적도를 0°로 하여 남쪽과 북쪽으로 각각 90°에 이르며, 북으로 잰 것을 북위, 남으로 잰 것을 남위라고 합니다. ↔ 경도

924 윤년
태양력법에서 2월을 29일로 둔 해. 원래 2월은 보통 28일까지 있지만, 만일 윤년이 없이 언제나 똑같다면 1년의 길이가 365일로 되어 실제보다 0.2422일 짧아집니다.

925 윤달
태음력에서는 5년에 2번꼴로 1년을 13개월로 하는데, 이 때 더하여진 달을 윤달이라고 합니다.

926 융해
얼음을 뜨겁게 하면 녹아서 물이 되는데, 이처럼 하나의 물질이 고체에서 액체로 변화하는 현상을 말합니다. 또한 이 때 필요한 열 에너지를 그 물질의 '융해열'이라고 합니다. ↔ 응결

927 응결
얼음을 가열하면 물이 되지요. 이와 반대로 액체나 기체의 작은 입자들이 모여 고체로 변하는 것을 '응결'이라고 합니다. ↔ 융해

928 이상 기후
갑작스런 고온 현상, 여름철에 때아닌 눈이 내리는 것, 혹은 엘니뇨나 라니냐 등과 같이 평상시와 매우 다르며 드물게 나타나는 기상 현상을 말합니다.

929 이온
양(+) 또는 음(-)의 전기적 성질을 띤 원자(혹은 원자의 무리)를 통틀어 이르는 말입니다. 어떤 용액을 전기분해했을 때 음극(-)으로 모이는 것을 양이온, 양극(+)으로 모이는 것을 음이온이라고 합니다.

930 자각 증상
병에 걸렸을 때 이상 현상이 나타나는 것을 스스로 느끼는 것을 말합니다. 즉, 으스스 떨린다든지 기침이 나는 것, 배가 아픈 것, 어지러움 등과 같이 스스로 자기 몸의 어디가 좋지 않음을 느끼는 것입니다.

931 자기
못이나 옷핀·가위·쇳조각 등을 끌어당겨서 붙게 하는 자석의 성질을 말합니다.

932 자기장

자석의 세기를 '자력'이라고 하며, 자력의 힘이 미치는 범위를 '자기장'이라고 합니다. 자석과 거리가 멀수록 자기장도 약해지게 됩니다.

933 자오선

천구상에서 지평의 남북점과 천정, 하늘 양극을 잇는 커다란 원을 말하며, 어떤 지점을 지나는 경선을 그 지방의 자오선이라고 합니다.

934 작용·반작용

두 개의 물체가 서로 영향을 미치고 있을 때 '작용을 한다'고 합니다. 만약 한쪽의 힘을 '작용'이라고 한다면 다른 쪽 힘은 '반작용'이 됩니다.

935 작용·반작용의 법칙

한쪽 물체가 받는 힘과 다른 쪽 물체가 받는 힘은 크기가 같고 방향이 반대라는 것으로, 뉴턴이 밝힌 법칙입니다.

936 적조 현상

햇볕이 너무 뜨거워서 물의 온도가 올라가거나, 비가 너무 많이 내려서 강물이 바다로 많이 흘러 들어갔을 때, 또는 바람이 오랫동안 불지 않아서 바닷물이 잘 섞이지 않았을 때 편모조류·규조류·야광충 등의 플랑크톤이 너무 많아서 빨갛게 보이는 현상입니다.

937 전기

원자핵 주변에 있는 전자의 움직임 때문에 생기는 에너지로 양극(+)과 음극(-)을 지니고 있습니다. 전기는 같은 극끼리는 서로 밀어내려 하고, 다른 극끼리는 서로 끌어당기려는 힘을 지니고 있습니다.

938 전기 분해

수용액에 전류를 통하게 했을 때 전극에서 화학적인 분해가 일어나는 현상을 말합니다. 예를 들어 염화제이구리 수용액에 2개의 전극을 담근 뒤 전류가 흐르게 하면 음극(−)에는 구리가 달라붙고, 양극(+)에서는 염소 기체가 발생합니다.

939 전도체

'도체'라고도 하며, 열이나 전기를 전달하는 물체를 말합니다. 전깃줄 속의 구리는 대표적인 도체입니다. ↔ 부도체

940 전류

전기의 흐름을 말합니다. 전류의 세기를 나타낼 때는 '볼타 전지'를 발명한 학자 볼타의 이름을 딴 '볼트(V)'라는 단위를 사용합니다.

941 전자

물질을 이루는 가장 작은 입자인 원자의 핵 주변에는 1개 또는 여러 개의 전자가 있습니다. 특히 구리를 비롯한 금속 안에는 전자들이 자유롭게 돌아다니고 있는데, 이러한 전자들은 외부로부터 어떤 충격을 받았을 때 바깥으로 튀어나오게 됩니다.

942 전자석

코일 속에 철심을 넣은 뒤 전기를 통하게 하면 강력한 자석의 성질을 갖게 됩니다. 이처럼 전류를 넣으면 자석처럼 되고, 전류를 끊으면 자석의 성질을 잃게 되는 것을 말합니다.

943 전해질

물이나 기타 용매에 녹아서 전기를 통하게 하는 성질을 갖는 물질을 말합니다. 예를 들어, 전지의 음극과 양극 사이에는 축축한 죽이나 액체로 되어 있는 전해질로 되어 있는데, 그 안의 화학 물질이 +·−이온으로 분리되기 때문에 전기를 잘 통하게 하는 것입니다.

944 절기

예로부터 5일을 '1후'라 하고, '3후'를 1기라 하여, 1년을 24기로 나눌 때 월초에 있는 것을 '절기'라고 하였습니다. 이것은 태양의 위치 변화에 따라 1년을 계절적으로 나눈 것으로, 우리나라와 중국 등 동양의 여러 나라에서 사용하고 있습니다.

945 절대 온도

높은 온도에는 끝이 없으나, 낮은 온도에는 끝이 있어서 그 이하의 온도는 생각하지 않는다는 온도가 있습니다. 그 온도는 −273.15℃로서 이것을 절대 영도라고 하며, 이것을 기준으로 한 온도를 절대 온도라고 합니다. 절대 온도로 따지면 물의 어는점인 0℃는 273.15K가 됩니다.

946 정전기

마찰한 물체가 띠는, 다른 곳으로 흐르거나 이동하지 않는 전기를 말합니다. 예를 들어 유리막대를 천으로 문지르면 정전기가 생겨서 풍선을 가까이 대면 달라붙게 됩니다.

947 조석

하루에 한 번 또는 두 번씩 바닷물의 높이가 높아졌다 낮아졌다 하는 현상을 말합니다. 조석이 일어나는 까닭은 달이나 태양 등의 인력 때문입니다.

948 종두법

천연두라는 병을 미리 막기 위한 예방 접종법입니다. 1796년에 영국의 제너가 우두를 사람의 피부에 주사하면 천연두에 대한 면역을 얻을 수 있음을 발견한 뒤 종두법이 널리 보급되었습니다. 우리나라에는 1884년 지석영이 최초로 종두법을 실시했습니다.

949 주파수

소리는 공기 속에서 진동을 일으키는데, 1초 동안에 되풀이되는 진동(주파)의 횟수를 '주파수'라고 합니다. 주파수를 나타내는 단위는 일반적으로 헤르츠(Hz)를 사용합니다.

950 중량
물체에 작용하는 중력의 크기를 말하는데, 쉽게 말해서 '무게'를 뜻합니다.

951 중력
지구가 지구 위의 물체를 끌어당기고 있는 힘을 말합니다. 예를 들어, 사과나무에 달린 사과가 땅으로 떨어지는 것은, 지구가 사과를 끌어당겼기 때문입니다. 중력의 크기는 곧 '무게'입니다.

952 증류수
보통의 물은 여러 가지 유기물과 무기물이 포함되어 있기 때문에 순수한 물이 아닙니다. 이런 물을 가열하면 수증기가 생기는데, 이것을 이용하여 만든 순수한 물을 증류수라고 합니다. 증류수는 화학 실험을 하거나 약품 등을 만들 때 사용됩니다.

953 증발
액체의 표면에서 액체의 일부가 공기중으로 흩어지는 것을 '증발'이라고 하며, 액체가 기체로 모두 변하는 현상을 '비등'이라고 합니다.

954 증산 작용
식물체 내로 흡수된 물이 잎을 통해 공기중으로 나가는 것을 말합니다. 증산 작용은 빛이 많을수록, 적당한 바람이 불수록, 습기가 없을수록, 온도가 높을수록, 잎의 수가 많을수록 잘 일어납니다.

955 지각 변동
지구 내부에 어떤 원인이 있어서 지각이 움직이는 것을 말합니다. 땅이 흔들리거나 갈라지는 지진·화산 등은 물론, 오랜 세월에 걸쳐 천천히 일어나는 조산 운동이나 조륙 운동도 지각 변동에 속합니다.

956 지동설
태양을 중심으로 지구와 여러 행성들이 돌고 있다는 이론으로, 1543년에 코페르니쿠스가 처음 밝혔습니다. 지금은 모든 사람들이 지동설이 옳다는 사실을 알고 있지만, 당시에는 종교에 반대되는 이론이라고 하여 배척되었습니다. ↔ 천동설

957 지중해
2개 이상의 대륙에 둘러싸인 바다를 말하며, 유럽 지중해와 북극해 등이 대표적인 지중해에 속합니다.

958 질량
어떤 물체가 가지고 있는 물질의 양을 말합니다. 예를 들어 지구에서 60kg이던 쇳덩어리를 달에 가서 재 보면 약 10kg에 안 되지만(무게는 달라지지만), 그 쇳덩어리의 질량은 지구와 달에서 모두 같습니다.

959 질량 보존의 법칙
10g의 소금이 90g의 물에 녹으면 100g의 소금물이 생깁니다. 이와 같이 물질의 상태가 변해도 물질 전체의 질량에는 아무런 변화가 없는 것을 '질량 보존의 법칙' 이라고 합니다.

960 천동설
지구는 가만히 서 있고, 그 둘레를 태양과 달을 비롯한 우주가 돌고 있다는 이론입니다. 150년경 그리스의 프톨레마이오스가 주장했으나, 과학적으로 근거가 없는 것임에도 불구하고 약 1,400년 동안 아무런 의심없이 믿어져 왔습니다. ↔ 지동설

961 천체

우주를 이루고 있는 태양·행성·위성·달·혜성·소행성·항성·성단·성운·운석·행성간 물질·항성간 물질·우주 먼지 등을 통틀어 일컫는 말입니다. 인공 위성이나 인공 행성 등은 인공 천체라고 부릅니다.

962 청정 에너지

폐기물 따위에 의한 환경 오염이 생기지 않거나 공해가 적은 자연 에너지를 말합니다. 현재 개발·사용되고 있는 청정 에너지에는 태양열·수력·조력·수소 에너지 등이 있습니다.

태양열을 이용하는 모습

963 체내 수정

육상 생활을 하는 고등 동물의 수컷이 정자를 암컷의 몸 속(체내)으로 들여보내 수정하는 일을 말합니다.

964 체외 수정

동물의 암수가 각각 물 속에 난자와 정자를 방출하여 체외에서 수정하는 일을 말합니다.

965 초거성

빛의 밝기가 태양보다 10~1,000배 큰 것을 '거성'이라고 하며, 이보다 더 큰 것을 '초거성'이라고 합니다.

966 초신성

항성은 마지막으로 사라지기 전에 폭발을 일으키는데, 이 때 생기는 엄청난 에너지가 순간적으로 방출되어 평소의 수억 배나 밝았다가 천천히 사그라드는 현상입니다. 마치 새로운 별이 생겼다가 사라지는 것처럼 보이기 때문에 초신성이라고 합니다.

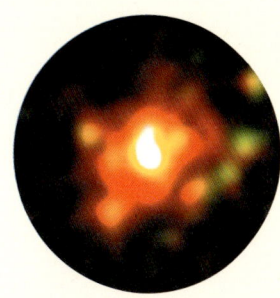

967 초음속

소리의 속도를 '음속'이라 하며, 음속보다 빠른 속도를 '초음속'이라고 합니다. '마하'라는 단위를 사용하며, 마하 1은 시속 약 1,200km에 달합니다.

968 초음파

사람이 들을 수 있는 소리의 범위는 보통 20~2만 Hz 사이인데, 이보다 주파수가 높은 경우에는 진동 수가 너무 많아서 사람의 귀로 들을 수가 없습니다. 이처럼 사람이 들을 수 없는 음파를 '초음파'라고 합니다.

969 초전도

어떤 금속의 온도가 점차 내려가다가, 어느 온도에서 갑자기 전기 저항이 떨어져서 전류가 흐르지 않게 되는 현상을 말합니다. 그리고 이러한 현상을 일으키는 금속을 초전도체라고 합니다.

970 촉매

어떤 물질 속에 들어가서, 자기 자신은 변하지 않고 다른 물질을 변하게 하는 것을 말합니다. 또한 그러한 작용을 가리켜 '촉매 작용'이라고 합니다.

971 충적토

하천이나 바람으로 운반되어 낮은 곳에 흙이 쌓이고 쌓여 이루어진 토양을 말합니다. 충적토는 자갈·모래·진흙·점토 등으로 되어 충적 평야를 형성하며, 농경지로 이용되는 곳이 많습니다.

ㅋ

972 케플러의 법칙
지구를 비롯한 행성은 태양을 중심으로 '타원형'의 동그라미를 그리며 돌고 있습니다. 이것은 1605년에 케플러가 발견한 것으로, '케플러의 제1법칙'이라고 합니다.

973 코로나
태양 대기의 가장 바깥층을 이루고 있는 부분입니다. 개기 일식 때 태양이 달에 가려졌을 때 그 둘레에서 태양 반지름의 몇 배나 되는 구역에 걸쳐 희게 빛나는 부분을 말합니다. 밝기는 보름달 정도이며, 그 모양은 일정하지 않습니다.

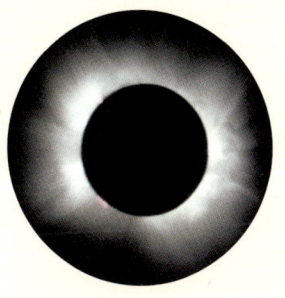

ㅌ

974 탄성
외부로부터 힘을 받아서 모양이 달라진 물체가, 그 힘이 없어졌을 때 다시 원래의 모양으로 돌아가는 성질을 말합니다. 스프링처럼 겉모양에만 변화가 일어나는 것을 '형상 탄성'이라고 하며, 스펀지나 고무공처럼 부피에 변화가 일어나는 것을 '체적 탄성'이라고 합니다.

975 태생
포유류에서와 같이 알을 통하지 않고 직접 새끼를 낳는 동물을 말합니다. ↔ 난생

976 팽창
질량이 일정하게 유지되면서 물체의 부피가 증가하는 현상을 말합니다. 예를 들어, 밀가루로 빵을 반죽한 다음 화로 속에 집어넣으면 크게 부푸는 원리입니다. ↔ 수축

977 포화
더 이상 녹지 않는 상태를 말합니다. 예를 들어, 물에 설탕을 넣으면 어느 정도까지는 녹지만, 포화 상태가 되면 더 이상 녹지 않고 가라앉게 됩니다.

978 표면 장력
액체가 스스로 수축하여 겉표면의 넓이를 가장 작게 하려고 하는 힘을 말합니다. 유리컵에 물을 천천히 채웠을 때, 물이 컵보다 더 높이 차서 어느 정도까지 불룩해지는 것은 표면 장력 때문입니다.

979 풍속
바람의 속도를 말하며, 1초에 몇 미터를 가느냐를 측정하여 m/sec로 나타냅니다. 지금까지 관측된 가장 빠른 풍속은 1934년 4월 12일 미국 워싱턴 산에서 관측된 83.5m/sec였다고 합니다.

980 합성
몇 개의 화합물(또는 홑원소 물질)을 하나의 화합물로 만드는 것을 말합니다. ↔ 분해

981 해류
바닷물의 흐름을 말합니다. 지구 북반구에는 시계 방향, 남반구에는 시계 반대 방향의 큰 해류가 하나씩 있으며, 지역별로는 북태평양의 쿠로시오 해류, 북대서양의 멕시코 만류, 남대서양의 브라질 해류 등이 있습니다.

982 해륙풍
해풍과 육풍을 합쳐서 일컫는 말입니다. 해륙풍은 하루 24시간을 주기로 불며, 대개 해풍이 육풍보다 강합니다.

983 해시계
지구의 자전에 의하여 물체의 그림자가 이동하는데, 이것을 이용하여 시간이 얼마나 흘렀는지를 측정하는 장치입니다. 우리나라에서는 조선 시대 때 장영실이 만든 앙부일구 등이 유명합니다.

984 해저 지형
바닷속 땅의 모양을 말합니다. 깊이에 따라 대륙붕·대륙사면·심해저·해구 등 4가지로 나뉩니다.

985 해협
육지 사이에 끼여 있는 좁고 긴 바다를 말합니다. 육지가 내려앉아서 생긴 얕은 해협(명량 해협·노량수도·다르다넬스 해협)과 지각이 밑으로 완만하게 변형돼서 기우는 등으로 만들어진 해협(지브롤터 해협·영국 해협) 등이 있습니다.

지브롤터 해협

986 핵
원자의 한가운데에 있는 입자로서, 몇 개의 양성자와 중성자가 결합한 것입니다. 핵은 원자의 크기의 10만 분의 1밖에 안 되지만 원자의 질량이 대부분 여기에 집중되어 있기 때문에 원자의 실질적인 주인이라고 할 수 있습니다.

987 핵반응
원자핵이 양성자·중성자 등 다른 입자와 충돌하여 원자번호·질량 수 등이 다른 원소의 원자핵으로 바뀌는 현상을 말합니다. 핵반응을 통해 새로운 핵의 구조를 알 수 있을 뿐 아니라 새로운 핵을 만들어낼 수도 있으며, 이러한 원리는 공학·의학·생물학·화학 등에 이용됩니다.

988 핵분열
원자의 핵이 2개 이상으로 쪼개지는 현상을 말합니다.

989 핵융합
가벼운 원자핵이 합쳐지는 것을 말합니다. 핵융합을 거쳐 무거운 원자핵이 되는 동안 엄청난 열이 발생하는데, 이러한 현상을 이용하여 만들어진 것이 원자 폭탄입니다.

990 협곡
양쪽의 절벽이 급한 경사를 이루고 있어서 폭이 좁고 깊이 패인 골짜기를 말합니다. 대륙에 있는 대고원 가운데에 발달한 대규모의 협곡을 특히 '캐니언' 이라고 합니다. 미국의 그랜드 캐니언은 깊이가 무려 1,500m를 넘습니다.

그랜드 캐니언

991 형광
어떤 물질이 빛을 받았을 때 그 빛과는 다른 고유의 빛을 내는 현상을 말합니다. 이처럼 형광을 내는 물질을 형광 물질이라고 하며, 석유·납유리·시안화백금 등 여러 가지가 있습니다.

992 형상 기억 합금

원래의 모양을 기억해서 되돌아가는 금속의 성질을 '형상 기억 현상'이라고 하며, 이런 현상을 이용하여 만든 합금을 '형상 기억 합금'이라고 합니다. 예를 들어 높은 온도에서 니켈-티타늄 합금으로 만든 안경테를 평상시의 온도에서 구부린다 해도, 처음 안경테를 만들었던 때의 온도를 가열하면 구부러졌던 안경테가 바로 펴집니다.

993 화구

분화구라고도 하며, 땅 속의 마그마가 용암이나 화산 가스로 땅 밖으로 솟아나오는 출구를 말합니다. 보통 지름이 수십~수백 m에 이릅니다.

994 화산대

세계 지도를 펼쳐놓고 보면 화산이 집중적으로 분포되어 있는 가늘고 긴 지대를 볼 수 있는데 이것을 화산대라고 합니다. 태평양 연안을 따라 분포하는 화산들이 가장 뚜렷하며, 이것이 환태평양 화산대입니다.

995 화씨

온도를 나타내는 단위로 °F로 표시합니다. 파렌하이트라는 사람이 고안한 것으로, 얼음의 녹는점을 32°F, 물의 끓는점을 212°F로 한 방법입니다.

996 화약

충격이나 열을 가하면 가스와 열을 발생시키면서 폭발하는 물질입니다. 노벨이 발명한 다이너마이트는 니트로글리세린이라는 액체와 규조토(육지가 바다 밑에 있었을 때 아주 작은 생물들이 죽어서 쌓여 만들어진 흙)를 섞어 만든 것입니다.

997 환경 호르몬

독이 있는 나쁜 물질로서 주로 화학 물질에서 발생하며, 우리 몸에 들어오게 되면 정상적인 몸 속의 호르몬에 변화를 주어 병을 일으키게 하는 호르몬입니다. 다이옥신 등은 대표적인 환경 호르몬입니다.

998 황사 현상

중국과 몽고의 사막 지대나 황허 강 중류의 황토 지대를 지나던 바람이 먼지를 끌어 올려 먼 곳까지 실어 나르면서 생기는 현상입니다. 주로 봄에 많이 나타나며, 눈과 호흡기에 질환을 일으키거나 알레르기 발생의 원인이 되기도 합니다.

999 회전 운동

자동차 바퀴, 선풍기, 팽이처럼 한 점(축)을 중심으로 원을 그리면서 돌아가는 것을 말합니다.

1000 힘

서 있는 물체를 움직이게 하거나, 움직이는 물체의 속도를 바꾸거나 멈추게 하는 작용을 말합니다. 물리학에서는 작용이 일어나는 원인이나 나타나는 방식에 따라 전기력·중력·핵력·구심력·원심력 등으로 구분합니다.

초등학생이 꼭 알아야 할
1000가지 과학 상식

펴낸날 2025년 5월 10일

글 신정민 **그림** 김지훈
펴낸이 오동섭
펴낸곳 대일출판사
주 소 서울특별시 동대문구 하정로 47(신설동), 4층 402호
전 화 766-2331
팩 스 745-7883
등 록 제1-87호 (1972.10.16.)

ISBN 978-89-7795-516-5 73400

이 책에 실린 글, 그림은 저작권자의 동의 없이 무단전재나 복제를 할 수없습니다.
잘못 만들어진 책은 구입하신 서점에서 바꿔 드립니다.

대일출판사는 아이와 같은 순수함으로 좋은 책을 만듭니다.
해맑은 아이의 웃음을 책에 담습니다.

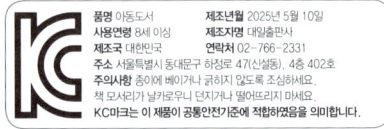